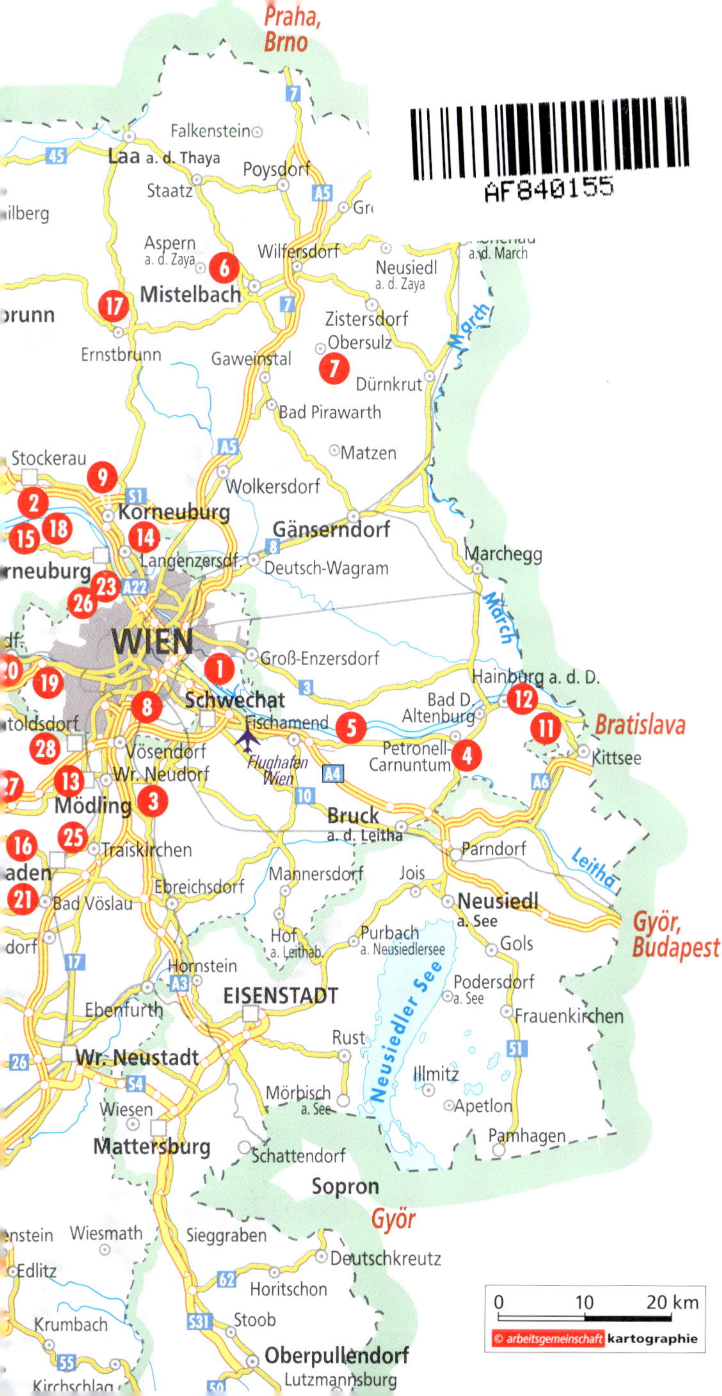

Praha, Brno
Falkenstein
Laa a. d. Thaya
Poysdorf
Staatz
Aspern a. d. Zaya
Wilfersdorf
Neusiedl a. d. Zaya
Mistelbach
Zistersdorf
Obersulz
Ernstbrunn
Gaweinstal
Dürnkrut
Bad Pirawarth
Matzen
Stockerau
Wolkersdorf
Korneuburg
Gänserndorf
Langenzersdf.
Deutsch-Wagram
Marchegg
March
WIEN
Groß-Enzersdorf
Hainburg a. d. D.
Schwechat
Bad D. Altenburg
Bratislava
Fischamend
Petronell-Carnuntum
Kittsee
Vösendorf
Flughafen Wien
Wr. Neudorf
Mödling
Bruck a. d. Leitha
Parndorf
Leitha
Traiskirchen
Mannersdorf
Jois
Ebreichsdorf
Neusiedl a. See
Bad Vöslau
Győr, Budapest
Gols
Hof a. Leithab.
Purbach a. Neusiedlersee
Hornstein
Podersdorf a. See
EISENSTADT
Neusiedler See
Frauenkirchen
Ebenfurth
Rust
Wr. Neustadt
Illmitz
Mörbisch a. See
Apetlon
Wiesen
Pamhagen
Mattersburg
Schattendorf
Sopron
Győr
Wiesmath
Sieggraben
Edlitz
Deutschkreutz
Horitschon
Krumbach
Stoob
Oberpullendorf
Kirchschlag
Lutzmannsburg
0 10 20 km
© arbeitsgemeinschaft kartographie

AF840155

Wandern mit Kindern

Katharina Bliem & Peter Hiess

Wandern mit Kindern

Die 30 schönsten Tagesausflüge rund um Wien

FALTER VERLAG

Bitte besuchen Sie auch die Website *www.wandernmitkindern.com*, auf der Sie mehr zu den 30 vorgestellten Wanderungen erfahren sowie Aktualisierungen finden.

Für Ihre wertvolle Mithilfe danken wir Helmuth A. W. Singer, Florian Emberger und Moritz Bliem (Motivkind).

ISBN 978-3-85439-700-7

1011 Wien, Marc-Aurel-Straße 9
T: +43/1/536 60-0, F: +43/1/536 60-935
E: bv@falter.at, service@falter.at
W: faltershop.at

Die GPS-Dateien zum Buch „Wandern mit Kindern" sind abrufbar unter folgendem Link:
https://falterverlag.at/gps/wandernmitkindern
Das Passwort lautet: falterverlag9650

Autoren und Fotos:
Katharina Bliem und Peter Hiess
Lektorat: Helmut Gutbrunner
Karten: arbeitsgemeinschaft kartographie
Umschlagdesign, Grafik und Layout: Marion Großschädl
Bildbearbeitung: Reinhard Hackl, Nadine Weiner
Druck: Florjančič tisk d.o.o., SL 2000 Maribor

FSC www.fsc.org MIX Aus verantwortungsvollen Quellen FSC® C106954

Inhalt

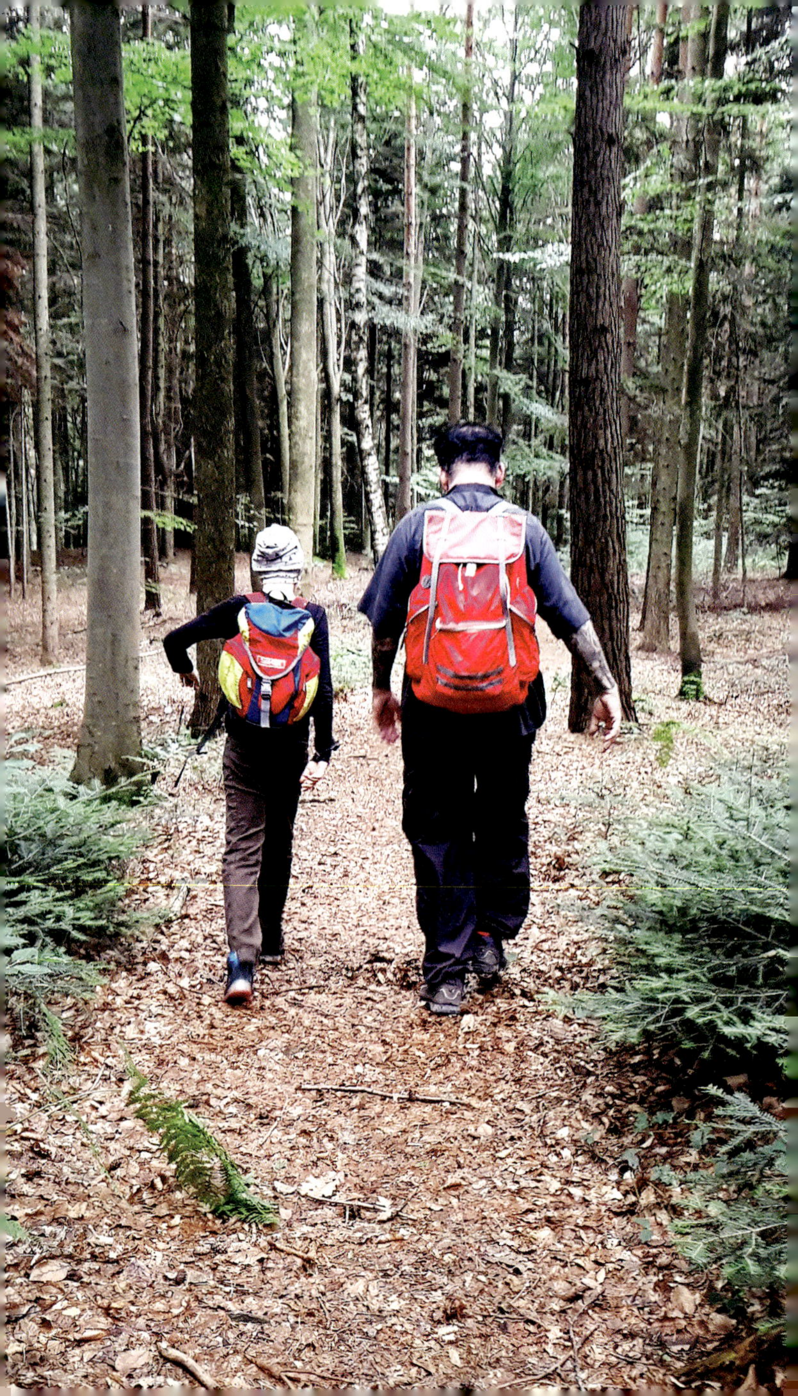

Über das Wandern mit Kindern ...
... und über dieses Buch

„Was macht denn dein Sohn grad?“
„Sitzt vorm Computer.“
„Und die Tochter?“
„Schaut ins Handy ...“

Stimmt schon – man darf Kindern die moderne Technik nicht vorenthalten. Aber man sollte auch darauf achten, dass sie nicht die ganze Zeit auf den Bildschirm starren, sondern sich bewegen und einen Bezug zur Natur entwickeln. Außerdem sind gemeinsame Aktivitäten mit der Familie (wie wir ja wissen) nicht unwichtig.

ABER: Wie bringe ich mein Kind zum Wandern?

Wir haben das vorliegende Buch geschrieben, um der großen Konkurrenz an heute verfügbaren bewegungsarmen Freizeitangeboten etwas entgegenzusetzen. Es ist sowohl für Eltern als auch für Kinder gedacht, deren Interesse am Wandern wir mit einem abwechslungsreichen „Programm“ wecken wollen. Zu diesem Zweck haben wir nicht nur 30 interessante Routen in und um Wien gewählt, sondern auch darauf geachtet, dass die Wege spannend sind. Sie sollten möglichst nicht zu breit und ausgetreten sein, eventuell am Wasser entlangführen und neben dem Wandererlebnis auch noch Attraktionen bieten: Burgruinen, Tierparks und Streichelzoos, kinderfreundliche Museen und Führungen, Bademöglichkeiten usw. usf.

Zusätzlich finden Ihre Kinder auf den folgenden Seiten nicht nur interessante Infokästen, „Am Wege“-Beschreibungen sowie **Sagen** rund um die Wanderziele, sondern auch aufregende „Missionen“. In unseren **Safaris** präsentieren wir die Fauna dreier Landschaften und motivieren dazu, selbst nach den erwähnten Tieren Ausschau zu halten. Die im Buch enthaltenen **Rezepte** wiederum regen zum Sammeln der Zutaten und zum gemeinsamen Kochen/Zubereiten vor oder nach der Wanderung an.

Da man nicht davon ausgehen kann, dass jeder Leser dieser Zeilen auch ein geübter Wanderer ist, hier einige Hinweise zum richtigen Verhalten in der Natur – und natürlich zur Buchbenützung:

VORBEREITUNG

- Packen Sie die richtige Ausrüstung ein – auch Dinge, die eine Wanderung für Kinder interessanter machen: Feldstecher, Becherlupe, Bestimmungsbücher usw.
- Vergessen Sie nicht, Jause und Trinkflasche mitzunehmen. (Wir verraten Ihnen dafür auch, ob und wo Sie die Flasche nachfüllen können ...) Ein Picknick in der freien Natur macht auf jeden Fall mehr Spaß als ein volles Lokal am Wochenende. Empfehlenswert: Brote, kleingeschnittenes Gemüse, Obst, harte Eier oder ein selbstgemachter Müsliriegel (siehe Rezept S. 17).
- Geben Sie Ihrem Kind einen kleinen Rucksack für Jause und Forscherausrüstung mit.
- Ziehen Sie (und zwar alle!) gutes Schuhwerk an, das möglichst über den Knöchel reichen sollte.
- Tragen Sie zum Wandern bequeme Kleidung, die auch schmutzig werden darf.
- Führen Sie Regen- und Sonnenschutz mit, eventuell auch Pullover (z. B. wenn's in Höhlen oder auf den Schneeberg geht).

UNTERWEGS MIT „WANDERN MIT KINDERN“

- Wir beschreiben 30 Wanderungen in und um Wien, die für Kinder von 4 bis 14 Jahren geeignet sind. Die Reihenfolge der Routen folgt den jeweils höchsten Punkten, die dabei erreicht werden, d. h. wir fangen in der Lobau mit Nr. 1 an und landen mit Nr. 30 am Schneeberg. Diese Nummerierung sagt jedoch nichts über die Höhenunterschiede oder die Schwierigkeit der Auf- und Abstiege aus, die auf den Touren zu absolvieren sind. Daher:
- Lesen Sie sich jeden Wandertext durch, bevor Sie die Wanderung mit Ihren Kindern (oder auch allein, ganz nach Lust und Laune) antreten. Und beachten Sie vor allem die farblich unterlegten Übersichtsseiten, die Sie darüber informieren:

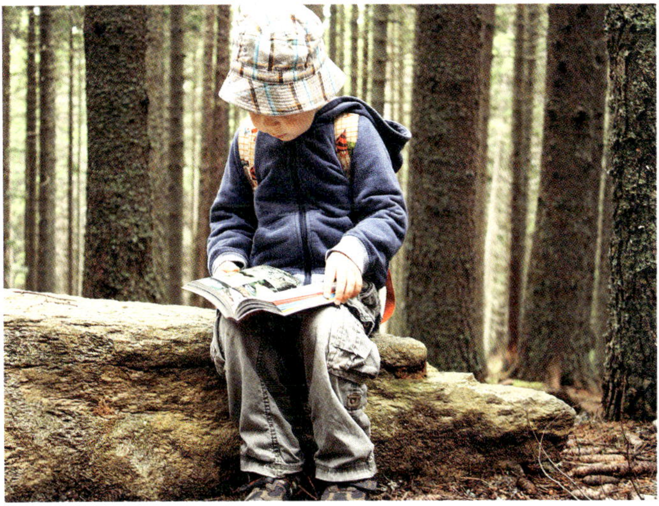

Gut ausgerüstet

... wie Sie den Ausgangspunkt erreichen und vom Endpunkt wieder nach Hause kommen. Wir haben darauf geachtet, dass jede der Wanderungen **öffentlich erreichbar** ist; vor allem zu den Rundwanderungen kommt man aber auch mit dem Auto.
... wie lange die Wanderung dauert. Wir sind bei unseren Zeitangaben von einem kindlichen Durchschnittstempo von zwei Kilometern pro Stunde ausgegangen. Sollte Ihr Kind langsamer oder schneller unterwegs sein, können Sie die Gehzeit anhand der Längenangabe entsprechend umrechnen.
... wie schwierig die Wanderung ist.
... welche Einkehrmöglichkeiten es an der Strecke gibt. Die angegebenen Ruhetage entsprechen dem Stand der Dinge Mitte Jänner 2023. Es empfiehlt sich trotzdem vor Antritt jeder Wanderung, telefonisch oder im Web nachzurecherchieren, weil sich gerade in diesem Bereich viel ändert – Lokale sperren zu oder wechseln den Besitzer usw. Kontaktdaten finden Sie am Ende des Buches unter „Lokale auf den Touren“.

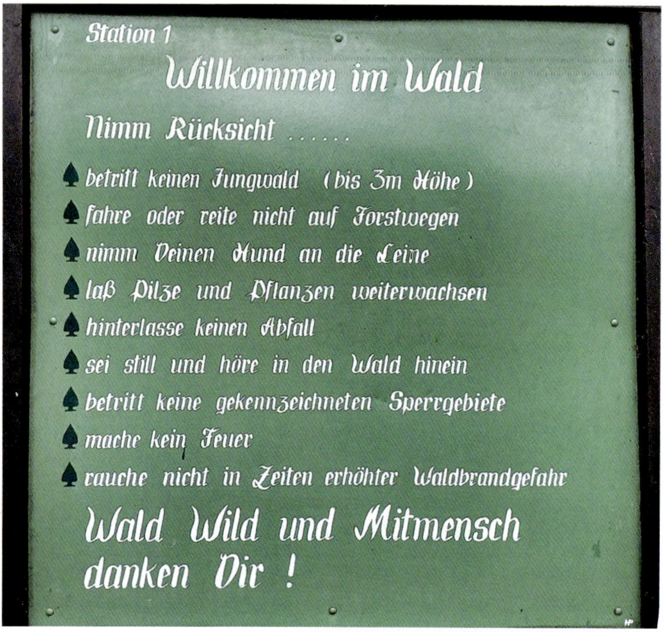

Neun Gebote für Wanderer

... ob es eine Abkürzung ( ) gibt, die Ihnen (und Ihren Kindern) Kilometer erspart.

... wo Sie noch mehr über Sehenswürdigkeiten und Attraktionen am Weg erfahren.

... ab welchem Alter die Wanderung empfohlen ist. Diese Altersangaben sind aber (wie bei Büchern: „Empfohlen für Leser ab 8 Jahre“) relativ und hängen davon ab, wie geübt Ihre Kinder sind – und wie ausgeschlafen sie sich an genau diesem Tag fühlen. Mit einer Rückentrage sind alle Strecken jedenfalls auch schon für die Kleinsten zu bewältigen.

... welche Tipps (farblich unterlegt) wir für Ihre Sprösslinge haben, z. B. was sie für Tier- und Naturbeobachtungen mitnehmen sollen oder ob sie eine Picknickdecke brauchen.

... ob die Wanderung kinderwagentauglich ( ) und zu welchen Jahreszeiten ( ) sie zu empfehlen ist.

- Die Routenbeschreibungen sind für das erwachsene Begleitpersonal (also Sie!) gedacht, können aber auch Kindern vorgelesen werden. Die „Am Wege“-Passagen und Infokästen, die als kindliche Lektüre – je nach Leseerfahrung – geeignet sind, sind farblich unterlegt. Dasselbe gilt für die Safaris, Sagen und Rezepte, die unser Buch auch für kleine Leser attraktiv machen sollen.

DRAUSSEN IM GRÜNEN

Sie wissen wahrscheinlich sowieso, wie man sich im Wald richtig verhält – und dass man Kindern mit gutem Beispiel vorangehen sollte. Daher nur kurz:

- Seien Sie nicht mit Halbschuhen und sonstiger ungeeigneter Bekleidung unterwegs!
- Lassen Sie Kinder an riskanten Abschnitten (sind im Text angegeben) nicht zu weit vorauslaufen!
- Stecken Sie nach dem Picknick Ihre Abfälle wieder in den Rucksack und entsorgen Sie sie zu Hause (oder beim nächsten Mistkübel).

Damit bleibt uns nur noch, Ihren Kindern und Ihnen viel Freude beim Wandern und beim Lesen und Benützen dieses Buches zu wünschen! Und sollten Sie auf Ihren Ausflügen irgendetwas bemerken, das nicht (mehr) stimmt, würden wir uns über eine Nachricht an kinderwanderungen@gmail.com freuen.

Katharina Bliem & Peter Hiess
Wien, im Jänner 2023

Unsere Safaris
Gebrauchsanleitung

In unserem Wanderbuch findest du drei Safaris: die Wienerwald-Safari, die Donau-Safari und die Gebirgs-Safari. Sie sollen dein Wandererlebnis aufregender machen, aber auch deine Augen und Ohren schulen. Im Wald, auf den Wiesen, am Ufer und in den Bergen gibt es nämlich so vieles zu entdecken, was dir auf den ersten Blick vielleicht verborgen bleibt. Nur wenn du genau hinschaust, dich leise verhältst und die Ohren spitzt, wird sich dir die wunderbare Fauna und Flora erschließen. Und dabei sollen dir die Safaris helfen ...

WAS IST EINE SAFARI?

Unter einer Safari verstand man ursprünglich eine Reise in exotische Länder, um außergewöhnliche Tiere aufzustöbern und zu jagen. Heute ist man von der Großwildjagd zum Glück größtenteils abgekommen – die meisten Menschen gehen mittlerweile auf Safari, um Tiere zu beobachten und zu fotografieren. In Afrika gibt es die sogenannten „Big Five", also die großen fünf. Das sind Büffel, Elefant, Nashorn, Löwe und Leopard. Wenn man die alle beobachten konnte, hatte man das Ziel erreicht.

Bei unseren Safaris hast du Gelegenheit, dich auf die Suche nach den wichtigsten einheimischen Tieren zu begeben. Um den Überblick zu behalten, welche Tiere du schon entdeckt hast und welche noch nicht, gibt es jeweils rechts von den gesuchten Tieren einen Kreis zum Ankreuzen.

Hier noch ein paar Tipps, wie du die Tiere am ehesten finden kannst:

1. Leise sein: Wer durch den Wald tobt, hat vielleicht viel Spaß dabei, wird aber ziemlich sicher alle Tiere verschrecken, die es zu beobachten gibt.
2. Genau beobachten: Tiere sind oft gut getarnt. Das sichert ihr Überleben und schützt sie vor Fressfeinden. Auch wenn sie vor

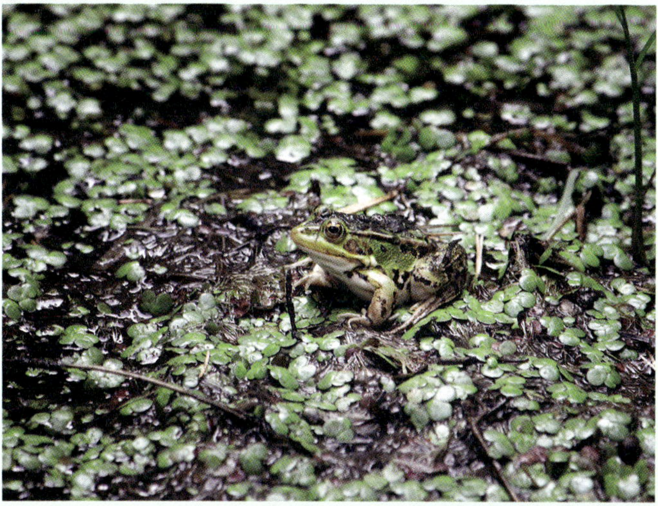

So gut tarnt sich der Frosch

deiner Nase sitzen, sind sie oft kaum zu entdecken. Daher: Augen auf! Setz dich auf eine Bank, einen Baumstumpf oder Stein und beobachte deine Umgebung.

3. Zeit lassen: Die Tiere, die wir dir auf unseren Safaris vorstellen, sind nicht alle gleich leicht zu finden. Deswegen haben wir für dich eine Sterne-Bewertung gemacht. Ein Stern bedeutet, dass das gesuchte Tier sehr einfach zu finden ist, bei vier Sternen wird es schon ziemlich schwierig. Aber lass dich nicht entmutigen. Auf unseren Wanderungen hast du unzählige Gelegenheiten, auf die gesuchten Tiere zu treffen – und wir helfen dir immer wieder mit Hinweisen.

AUSRÜSTUNG, DIE DIR BEI DER SUCHE HILFT:

Feldstecher
Bestimmungsbuch
Lupe
Becherlupe
Gummistiefel
Fotoapparat
Stirnlampe
Taucherbrille

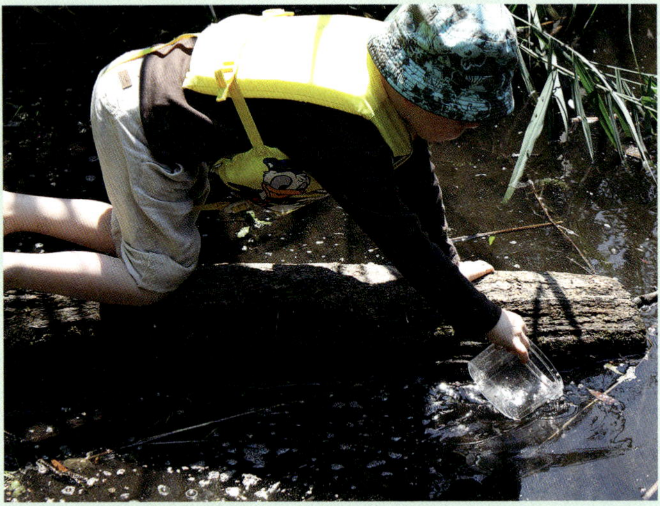

Forschen mit der Becherlupe

Wenn du an den von uns vorgeschlagenen Safaris Gefallen gefunden hast, kannst du dir ganz leicht Themen für neue Safaris ausdenken. Hier ein paar Beispiele:

- Blätter-Safari
- Vogel-Safari
- Tierspuren-Safari (geht im Schnee oder nach Regen)
- Samen-Safari (Eicheln, Bucheckern, Kastanien usw.)
- Schmetterlings-Safari
- Baumrinden-Safari (mit Papier und Wachsmalstiften abpausen und vergleichen)

Achtung: Tiere beobachtest du am besten aus der Ferne. Lauf ihnen nicht nach und greife sie nicht an. Schlangen, Kröten, Salamander, aber auch einige Käfer (etwa der Ölkäfer) können giftig sein. Wenn du den Mistkäfer aufhebst, um ihn schimpfen zu hören, tu das äußerst vorsichtig und setze ihn dann zurück an einen sicheren Platz.

Gesunde Müsliriegel

ZUTATEN:

2 Bananen, 2 Äpfel, 30 g klein gehackte Nüsse

200 g Haferflocken, Dinkelflocken, Buchweizen o. Ä.

30 g Kokosflocken, 20 g geschrotete Leinsamen

1 Zitrone

5 EL Honig oder ein anderes flüssiges Süßungsmittel (Ahornsirup, Reissirup, Dattelsirup oder unseren selbst gemachten Löwenzahnhonig)

ZUBEREITUNG:

1. Zuerst schälst du die beiden Bananen und zerquetscht sie mit einer Gabel. Danach nimmst du die Äpfel und zerreibst sie zu Mus. Anschließend vermischt du alles gut miteinander.
2. Als Nächstes mischst du die klein gehackten Nüsse, die Flocken und die Leinsamen darunter.
3. Jetzt drückst du noch die Zitrone aus und gibst den Saft zusammen mit dem flüssigen Süßungsmittel dazu.
4. Wenn du die Zutaten gut vermischt hast, lass die Masse 10 Minuten ruhen.
5. Nun kannst du sie auf einem mit Backpapier ausgelegten Backblech gleichmäßig verstreichen und fest zusammenpressen, am besten mit einem Nudelwalker. Die Riegel sollen ca. einen halben Zentimeter bis Zentimeter dick sein.
6. Hast du das geschafft, kannst du das Blech für 15–20 Min. im auf 160 °C vorgeheizten Backofen bei Ober- und Unterhitze backen.
7. Anschließend schneidest du die noch warme Masse in Riegelform und lässt sie auskühlen.

Du kannst den Inhalt der Riegel natürlich noch nach deinen Wünschen und Vorlieben variieren. So kannst du etwa die Hälfte des Süßungsmittels durch ein Nussmus oder getrocknete Früchte wie Dörrzwetschken, Rosinen, Cranberrys (Moosbeeren) oder Datteln ersetzen. Deiner Fantasie sind hier kaum Grenzen gesetzt.

1 Fuchsweg und Biberhaufen

Eine Runde durch die Wiener Lobau

Wir wandern im Nationalpark Donau-Auen zur Dechantlacke, spazieren am Mühlwasser – einem Altarm der Donau – entlang, bestaunen die Natur und besichtigen zum Schluss das Nationalparkhaus mit seinen vielen Attraktionen.

DER WANDERWEG

Wir steigen aus dem Bus, überqueren die Raffineriestraße auf dem Zebrastreifen und gehen direkt auf dem Fuß- und Radweg neben dem Biberhaufenweg weiter. Nach einem Bahngleis biegen wir rechts in einen breiten, geschotterten Fußweg ein. Bald sehen wir das **Nationalparkhaus wien-lobAU** vor uns, das wir nach 100 m erreichen, aber erst am Ende der Wanderung besuchen werden. Die ca. 22 Quadratkilometer große **Lobau** ist ein Augebiet am linken Donauufer, das sich großteils innerhalb der Stadtgrenzen befindet, aber bis zur Marchmündung an der Grenze zur Slowakei reicht. Im 19. Jh. war sie noch ein Jagdrevier für das Kaiserhaus.

Vor der Donauregulierung in den Jahren 1870 bis 1875 wurden die hier befindlichen Seitenarme der **Donau** regelmäßig vom Flusswasser durchflutet; die Eindämmung der Donau ließ dann aber den Grundwasserspiegel und den Wasserstand in den Augewässern sinken. Heute sind sie Lebensraum für zahlreiche Tierarten wie Amphibien, Schlangen, Sumpfschildkröten, Fische und Wasservögel. 1905 wurde die Lobau zum Schutzgebiet erklärt; 1918 – kurz vor dem Ende der Monarchie – schenkte dann Kaiser Karl I. die heutige Obere Lobau der Stadt Wien. Seit damals ist diese Region ein beliebtes Ausflugsziel der Wiener.

Wir marschieren am Nationalparkhaus vorbei und schwenken nach rechts in den Dechantweg ein, wobei wir u. a. den Markierungen „Josefsteg“ und „Nationalpark Eingang“ folgen. Auf der breiten Forststraße gehen wir zwischen den beiden Holzsäulen

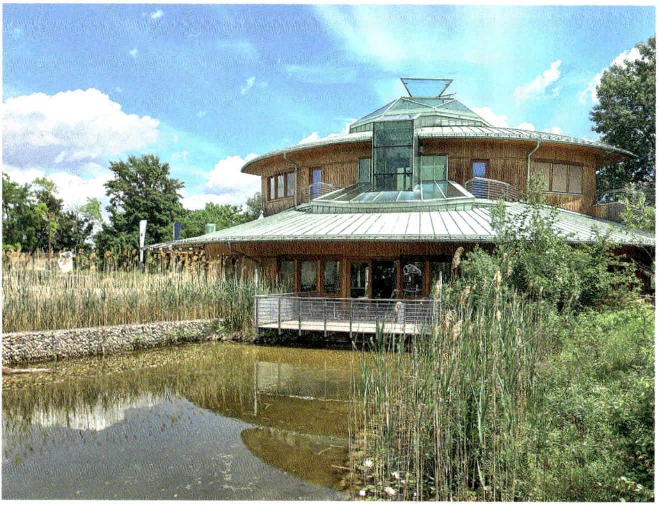

Nationalparkhaus Lobau

durch, die den Eingang zum Nationalpark Donau-Auen markieren (siehe „Nationalpark und Naturpark“, S. 222). Bei einer Abzweigung, wo die Markierung Richtung „Josefsteg“ nach links weist, wandern wir auf einem schmaleren, geschotterten Weg geradeaus weiter. Wenn wir aus dem Wald treten, öffnet sich links von uns der Blick zur Dechantlacke – einem kleinen See, der vom Grundwasser der Donau gespeist wird und im Sommer ein gut besuchter Naturbadeplatz ist. Doch auch zu anderen Jahreszeiten kann man zum Wasser hinuntergehen, um Tiere zu beobachten oder zu spielen. Am Seeufer befinden sich viele Picknicktische, die zur Rast einladen. Wir biegen auf der Forststraße nach links ab und verlassen dann den Hauptweg, um auf einem schmaleren Waldpfad weiter an der Dechantlacke zu bleiben. Immer wieder bieten sich Plattformen am Wasser zum Hinsetzen an.

Wenn wir wieder den breiteren Weg erreichen, wenden wir uns nach links und halten auf einen Orientierungsbaum zu. Hier biegen wir rechts auf den Naturlehrpfad Obere Lobau und wieder Richtung „Josefsteg“ ein. Auch beim nächsten Wegweiser gehen

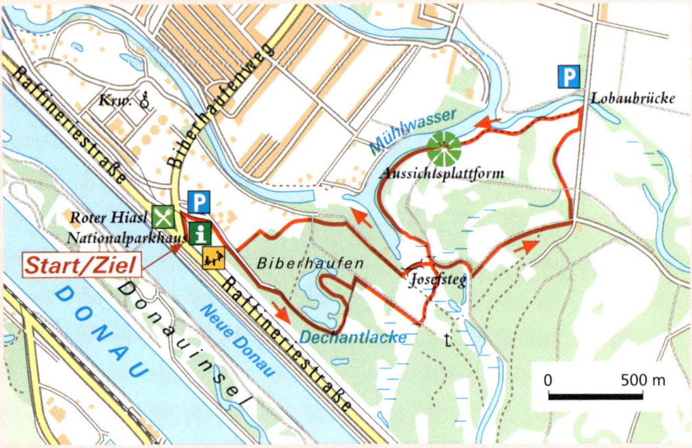

WEGVERLAUF: Rundwanderung. Busstation Raffineriestraße/Biberhaufenweg – Josefsteg (1 ¼ Std.) – Aussichtsplattform Mühlwasser (1 ¼ Std.) – Josefsteg (30 Min.) – Nationalparkhaus (45 Min.) – Busstation Raffineriestraße/Biberhaufenweg (15 Min.)

GEHZEIT: 4 Std.

LÄNGE: 8,2 km

SCHWIERIGKEITSGRAD: Spaziergang durch die Au, praktisch ohne Höhenunterschiede

EINKEHRMÖGLICHKEIT: Restaurant Roter Hiasl (kein Ruhetag)

ANFAHRT: Mit der U-Bahn-Linie U2 bis zur Station Donaustadtbrücke; von dort mit dem Bus 92B (Richtung Ölhafen) bis Haltestelle Raffineriestraße/Biberhaufenweg. Mit dem Auto auf einen der Parkplätze beim Nationalparkhaus wien-lobAU

TIPP: Besucht das Nationalparkhaus und vergnügt euch nachher auf dem Spielplatz!

AB: 4 Jahre

SYMBOLE:
= ja
= ganzjährig
= ja

wir geradeaus weiter. Nach einem weiten Linksbogen gelangen wir zum nächsten Orientierungsbaum und sehen links von uns eine breite Holzbrücke, den Josefsteg (1 ¼ Std.).

Abkürzung: Wer die Wanderung um etwas mehr als 3 km abkürzen möchte, geht hier gleich links weiter und hält sich an die Wanderbeschreibung weiter unten.

Wir gehen allerdings nicht über die Brücke, sondern nehmen hier die als „Saltenstraße-Rundweg" ausgewiesene Route nach rechts. Auf dieser Forststraße kommen wir immer wieder an Wiesen mit Picknicktischen vorbei. Ein Wegweiser weist uns später nach links, aber auch Richtung „Parkplatz Nationalparkhaus"; an dieser Stelle verlassen wir die Schotterstraße und gehen an einem Feldrand ein Stück weiter. So kommen wir zu einem Altarm der Donau, an dem wir entlangwandern, indem wir links einbiegen. Wenn wir zum Mühlwasser – ebenfalls einem Altarm – gelangt sind, nehmen wir rechts eine Abzweigung, die uns nach wenigen Metern zu einer Aussichtsplattform über dem Wasser und dem Schilf bringt (2 ½ Std.).

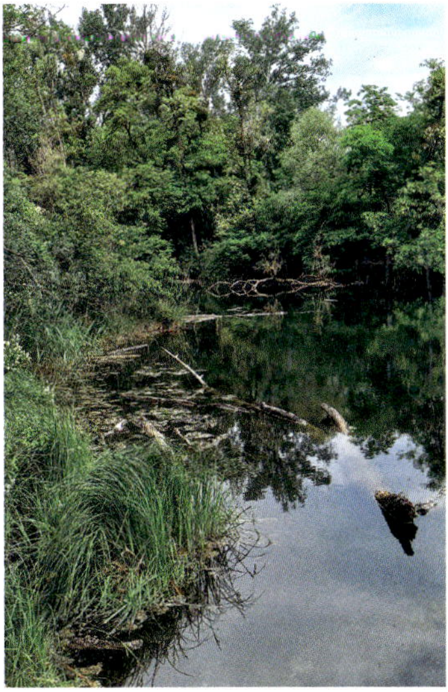

An der Dechantlacke

Knapp vor dieser Plattform führt ein schmaler Uferweg nach links, dem wir durch einen schattigen Bereich dichter Vegetation folgen. Auch hier kann man immer wieder ein paar Schritte zum Wasser hinunter machen. Wir schlängeln uns auf diesem naturbelassenen Pfad immer wieder an umgestürzten Bäumen vorbei und wandern später auf dem Fuchsweg am Rande des Schilfgürtels entlang, bis wir wieder zum Hauptweg kommen und in diesen rechts einschwenken, um gleich darauf ein zweites Mal den Beginn des Josefstegs zu erreichen (3 Std.).

An diesem Punkt setzt sich auch die Route für all jene fort, die sich für die *Abkürzung* entschieden haben.

Wir überschreiten den im Jahr 2020 neu errichteten Steg, der Brücke und Aussichtsplattform zugleich ist; auch von hier aus

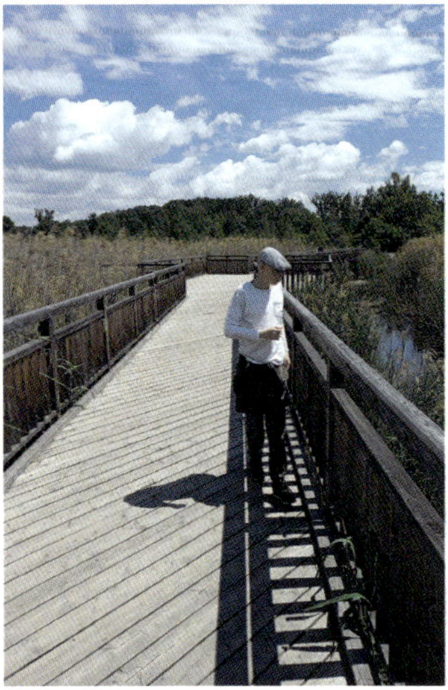

Beobachten am Josefsteg

sind interessante Naturbeobachtungen möglich (siehe „Donau-Safari", S. 54). Gleich danach nehmen wir den nach rechts führenden Weg, der uns wieder in den Auwald bringt. Ein Stück weiter biegen wir auf einen links abzweigenden Pfad ein, der nach etwa 200 m wieder in die Forststraße mündet. Wir gehen diese links weiter und gelangen so zu einer Querstraße, wo rechts ein Parkplatz sichtbar ist. Diese Straße überqueren wir jedoch und gehen auf dem Grenzweg weiter, der uns durch dichten Wald führt, vorbei an viel Totholz und faszinierenden Baumgebilden. Auf den letzten Metern wandern wir an einem Drahtzaun entlang, bevor wir wieder die Dechantstraße erreichen, in die wir rechts einbiegen. Ein paar Schritte weiter kommen wir wieder zum Nationalparkhaus wienlobAU, das wir uns nun in Ruhe anschauen (3 ¾ Std.).

In den zwei Stockwerken des Gebäudes können wir eine kindgerecht aufbereitete Ausstellung zu Flora und Fauna des Auwalds besichtigen, in Büchern blättern und uns über das reiche Angebot an Führungen, Exkursionen, Bootsfahrten und Zeltlagern informieren. Anschließend werfen wir von der Terrasse aus einen Blick in den schilfbestandenen Fischteich und besuchen den Garten des Hauses, in dem u. a. eine Picknickwiese und ein Baumkronenpfad mit Rutsche zur Verfügung stehen.

Auf dem Rückweg bietet sich am Biberhaufenweg mit dem bekannten Restaurant Roter Hiasl noch eine Einkehrmöglichkeit, bevor wir die Busstation in der Raffineriestraße erreichen und die Heimfahrt antreten (4 Std.).

2 Schlau in der Au

Von Stockerau über die Donauschleuse nach Greifenstein

Im Naturschutzgebiet Stockerauer Au können wir uns auf dem Weg zur Donau über Tiere und Pflanzen der Gegend, den Auwald und eine Fischwanderhilfe informieren – bevor wir auf der spektakulären Staustufe Greifenstein die Donau überschreiten.

DER WANDERWEG

Wir steigen am Bahnhof von **Stockerau** aus dem Zug, verlassen den Bahnsteig und steuern in der Unterführung links auf einen Parkplatz zu. Noch vor diesem biegen wir rechts ein, gehen zwischen zwei Schranken durch und auf einem asphaltierten Weg neben den Gleisen hinauf, wo wir eine rot-weiß-rote Markierung sehen. Kurz vor einer Laterne zweigt ein geschotterter Weg nach links ab; wir folgen diesem, wandern durch ein erstes Auwaldstück auf die deutlich hörbare Donauufer-Autobahn zu und gelangen auf eine Asphaltstraße; gegenüber von uns steht eine Nepomuk-Statue, rechts befindet sich die Aubrücke, die über den ehemaligen Stockerauer Donauarm führt.

Hier halten wir uns links, kommen zu einem kleinen Kreisverkehr und überschreiten auf einem Schutzweg die Straße, um dann unter der Autobahn durch- und neben der Hagenstraße weiterzugehen. Am nächsten Kreisverkehr gehen wir rechts vorbei und gelangen – weiterhin den rot-weiß-roten Marken folgend – auf einem kombinierten Fußgänger- und Fahrradweg in den Auwald. So betreten wir auf einer breiten, asphaltierten Straße das Naturschutzgebiet **Stockerauer Au**, zweigen aber gleich auf einen schmaleren, beschatteten Weg rechts ab. Er führt uns zu einem ersten Rastplatz mit einer Informationstafel über Auwälder, die Donaukraftwerke und anderes mehr. Links gegenüber sehen wir das Forsthaus, zu dem wir kurz hingehen können, um weitere Informationen, diesmal zur „Aktion Lebensraum Wald“, zu betrachten.

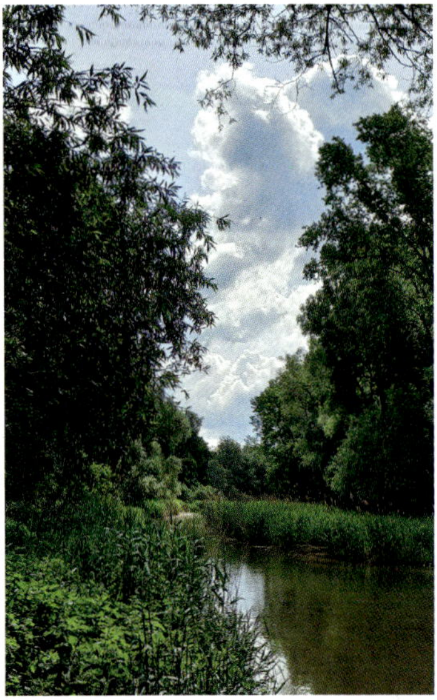

Blick aufs Krumpenwasser

Wir biegen hier nicht rechts in den Naturlehrpfad ein, sondern bleiben geradeaus auf dem Lenauweg, der rot, blau und grün markiert ist. An einer üppigen Wiese, zahlreichen Rastbänken und einem Bogenschießplatz entlang setzt sich diese schöne Allee zwischen hohen Bäumen fort. So kommen wir in den Auwald, an der „Integrativen Lernwerkstatt Brigittenau" vorbei und wenige Schritte danach zum Gasthaus Konrad, das ausschließlich zu Fuß oder mit dem Rad erreichbar ist und zu einer ersten Einkehr einlädt (45 Min.).

Wir machen nun einen kleinen Abstecher und wenden uns vor dem Lokal nach rechts. Auf Rot wandern wir ca. 200 m am Krumpenwasser – einem Donau-Altarm – entlang und kommen so zur 1921 gegründeten Waldschule, wo für Schulklassen und größere Gruppen gegen vorherige Anmeldung Informationsveranstaltungen über Flora und Fauna der Au stattfinden. Zudem werden waldpädagogische Erlebnisführungen angeboten (Informationen im Forsthaus, +43 2266 65909). Am Rückweg zum Lokal kann man dann immer wieder zum Wasser hinuntergehen, sich dort in die Wiese legen und die Kinder Naturbeobachtungen anstellen oder im Sommer baden lassen.

Vor dem Gasthaus Konrad sehen wir einen Bootsanlegesteg, wo es – ebenso wie bei den Bootshäusern von Alpenverein und Naturfreunden – Kanus zu mieten gibt, mit denen man die Altarme der Donau befahren kann; auch geführte Kanutouren sind möglich (siehe „Donau-Safari", S. 54).

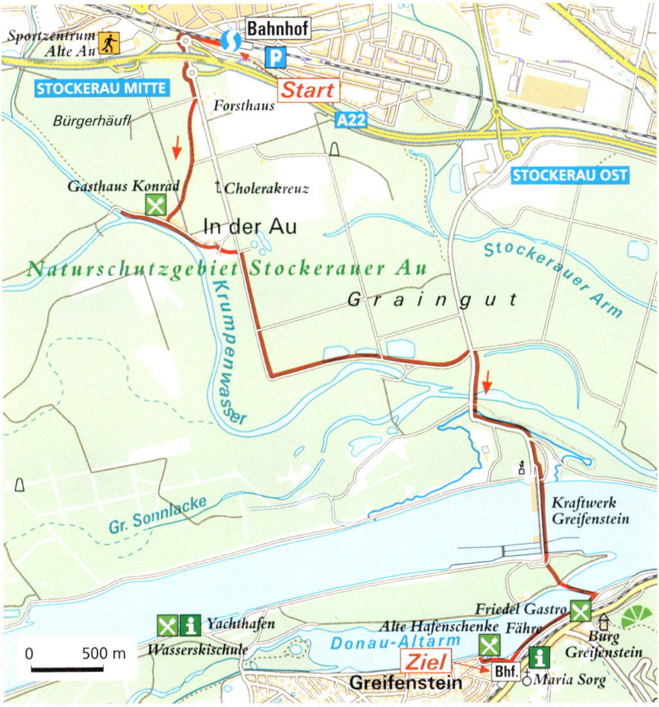

WEGVERLAUF: Streckenwanderung. Bahnhof Stockerau – Gasthaus Konrad (45 Min.) – Kreuzungspunkt Donauradweg (2 ¼ Std.} – Friedel Gastro (45 Min.) – Bahnhof Greifenstein-Altenberg (30 Min.)

GEHZEIT: 4 ¼ Std.

LÄNGE: 8,7 km

SCHWIERIGKEITSGRAD: Problemlose Auwanderung ohne An- und Abstiege

EINKEHRMÖGLICHKEITEN: Gasthaus Konrad (Mo und Di Ruhetag), Friedel Gastro (Mai bis Sept. bei Schönwetter), Alte Hafenschenke (Anf. Jänner bis Mitte März, Mo–Mi Ruhetag)

ANFAHRT: Mit der Bahn von Wien Hauptbahnhof, Praterstern oder Floridsdorf nach Stockerau Bahnhof

RÜCKFAHRT: Mit der Bahn von Greifenstein-Altenberg nach Wien Heiligenstadt

TIPP: Badesachen mitnehmen! Sowohl zu Beginn als auch am Ende der Wanderung habt ihr Gelegenheit zum Schwimmen, Planschen und Kanufahren.

AB: 4 Jahre

SYMBOLE:
- Kinderwagen = ja
- Sonne = ganzjährig
- Spielplatz = nein

Von hier folgen wir dem Pfeil „Schilfweg in der Stockerauer Au“ und biegen nach wenigen Metern schräg rechts auf besagten Schilfweg ein, der als etwa 100 m langer Holzsteg nahe am Ufer entlangführt und weitere Informationstafeln über die Natur in diesem Gelände zu bieten hat. Nach links kehren wir schließlich über mehrere Steinstufen zum Hauptweg zurück und stehen direkt vor dem Bootshaus der Naturfreunde Stockerau. Wir gehen den Hauptweg rechts weiter und schwenken gegenüber einem weiteren Vereinshaus der Naturfreunde rechts in einen Naturlehrpfad ein. Nun bewegen wir uns über eine Auwiese, bis wir neben einer zum Jausnen im Schatten einladenden Picknickbank unter einem Spitzahorn wieder einen breiteren Forstweg – die Hagenstraße – erreichen.

In diese blau und gelegentlich auch gelb markierte, schnurgerade Straße schwenken wir rechts ein. Wenn sie nach links abbiegt, bleiben wir in Gehrichtung und marschieren auf einem Traktorweg weiter. Nach einem Schranken setzt sich der Weg noch ein Stück weit fort; wir folgen dann einem Drahtzaun links um die Ecke, um auf einem etwas breiteren, grob geschotterten Weg weiterzugehen. Nun spazieren wir zwischen dem Krumpenwasser zu unserer Rechten und drei Teichen – u. a. dem Eisvogelteich – linker Hand hindurch, wandern durch ein herrliches Auwaldstück mit hohen Bäumen und gelangen etwa eineinhalb Kilometer nach der Abzweigung zur asphaltierten Donaukraftwerkstraße, in die wir rechts einbiegen.

Nach ca. 300 m auf Asphalt überschreiten wir auf Brücken zuerst das Krumpenwasser und danach die Fischwanderhilfe Kraftwerk Greifenstein, über die uns auch eine Tafel informiert. Dieser 4 km lange Umgehungsbach wurde errichtet, um Fischen die Überwindung des Kraftwerks zu ermöglichen, und ist mittlerweile selbst ein beliebter Lebens- und Laichraum für Vögel und Wassertiere. Eine Straßenkurve danach kommen wir zu einem Kreuzungspunkt, an dem von rechts der Donauradweg zu unserer Route stößt. Hier bieten einige (auch überdachte) Sitzgelegenheiten unter Bäumen eine Möglichkeit zur Rast (3 Std.).

Wir gehen nun geradeaus die Straße weiter, auf der wir gekommen sind, nehmen aber dann die erste Abzweigung rechts und halten uns anschließend wieder rechts, Richtung Kraftwerk. Da auch viele Radfahrer diesen Weg über die Donau nehmen, ist Vorsicht geboten. Über dem jenseitigen Ufer ragt als spektakulärer Anblick die **Burg Greifenstein** auf (siehe Wanderung 18, S. 154). Wir kommen zuerst am gigantischen Maschinenhaus des nach Altenwörth leistungsstärksten österreichischen Wasserkraftwerks vorbei und wandern dann über die Kraftwerksbrücke ans südliche Flussufer. Kurz vor diesem sehen wir unterhalb von uns die beeindruckende Donauschleuse, die es Schiffen erlaubt, die Staustufe zu durchfahren.

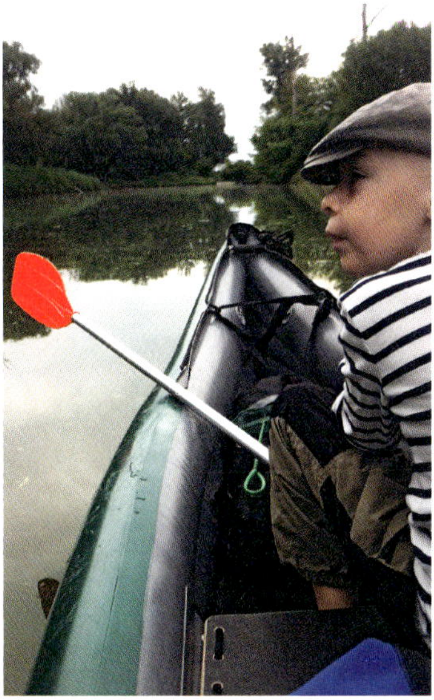

Kanufahrt in der Au

Nach der Überquerung verlassen wir das Kraftwerksgelände durch ein geöffnetes Gittertor und zweigen gleich hinter einer Rechtskurve vom asphaltierten Weg ab, indem wir durch einen Schlupfweg ein paar Meter zu einem Schotterweg absteigen. Auf diesem halten wir uns links und dann gleich wieder rechts, gehen über einen schmalen Pfad durch dichtes Auwaldgebiet und erreichen so den Treppelweg am Donau-Altarm. Auf ihm queren wir über die sogenannte Schwelle den breiten Altarm und kommen zu einer Liegewiese, die auch gern als Badestrand genützt wird und auf der es mehrere Imbisse gibt – darunter einen mit dem originellen Namen **Friedel Gastro**, der auch Sitzgelegenheiten und gelegentlich Livemusik bietet (3 ¾ Std.).

Von hier aus marschieren wir an der Donaulände von Greifenstein stromaufwärts, unterhalb von Straße und Bahnlinie, und schwenken nach dem Motorschiff „Gernot“ kurz nach links, um in

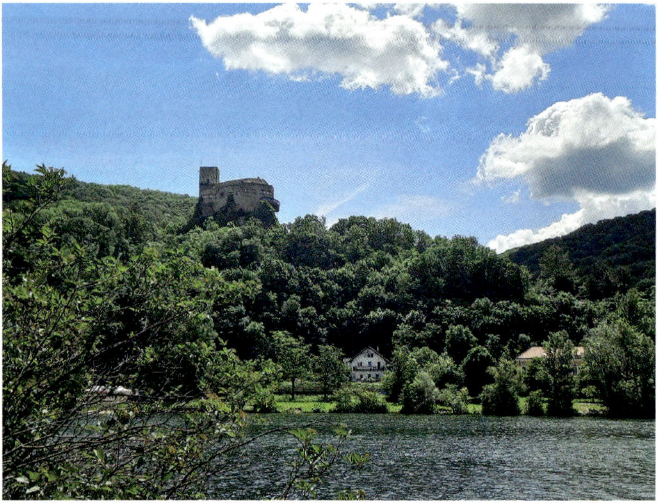

Burg Greifenstein vom anderen Donauufer

der Kastanienallee weiterzugehen und uns einem großen Parkplatz zu nähern. Hier folgen wir Schildern Richtung „Hafenschenke". Rechts vom asphaltierten Weg dorthin befindet sich der Zugang zu einer attraktiven Liegewiese mit Spielplatz; die Alte Hafenschenke, zu der übrigens auch ein Bootsverleih gehört, ist keine 5 Min. vom Parkplatz entfernt. Nach einer letzten Einkehr und einer Abkühlung im Donau-Altarm gehen wir das letzte Stück des Weges zurück und betreten durch eine Unterführung den Bahnhof Greifenstein-Altenberg, von wo aus alle 30 Min. ein Zug nach Wien verkehrt (4 ¼ Std.).

Das Donauweibchen

Früher floss die Donau nicht so friedlich in ihrem breiten Flussbett wie heute. Sie war wild und verzweigt, mit vielen Nebenarmen, die sich durch die Auen schlängelten. Viele Fischer lebten an ihren Ufern. Sie verbrachten viel Zeit in ihren Booten und brachten ihren Fang zu den Märkten nach Wien, um ihn zu verkaufen. Ihr Leben war nicht nur anstrengend, sondern auch gefährlich – weil es damals keine Dämme gab, die die einfachen Behausungen der Fischersleute vor Überschwemmungen im Frühjahr schützten, wenn die Schneeschmelze das Hochwasser brachte.

In einem solchen Fischerdörfchen wohnte auch ein Vater mit seinem Sohn. Der Vater war nicht mehr der Jüngste, also ging ihm die Arbeit nicht mehr so leicht von der Hand. Das war jedoch kein Problem, denn sein Sohn war umso geschickter, und so kamen die beiden gut zurecht. Im Winter, wenn es früh dunkel wurde und sie bei dem bisschen Licht nicht wirklich gut arbeiten konnten, setzten sich die beiden vor den Kamin, legten ein Holzscheit nach und der Vater erzählte seinem Sohn Geschichten von Nixen und Wassergeistern.

Dem Sohn gefielen diese Geschichten sehr gut, aber so wirklich glauben wollte er sie nicht. Da war der Alte dann ein wenig ungehalten. Es sei gefährlich, diese Geschichten zu unterschätzen, sagte er: „Du bist noch jung und hast noch nicht so viel erlebt wie ich oder die anderen alten Fischer!" Er erzählte ihm vom Donaufürsten, der mit seiner Frau und seinen Töchtern in einem großen Palast am Grunde des Donaustroms lebe. Der Palast sei aus grünem Glas und auf den Tischen stünden Gefäße, in denen die Seelen der Ertrunkenen gefangen seien.

Auf seine Töchter habe der Donaufürst ein strenges Auge. Trotzdem gelänge es ihnen immer wieder, dem Palast unter Wasser zu entkommen, um ein paar Stunden unter Menschen zu verbringen. An windstillen Sommernächten könnten aufmerksame Zuhörer noch heute ihren Gesängen lauschen. Der junge Fischer blickte seinen Vater ungläubig an. Da wurde es plötzlich taghell im Raum und

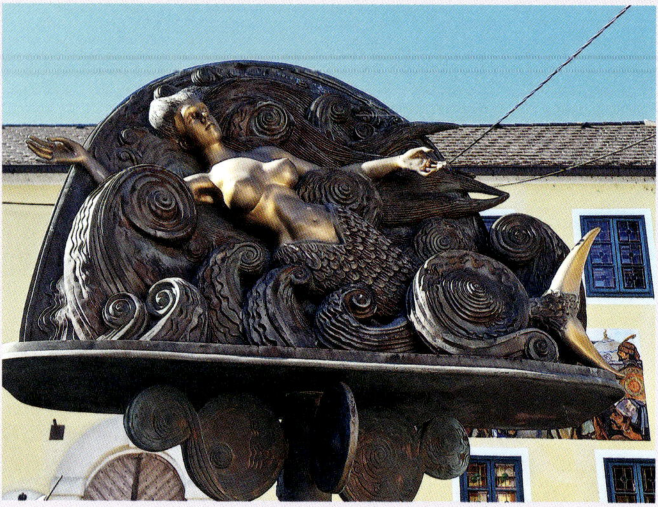

Donauweibchen-Skulptur im Kahlenbergerdorf

ein wunderhübsches Mädchen stand in der Tür. Es trug ein langes, weißes Kleid und sein schwarzes Haar war mit weißen Wasserlilien geschmückt. Vater und Sohn standen da wie vom Donner gerührt. Da sagte das zarte Wesen, milde lächelnd: „Habt keine Angst vor mir, ich möchte euch nur warnen. Es beginnt zu tauen, das Hochwasser wird eure Siedlung überfluten. Flieht ins Landesinnere, solange ihr noch könnt, und bringt euch in Sicherheit!" So plötzlich, wie das Donauweibchen erschienen war, verschwand es dann auch wieder. Die beiden Männer zögerten nicht lang und liefen hinaus, um alle zu warnen. So konnten sich die Bewohner rechtzeitig in Sicherheit bringen, bevor das Hochwasser ihre Siedlung erreichte.

Ein paar Wochen später, als sich das Wasser zurückgezogen hatte, kehrten die Fischer zurück und begannen ihre Behausungen zu reparieren. Alle waren glücklich, mit dem Leben davongekommen zu sein – nur nicht der Sohn des alten Fischers. Sein Vater ahnte, was ihm das Herz so schwer machte: Er hatte sich in das Donauweibchen verliebt. Und so geschah es, dass eines Abends das Boot ohne den jungen Fischer ans Ufer getrieben wurde ... das Donauweibchen hatte den jungen Verehrer zu sich in ihr Reich geholt.

3 Sommerresidenz

Historischer Spaziergang im Laxenburger Schlosspark

Wenn es der kaiserlichen Familie einst in Wien zu heiß wurde, konnte sie auf einer eigens angelegten Straße direkt nach Laxenburg fahren, um sich dort zu erfrischen und zu amüsieren. Heute folgen wir in einem herrlichen Park den Spuren der Adeligen.

DER WANDERWEG

Nach dem Verlassen des Busses in **Laxenburg** wechseln wir die Straßenseite und gehen am Franz-Joseph-Platz geradeaus weiter, wo wir an einer Statue des gleichnamigen Kaisers vorbeikommen. Gegenüber dem Kloster der Kreuzschwestern biegen wir in den breiten Schlossplatz mit seinen vielen Parkplätzen ein und dann nach rechts in dessen Fortsetzung, wo wir zwischen niedrigen Gebäuden direkt auf den **Laxenburger Schlosspark** zuhalten. Das Alte Schloss und der Schlosspark – einst ein Jagdgebiet für die Adeligen – befanden sich ab Beginn des 14. Jh.s im Besitz des Fürsten- und späteren Kaisergeschlechts der Habsburger (siehe „Artisten, Tiere, Attraktionen“, S. 37).

Nach dem Betreten der 280 Hektar großen romantischen Parklandschaft sehen wir links von uns das Schlosstheater Laxenburg. Wir gehen an ihm vorbei und gelangen so nach einem kurzen Links-rechts-Schwenk auf einen Wiesenweg, der auf ein Waldstück zuführt. Zwischen Bäumen bringt uns dieser Weg in einem weiten Rechtsbogen zu einer kleinen Brücke, auf der wir den Laxenburger Kanal überqueren. Danach wenden wir uns nach links und halten auf ein nur teilweise restauriertes Gebäude zu: das Haus der Laune, das Ende des 18. Jh.s als Kuriositätenkabinett für die staunenden Besucher diente.

Wenn wir auf dem asphaltierten Weg bleiben, erreichen wir bald die sogenannte Rittergruft, die wie ein im Boden versunkenes Gewölbe aussieht und ein Beispiel für den Ritterkult der Romantik

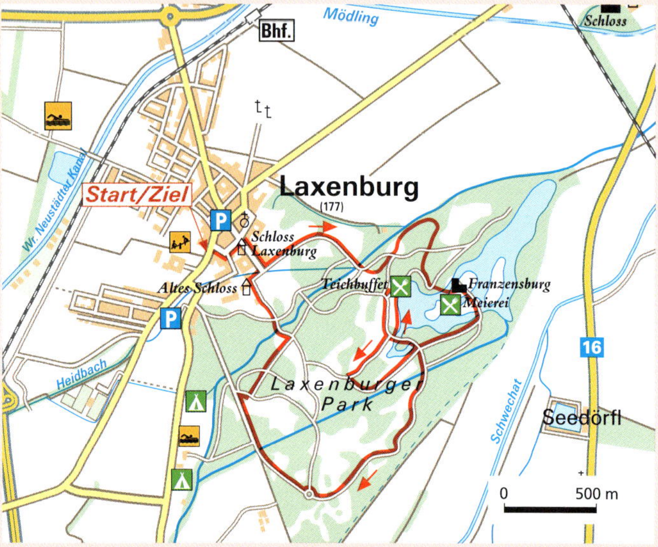

ist. An der Vorderseite dieses Denkmals vorbei gehen wir auf einem unbefestigten Weg weiter und spazieren dann über eine Wiese auf den Taubenschlag zu, einen Überrest der früheren Meierei, die nach den Vorstellungen der Habsburger über einen idealen Bauernhof gestaltet war.

Nun betreten wir neuerlich ein Waldstück und überqueren eine Brücke mit Holzgeländer, um anschließend an einer Wegkreuzung zur deutlich sichtbaren Rittersäule zu kommen, die ebenfalls an die legendären Krieger in ihren schweren Rüstungen erinnert. An ihr vorbei gehen wir zur nächsten Wegteilung und halten uns hier links, wo wir über einen Waldweg zur Anlegestelle der Fähre Franzensburg gelangen, auf der wir gegen eine bescheidene Gebühr zur **Franzensburg** übersetzen (1 Std.).

Die Wasserburg, die jedes Jahr von Ostern bis 1. November (in dieser Zeit verkehrt auch die Fähre) geöffnet ist, wurde auf einer künstlichen Insel im Schlossteich errichtet. In der Burg befin-

WEGVERLAUF: Rundwanderung. Busstation Franz-Joseph-Platz – Franzensburg (1 Std.) – Bootsverleih (1 Std.) – Kaskadenbrücke (45 Min.) – Grünes Lusthaus (1 Std.) – Busstation Franz-Joseph-Platz (45 Min.)

GEHZEIT: 4 ¼ Std.

LÄNGE: 8,7 km

SCHWIERIGKEITSGRAD: Längere Runde ohne Höhenunterschiede durch einen Schlosspark

EINKEHRMÖGLICHKEITEN: Café Meierei (kein Ruhetag), Teichbuffet (kein Ruhetag), div. Lokale in Laxenburg

ANFAHRT: Mit dem Bus von Wien Hauptbahnhof (Busbahnhof Südtiroler Platz) direkt bis Laxenburg Franz-Joseph-Platz. Mit dem Auto bis „Laxenburg Schlosspark Parking" (vor dem Eingang zum Schlosspark)

HINWEIS: Informationen über die Öffnungszeiten des Parks und seiner Attraktionen sowie die in und um Schloss Laxenburg stattfindenden Veranstaltungen finden Sie auf folgender Website: www.schloss-laxenburg.at

TIPP: Diese Wanderung lässt sich am besten von Frühjahr bis Herbst unternehmen, wenn die Fähre in Betrieb ist und ihr euch die Franzensburg anschauen könnt!

AB: 4 Jahre

SYMBOLE:
(Kinderwagen) = ja
(Sonne) = ganzjährig
(Hund) = nein

det sich ein Museum, das im Zuge von Führungen – die auch für Kinder und Jugendliche sehr gut geeignet sind – besichtigt werden kann und die damalige Lebenswelt der habsburgischen Herrscher präsentiert. Bei Schönwetter finden zudem täglich um 13 und 16 Uhr spannende Sonderführungen auf den Hohen Turm und über die Dächer der Franzensburg statt. Wer sich in der Zeit bis Führungsbeginn stärken will, kann im Café Meierei einkehren, das man durch den rechten Ausgang im ersten Burghof erreicht.

Nach der Führung sehen wir uns im Museumsshop um und verlassen die Franzensburg dann durch den anderen Eingang. Hier erreichen wir nach ein paar Schritten die Steinerne Brücke, die wir überqueren und nach einer weiteren Insel zur Eisernen Brücke vorgehen. Sind wir über diese geschritten, folgen wir einem hölzernen Wegweiser Richtung „Turnierplatz – Wasserfall" nach rechts. Hier kann man sich an den Hauptweg halten oder bei trockenen Verhältnissen ein paar Meter weiter rechts am Wasser entlangge-

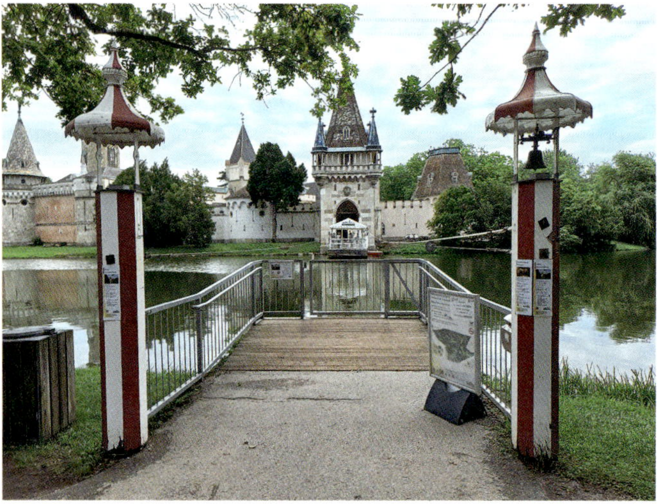

Mit der Fähre erreicht man die Franzensburg

hen. Nach ca. 200 m auf dem asphaltierten Weg sehen wir links von uns den Turnierplatz, wo man an zwei Wochenenden im Jahr an einem großen Ritterfest teilnehmen und bei nachgestellten Turnieren zusehen kann.

Wir kommen nun wieder zu einer Wegkreuzung, wo wir dem Richtungspfeil „Schlossteich – Bootsverleih" folgend rechts einbiegen. Wenn wir an dieser Stelle einen Abstecher nach rechts unternehmen, gelangen wir zu einer romantisch gestalteten künstlichen Grotte – die derzeit aber leider gesperrt ist, sodass wir sie nur von außen betrachten können. Der markierte Weg führt uns weiter zur Gotischen Brücke, von der steinerne Ritter aufs Wasser hinausblicken. Gleich danach verlassen wir den asphaltierten Weg nach rechts und wandern durch ein Waldstück weiter, wobei wir den sogenannten Rousseauhügel überschreiten und am Teichufer entlang zum Bootsverleih vorgehen. Hier kann man sich unterschiedliche Boote – vom Tret- bis zum Elektroboot – ausborgen und mit ihnen auf eigene Faust die Gewässer des Schlossparks erkunden (2 Std.).

An dieser Stelle wenden wir uns zurück zum **Teichbuffet**, wo eine weitere Einkehr möglich ist. Rechts am Lokal vorbei führt unser Weg weiter – dem Richtungspfeil „Grotte – Goldfischteich" folgend. Bei einer Wegteilung bleiben wir rechts und kommen so zu einer Stelle, wo wir unten am Wasser einen schönen Blick auf den Spitzbogen der Gotischen Brücke haben. An einer Bachlandschaft vorbei gehen wir zum Goldfischteich, in dem ein chinesischer Pavillon erbaut wurde, und wenden uns davor nach links auf eine prächtige Rotbuche zu. In diesem Bereich gibt es mehrere Rastbänke und -tische, die zu einer Pause einladen.

Der Weg schlängelt sich nun durch Wiesen- und Waldstücke, bis wir neuerlich den Turnierplatz erreichen, vor dem wir diesmal aber rechts weitergehen (Richtung „Wasserfall") und so etwa 100 m weiter den Forstmeisterkanal mit der von zwei Sphingen (eine Sphinx ist ein Fabeltier mit Löwenkörper und Menschenkopf, das aus der ägyptischen Mythologie stammt) bewachten Kaskadenbrücke und besagten Wasserfall erreichen (2 ¾ Std.).

Nach der Brücke geht es durch den Wald weiter – Richtung „Concordiatempel", der antiken Bauwerken nachempfunden ist und vor dem wir nach ca. 30 Min. stehen. Wir bleiben auf unserem Weg und überqueren den Forstmeisterkanal – der übrigens den Schlossteich mit Frischwasser versorgt und sich 2000 m lang schnurgerade durch die Landschaft zieht – auf einer weiteren Brücke. Von hier aus spazieren wir geradeaus weiter Richtung „Ausgang – Altes Schloss" und nehmen unmittelbar vor der nächsten Brücke den nach rechts wegführenden Waldweg, der uns auf

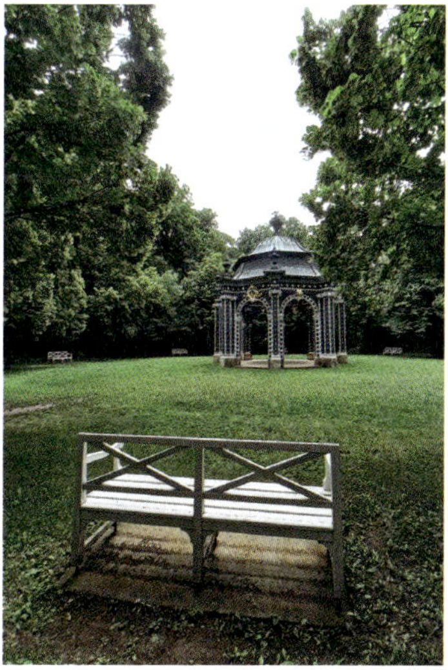

Grünes Lusthaus

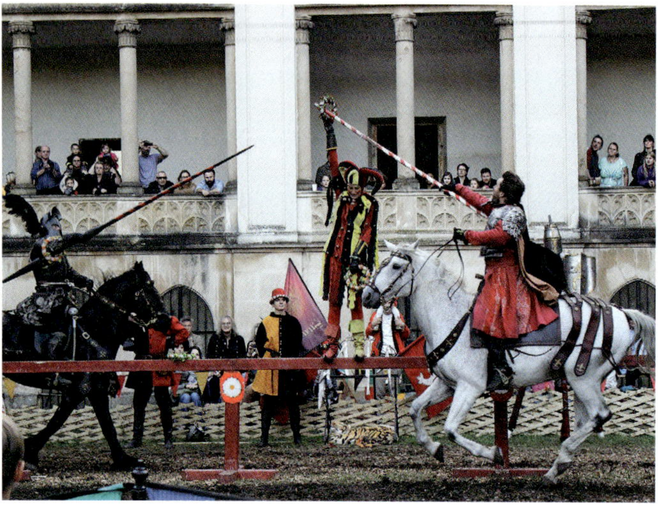

Das jährliche Ritterturnier in Laxenburg

eine zauberhaft anmutende Lichtung bringt. Hier steht das Grüne Lusthaus im Zentrum des „Waldsterns", durch dessen Bögen man auf die einzelnen, sternförmig angelegten Wege hinausblickt (3 ¾ Std.).

Haben wir uns das barocke Deckenfresko im Lusthaus angesehen, so verlassen wir die Lichtung auf dem Weg rechts neben der Beschreibungstafel und einem Mistkübel, um zu einer Wiese und der Löwenbrücke zu gelangen. Diese Brücke war einst der „Volkseingang" in den Schlosspark; rechts von ihr befindet sich ein großer Kinderspielplatz mit Ritterburg, Klettergerüsten und zahlreichen anderen Attraktionen.

Wir gehen über die Löwenbrücke und halten auf den deutlich sichtbaren Ausgang des Schlossparks zu, den wir auch bald erreichen, nachdem wir das Alte Schloss passiert haben. Nach dem Verlassen des Parks können wir noch in einem der zahlreichen Lokale Laxenburgs einkehren oder über Schlossplatz und Franz-Joseph-Platz zur Bushaltestelle zurückmarschieren. Auf einer der Bänke beim Kaiserdenkmal lässt sich die Zeit bis zur Abfahrt des Busses Richtung Wien bequem verbringen (4 ½ Std.).

Artisten, Tiere, Attraktionen

Laxenburg – der Vergnügungspark der Habsburger

Das Alte Schloss Laxenburg mit dem damaligen Schlosspark war seit dem 14. Jahrhundert im Besitz der habsburgischen Adelsdynastie. Zuerst diente der Park als Jagdrevier und Rückzugsgebiet. Die Familie fand hier Ruhe in der ländlichen Abgeschiedenheit, konnte ihrer Jagdleidenschaft nachgehen und war dennoch nahe bei Wien. Über die Jahrhunderte unterlag der Park allerdings einem ständigen Wandel. Auch früher gab es nämlich schon Modetrends, die sich nicht nur in Bekleidung oder Frisuren zeigten, sondern auch in der Architektur und der Parkgestaltung. Die Moden reichten von streng geometrischen Formen, wie sie heute noch in Schönbrunn zu sehen sind, bis hin zu wildromantischen Nachbildungen von Grotten oder Teichlandschaften. In ihrer Residenz Laxenburg tobten sich die Habsburger so richtig aus und schufen viele interessante, aber auch skurrile Attraktionen, von denen einige noch heute erhalten sind.

Labyrinthe, Menagerien & Ritterturniere

Lustgärten: Sie sollten, anders als Nutzgärten, der Erholung dienen und die Sinne erfreuen – sprich: einfach schön sein. Pavillons zum Verweilen, Skulpturen, Labyrinthe oder Tempelnachbauten lockerten die Anlagen auf. Das Grüne Lusthaus (Dianatempel) im Schlosspark kannst du heute noch bewundern. Es war einst der Lieblingsplatz von „Kaiserin" Maria Theresia, wo sie gern Karten spielte. Diana, die Göttin der Jagd, erinnert daran, dass hier einst Fasane, Rehe und Reiher gejagt wurden.

Menagerien: Eine Menagerie ist so etwas Ähnliches wie ein Zoo. In Laxenburg wurde lange vor dem Tiergarten im Park des Schlosses Schönbrunn, den du bestimmt kennst, ein Tiergarten eingerichtet. Er umfasste Gehege und Käfige und einen beachtlichen Fischteich. Der außergewöhnlichste Bewohner war ein Leopard – ein Geschenk der Republik Venedig aus dem Jahr 1402.

Der automatische Einsiedler: Eine Einsiedelei ist ein Ort, an dem ein Mensch (man nennt ihn Einsiedler oder Eremit) ein zurückgezogenes Leben führen und sich völlig dem Gebet widmen kann. Seit dem 16. Jahrhundert war es modern, solche Einsiedeleien auch auf herrschaftlichen Anwesen einzurichten. Manchmal wurde sogar mittels einer Zeitungsanzeige nach willigen Eremiten gesucht, die darin wohnen sollten. In Laxenburg begnügte man sich mit einem unechten Einsiedler, der, wenn jemand die einfache Hütte betrat, durch einen Mechanismus in die Höhe schnellte. Kniete man sich auf einen Betschemel vor dem Bild des heiligen Franziskus, so sprangen zwei Flügeltüren auf und eine hübsche weibliche Gottheit kam zum Vorschein.

„Palmay-Gang"/Mail-Bahn: Auch Kaiser und Könige spielten gern Spiele. In Laxenburg zeugt heute noch der „Palmay-Gang" davon, dass es hier um ein Spiel ging, bei dem die Adeligen versuchten, einen Ball mit einem Holzschläger – ähnlich wie heute beim Golf – mit möglichst wenigen Schlägen ans andere Ende zu treiben.

Kanäle, Schleusen, Springbrunnen und Wasserfälle: Diese Ergänzungen stammten von Maria Theresia und wurden alle künstlich angelegt. So konnten die edlen Herrschaften gemütlich Boot fahren. Außerdem ließ die Regentin das Schloss weiter ausbauen, um ihre 16 Kinder unterzubringen.

Franzensburg: Diese Burg liegt malerisch auf einer Insel im 25 Hektar großen, künstlich angelegten Schlossteich. Man kann sie zu Fuß oder – viel romantischer – mit der bereits 1806 eingerichteten Fähre erreichen und sich die Burg auch von innen ansehen. Die Fantasieburg ließ Kaiser Franz II. bzw. I. nach mittelalterlichem Vorbild erbauen.

Kleiner Prater: Unter Kaiser Franz und seiner Gattin entstand in Laxenburg auch eine kleine Version des Wurstelpraters. Dort gab es verschiedene Schaukeln, Kegelbahnen und andere Spielgeräte. Sogar Feuerwerke wurden gezündet.

Fischerdörfl: Diese ebenfalls unter Maria Theresia entstandene Attraktion ist heute leider kaum noch erhalten. Einst sollte der Eindruck einer Gebirgslandschaft erweckt werden – mit wildromantischen Schluchten, Wasserfall und Felsbrocken. Einfache Fischerhütten, mit Reusen, Rudern und Netzen versehen, sollten den Anschein erwecken, als wäre alles echt. Auch das war einst Mode. Man wollte das einfache Leben auf dem Lande nachstellen und nachspielen. Maria Theresia liebte es, hier zu angeln.

Turnierplatz: In der zweiten Hälfte des 18. Jahrhunderts war der Ritterkult weit verbreitet. Obwohl das Mittelalter schon lang vorbei war, galten Ritter wegen ihrer Tugendhaftigkeit und ihres Edelmuts als Vorbild. Um dieser Verehrung und Leidenschaft nachzugehen, wurde in Laxenburg ein Turnierplatz gebaut, auf dem bis heute Ritterturniere ausgetragen werden. Auch die Rittergruft und die Rittersäule, die ebenfalls noch zu besichtigen sind, zeugen von dieser Zeit.

Chinesischer Teich: Früher galt alles Exotische als aufregend. So ist es nicht verwunderlich, dass auch chinesische Elemente Einzug in die Parkgestaltung fanden, die heute leider auch nicht mehr erhalten sind. Die Chinesische Brücke über den heutigen Goldfischteich muss ein prachtvoller Anblick gewesen sein. In ihrer Mitte befand sich ein überdachter Saal, von dem aus man einen schönen Ausblick auf den Teich hatte. Die Brücke war mit Schnitzereien und Figuren reich verziert; Windspiele aus Glas gaben angenehme Klänge von sich. Auch hier konnte man mit prachtvollen Lustschiffen auf dem See herumpaddeln.

Erste Badeanlage: Der Badeturm, ein eigenständiges, durch eine Brücke mit dem Hauptschloss verbundenes Bauwerk, war vermutlich das erste Badezimmer in einer herrschaftlichen Schlossanlage. In Schloss Schönbrunn wurde erst unter Kaiserin Zita (1892–1989) das erste eigenständige Badezimmer eingebaut.

Laxenburger Straße: Weil Maria Theresia so gern in Laxenburg residierte, wichtige Besprechungen aber oft in ihrem Hauptsitz Schloss Schönbrunn stattfanden, ließ sie kurzerhand eine direkte Verbindungsstraße zwischen den beiden Schlössern bauen. So konnte sie bequem mit der Kutsche zwischen ihren beiden Anwesen hin und her pendeln.

Schlosstheater: Das Schlosstheater in Laxenburg hat mehr Premieren gefeiert als jedes andere Theater seiner Zeit. Besonders beliebt waren französische Komödien. Dabei wurde das Publikum regelmäßig zum Mitspielen und Mitsingen eingeladen. Rekord waren 16 Stücke an 21 Abenden. Da man für jedes Stück eigene Requisiten, Bühnenbilder und Kostüme benötigte, kannst du dir ausrechnen, wie kostspielig dieses Vergnügen war.

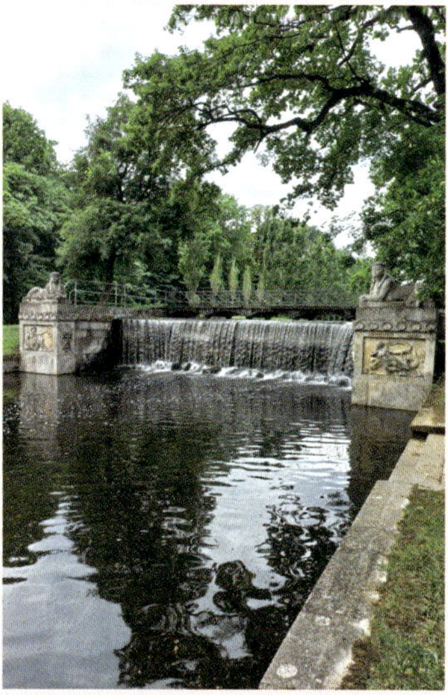

Kaskadenbrücke mit Sphingen

Laxenburger Bahn: Zwischen 1845 und 1932 verkehrte ein Zug zwischen Mödling und Laxenburg. Es war die erste Lokalbahn Österreichs. Grund für ihren Bau war das Schloss Laxenburg, in dem die Habsburger gern ihre Sommer verbrachten. Um die Jahrhundertwende verkehrten zusätzlich zu den Hofzügen, die den „lustbaren" Adel zum Schloss brachten, bis zu 15 Zugpaare. Die Fahrzeit betrug zehn Minuten. Der Kaiserbahnhof in Laxenburg ist der älteste erhaltene Biedermeier-Bahnhof Österreichs und beherbergte seither immer wieder Restaurants.

4 Bei den Gladiatoren

Auf den Spuren der alten Römer in Carnuntum

Wir gehen vom Bahnhof Petronell-Carnuntum zur Römerstadt und besichtigen dort die archäologischen Ausgrabungen. Danach wandern wir weiter zum Amphitheater und zur Gladiatorenschule, um schließlich noch das weithin sichtbare Heidentor zu besuchen.

DER WANDERWEG

Wir steigen am Bahnhof von **Petronell-Carnuntum** aus dem Zug und gehen auf dem Gehsteig der Bahnstraße direkt auf den Ortskern zu. Nachdem von links die Brucker Straße dazugestoßen ist, biegen wir bei einer Kreuzung links in die Heidentorgasse ein. Hier sehen wir bereits das Heidentor vor uns, das wir im Zuge dieser Wanderung erst später erreichen werden. Nach ca. 300 m passieren wir einen Sportplatz und biegen danach – beim Ortsschild von Petronell-Carnuntum – rechts in einen asphaltierten Weg ein, auf dem wir besagten Sportplatz umgehen. Wir kommen so an großen Spiel- und Skateboardplätzen vorbei und schwenken nach dem Drahtzaun links in den Sportplatzweg ein. Zwischen Bäumen und privaten Gartengrundstücken hindurch gelangen wir zum Scharndorferweg, dem wir ein kurzes Stück nach rechts folgen, um wenige Meter weiter gegenüber der Hausnummer 15 nach links in einen unmarkierten Wiesenweg einzubiegen. Dieser führt uns zur Hauptstraße, auf der wir links weitergehen. Wir kommen hier an der **Legionskneipe Carnuntum** mit dem Imbiss „Römische Münzen" vorbei, bevor wir auf der anderen Straßenseite die **Römerstadt Carnuntum** betreten (45 Min.).

Besucher der antiken Römerstadt, die sich einst an dieser Stelle befand, können das Gelände auf eigene Faust besichtigen; es empfiehlt sich jedoch, an einer der stündlich stattfindenden, höchst informativen Führungen teilzunehmen (siehe „Kindheit in

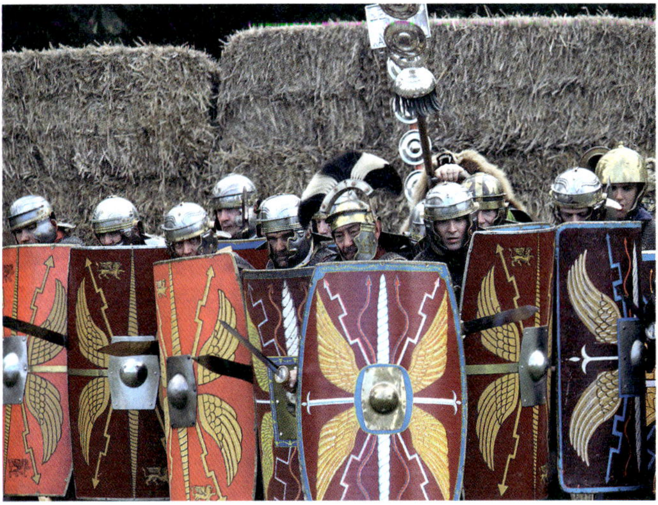

Römerfest: Legionäre in Schildkrötenformation

der Antike", S. 45). Für die Besichtigung der herrlich rekonstruierten und mit viel Liebe zum Detail eingerichteten Gebäude – z. B. einer Stadtvilla, diverser Küchen, Werkstätten und Geschäfte sowie der eindrucksvollen römischen Therme mit ihrer antiken Fußbodenheizung – im archäologischen Ausgrabungsgelände ist in jedem Fall mindestens eine Stunde zu veranschlagen. Wer danach noch Bekanntschaft mit authentischer römischer Küche schließen will, sollte dem Restaurant Forum Culinarium in der Römerstadt einen Besuch abstatten. Nach dem Verlassen der Ausstellung durch das Eingangsgebäude mit seinem Shop überqueren wir die Hauptstraße zum Parkplatz hin (1 ¾ Std.).

Ein gelber Wanderpfeil weist uns hier den Weg zum Amphitheater und zum Heidentor. Wir gehen am Parkplatz vorbei, queren eine Zufahrtsstraße und nehmen bei einer weiteren Hinweistafel den geschotterten Weg, der uns nach etwa 400 m zu den frei begehbaren Überresten des Amphitheaters der Zivilstadt Carnuntum bringt. Es wurde in der ersten Hälfte des 2. Jh.s n. Chr. errichtet und lag außerhalb der Stadtmauern. Die Tribünen dieses Theaters, in

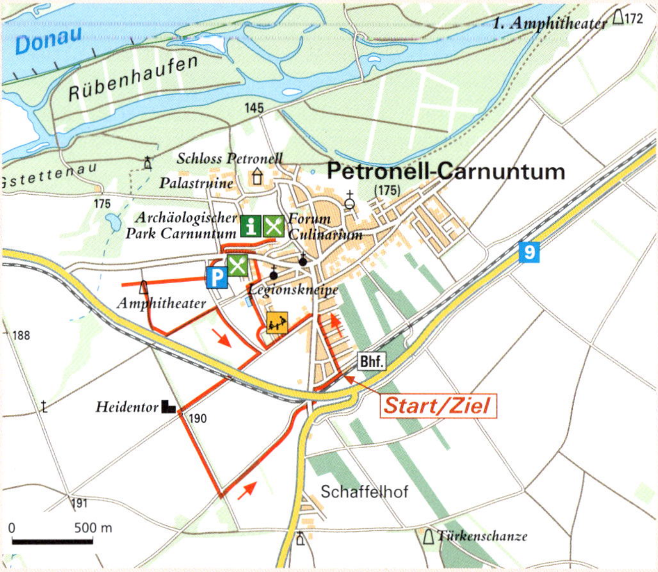

WEGVERLAUF: Rundwanderung. Petronell-Carnuntum Bahnhof – Eingang zur Römerstadt Carnuntum (45 Min.) – Parkplatz Römerstadt Carnuntum (1 Std.) – Heidentor (1 ½ Std.) – Petronell-Carnuntum Bahnhof (1 Std.)

GEHZEIT: 4 ¼ Std.

LÄNGE: 8,2 km

SCHWIERIGKEITSGRAD: Praktisch ebene Wanderung ohne Auf- und Abstiege, aber durchwegs schattenlos

EINKEHRMÖGLICHKEITEN: Legionskneipe Carnuntum mit Imbiss „Römische Münzen" (kein Ruhetag), Forum Culinarium (Öffnungszeiten wie Römerstadt Carnuntum)

ANFAHRT: Mit der Bahn von Wien Mitte nach Petronell-Carnuntum Bahnhof. Mit dem Auto bis zum Parkplatz der Römerstadt Carnuntum

HINWEIS: Die Römerstadt ist von Mitte März bis Ende Nov. (die genauen Daten sind der Website www.carnuntum.de zu entnehmen) täglich von 9 bis 17 Uhr geöffnet.

TIPP: Besucht die Römerstadt Carnuntum an einem Tag mit Veranstaltung!

AB: 4 Jahre

SYMBOLE:
[Kinderwagen] = ja
[Sonne] = ganzjährig
[Kinderwagen durchgestrichen] = nein

denen – wie im alten Rom üblich – Gladiatoren- oder Tierkämpfe stattfanden, boten ca. 13.000 Besuchern Platz. Wenn wir vom Zugang des Amphitheaters noch ein Stück nach Westen weiterwandern, kommen wir zur erst 2011 entdeckten **Gladiatorenschule**, in der sich die Kämpfer in einer Übungsarena und einer Trainingshalle auf ihre Auftritte vorbereiten, aber auch in einer großen Badeanlage entspannen konnten (siehe „Am Wege", S. 44).

Wir kehren nun zum Amphitheater zurück, durchqueren die Arena und verlassen sie durch das ehemalige Südtor. Nach links gewendet erreichen wir einen Feldweg, der uns durch eine Baumallee zur Pressburger oder Hainburger Straße führt. Wir überqueren die Straße jedoch nicht, sondern biegen links in einen Traktorweg – den Scharndorfer Weg – ein, der uns zwischen Feldern und an einem Waldstück vorbei zur Kreuzung mit einer Asphaltstraße bringt. In diese biegen wir rechts ein und erreichen ca. 400 m weiter die Heidentorgasse, die wir kurz nach Beginn der Wanderung beim Sportplatz verlassen haben. Hier gehen wir wieder rechts weiter und sehen bereits das **Heidentor** (siehe Sage, S. 47) vor uns, das wir nach einer Unterführung erreichen (3 ¼ Std.).

Das nur mehr unvollständig erhaltene und ehemals würfelförmige Heidentor gilt heute als eines der bedeutendsten Monumente am Donaulimes und soll nach neuen archäologischen Erkenntnissen um die Mitte des 4. Jh.s n. Chr. erbaut worden sein. Früher vermutete man, dass es sich dabei um ein Stadttor oder ein Straßentor über einer Kreuzung gehandelt hat. Mittlerweile geht die Forschung davon aus, dass es ein Siegesdenkmal war, in dessen Zentrum eine heute nicht mehr erhaltene Kaiserstatue stand.

Nach der Betrachtung dieses historischen Schatzes bewegen wir uns links über eine Schotterstraße auf ein kleines Waldstück zu. Rund 15 Min. später biegen wir links in die erste Querstraße ein, halten auf den Lagerhausturm vor uns zu und gehen auf Schotter über freies Gelände Richtung Bahnlinie und Straße. So erreichen wir schließlich die Brucker Straße, unterqueren auf ihr die Pressburger Straße und halten gleich danach durch die Ing.-Josef-Tauber-Gasse auf die Bahnstation Petronell-Carnuntum zu, wo wir den nächsten Zug nach Wien besteigen (4 ¼ Std.).

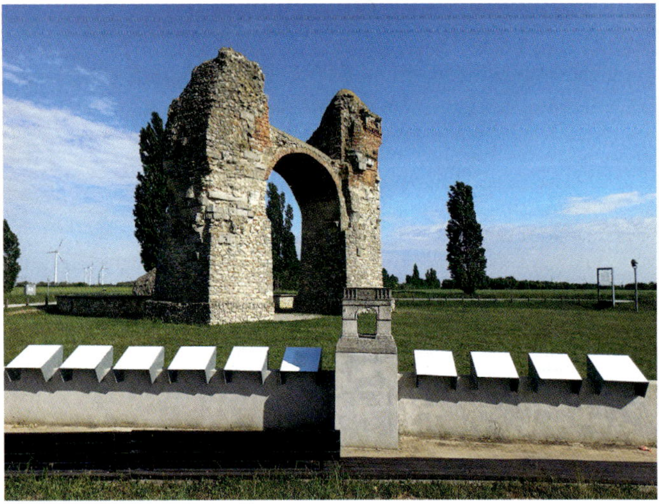

Heidentor

Wer mit dem Auto angereist ist, folgt vom Bahnhof aus dem ersten Teil der Wegbeschreibung bis zum Parkplatz gegenüber dem Eingang zur Römerstadt, der in etwa einer Dreiviertelstunde zu erreichen ist.

AM WEGE

In der Römerstadt Carnuntum finden Jahr für Jahr Veranstaltungen statt, in denen Geschichte lebendig wird – zum Beispiel das Römerfest, das Fest der Spätantike, ein Kinderfest und der besonders spektakuläre Gladiatorentag. Zu all diesen Anlässen hüllen sich Mitglieder von Reenactment-Vereinen und kommerziellen Gruppen in möglichst authentische Kleidung und Rüstungen, um die römische Geschichte „nachzustellen" (so die Übersetzung des englischen Begriffs „reenact"). Dabei dürfen natürlich auch Legionäre und Gladiatoren nicht fehlen, die den Umgang mit historischen Waffen demonstrieren und dem Publikum aufregende Schaukämpfe bieten. Kinder sind bei diesen gewöhnlich sehr gut besuchten Veranstaltungen herzlichst zum (ungefährlichen) Mitmachen eingeladen.

Kindheit in der Antike

Ein neunjähriges Mädchen erzählt über ihr Leben in Carnuntum

Servus, Quinta! Du bist neun Jahre alt. Möchtest du uns ein wenig erzählen, wie es für dich ist, in einer römischen Stadt zu leben?
Salve! So begrüßen wir uns hier. Gern erzähle ich dir von meinem Alltag. Ich wohne hier mit meinen Eltern und meinen vier Geschwistern in einem Haus – so ähnlich, wie du es auch heute in Carnuntum besuchen kannst. Mein Vater ist ein erfolgreicher Tuchhändler; daher sind wir wohlhabend und können uns Sklaven leisten, die uns den Alltag erleichtern. Meine Mutter kümmert sich um die Familie.

Ihr habt Sklaven?
Ja, das ist nichts Ungewöhnliches. Sklaven sind meist Kriegsgefangene. Sie werden für alle möglichen Arbeiten eingesetzt, am Feld, in Werkstätten oder auf Schiffen. Sie haben keine Rechte und werden oft hart bestraft, wenn sie ihrem Besitzer nicht gehorchen. Unsere Sklaven helfen uns allen im Haushalt und meinem Vater im Geschäft. Wir schätzen ihre Arbeit sehr, und sie zählen praktisch zur Familie – bei uns geht es ihnen gut. Ende Dezember, während der Saturnalien, den Feiern zu Ehren des Gottes Saturn, tauschen wir die Rollen. Dann bedienen wir unsere Sklaven und bereiten ihnen ein Festmahl. Besonders treue und tüchtige Sklaven werden manchmal auch freigelassen.

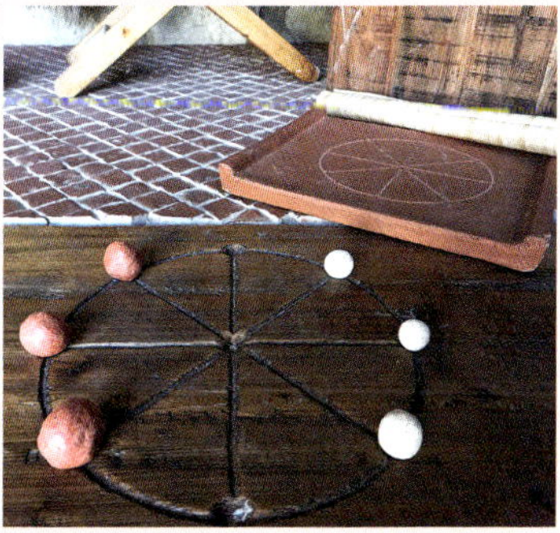

Gehst du in die Schule?
Nein, meine Geschwister und ich werden von einem Hauslehrer unterrichtet. Es gibt aber auch öffentliche Schulen, wo vor allem Buben, aber auch Mädchen den Unterricht besuchen können. Mit sieben Jahren lernen wir schreiben, rechnen und lesen – also eigentlich so wie ihr. Die Mädchen verlassen die Schule spätestens mit elf wieder und lernen daheim, den Haushalt zu führen. Buben, die weiter zur Schule gehen, lernen noch Griechisch, Geometrie, Grammatik, Astronomie und die Kunst, öffentlich Reden zu halten. Ärmere Kinder und die Kinder von Sklaven können leider nicht in die Schule gehen, da sie oft schon früh arbeiten müssen.

Habt ihr auch Schulbücher und Hefte zum Reinschreiben?
Schulbücher und Hefte kennen wir nicht. Wenn wir schreiben lernen, benutzen wir Griffel. Das sind Stifte, mit denen wir unsere Texte

in Wachstafeln ritzen. Wenn wir mit dem Text fertig sind, glätten wir das Wachs mit dem flachen Ende des Griffels und können die Tafel wieder benutzen. Später verwenden wir ein Schreibrohr, das wir in ein Tintenfass tauchen. Mit diesem können wir auf Holzblättern oder Papyrusrollen schreiben.

Was machst du nach der Schule?
Ich spiele viel mit meinen Geschwistern, aber auch mit anderen Kindern. Wir haben Spielzeug, aber nicht so viel wie die Kinder heute und vor allem keine Smartphones und Computerspiele. Besonders beliebt sind bei uns einfache Stoffpuppen, Holztiere, Bälle, Murmeln aus Glas oder Ton und Würfel aus Wirbelknochen, um Würfelspiele zu spielen. Mein Bruder liebt seine kleinen Tonfiguren, mit denen er die Gladiatorenkämpfe, die in der Arena stattfinden, nachspielen kann. Wir sind sehr einfallsreich. Mit Haselnüssen kannst du zum Beispiel ganz viel machen – du kannst etwa versuchen, sie in schmale Gefäße zu werfen, sie zu Pyramiden zu türmen und diese dann zum Einsturz bringen, oder du kannst sie um die Wette bergab rollen lassen.

Kannst du uns dein Lieblingsspiel vorstellen?
Ich spiele mit meinen Geschwistern am liebsten das Deltaspiel. Dafür zeichnet man ein großes Dreieck auf den Boden und unterteilt es in zehn Streifen, die von eins bis zehn durchnummeriert werden. Jeder Spieler erhält fünf Nüsse. Der Reihe nach darf jeder einmal seine Nuss werfen und erhält die Punktezahl, auf der sie gelandet ist. Der Spieler mit den meisten Punkten hat gewonnen.

Habt ihr Haustiere?
Ja, einen Hund. Er heißt Picus und bewacht unser Anwesen. Damit das auch jeder weiß, steht an unserem Eingang auch „Cave Canem" – das ist Latein und heißt: „Vorsicht vor dem Hund".

Was ziehst du gerne an und wie schützt du dich vor Kälte und Regen?
Hosen oder Jacken gibt es bei uns nicht. Sowohl Buben als auch Mädchen, ob arm oder reich, tragen eine Tunika aus Wolle oder Leinen. Sie sieht ein bisschen so aus wie ein langes, weites T-Shirt. Bei den Mädchen reicht sie bis zum Knöchel, bei den Buben meist bis zum Knie. Zusammengehalten wird sie von einem Gürtel. Zu besonderen Anlässen tragen Männer darüber noch eine Toga – eine lange Stoffbahn, die kunstvoll um den Körper geschlungen wird. Dazu tragen wir Ledersandalen oder geschlossene Lederschuhe. Gegen die Kälte schützen uns Umhänge. Bei Frauen ist das die Palla, bei Männern der Pallium. Zusätzlich tragen wir Kinder alle eine Bulla. Das ist ein Amulett, das wir zur Geburt umgehängt bekommen, es soll uns vor bösen Geistern schützen. Erst mit 14 Jahren, wenn wir „erwachsen" sind, legen wir es ab.

Der Riese am Heidentor

Ein tüchtiger Hirte trieb einst seine Rinderherde auf die Felder beim Heidentor. Diese Gegend hatte etwas Geheimnisvolles, weil man dort immer wieder ein blaues Flämmchen beobachten konnte, das unruhig herumhuschte. Ob es vor einer Gefahr warnen oder auf einen Schatz aufmerksam machen wollte, wussten die Menschen aus der Umgebung nicht so genau. Der junge Hirte genoss den schönen Tag und überließ es seinen Hunden, die Herde zu hüten. Er döste ein wenig, als ihm plötzlich die seltsame blaue Flamme erschien – direkt unter dem Heidentor.

Der Hirte trieb schnell seine Tiere zusammen und eilte heim, um am nächsten Tag frühmorgens, mit Schaufel und Spitzhacke ausgerüstet, zu der Stelle zurückzukehren. Voller Vorfreude ob der erwarteten Kostbarkeiten schaufelte er wie besessen, als seine Hacke plötzlich auf etwas Hartes stieß. Er wischte die lose Erde von der gefundenen Steinplatte und sah, dass es sich um ein Grabmal handelte.

Als er zum nächsten Hieb ausholte, ertönte plötzlich eine Stimme aus dem Nichts: „Halte ein! Grabe nicht weiter! Lass den Toten ihre Ruhe, sonst wird dir gar Grauenvolles widerfahren!" Der Hirte erschrak zwar, aber da er weit und breit niemanden sehen konnte, holte er erneut zum Schlag aus. „Hörst du nicht!", donnerte es wieder aus dem Nichts, noch bedrohlicher als zuvor. „Hier haben Menschen ihre letzte Ruhe gefunden, niemand darf sie stören, auch du nicht!"

Da ergriff der Hirte Hals über Kopf die Flucht und wagte noch einen kurzen Blick zurück zum Heidentor. Was er sah, ließ ihm das Blut in den Adern gefrieren: Ein gigantischer Riese stand vor der ausgehobenen Grube. In den Händen hielt er einen großen Stein, den er mit aller Wucht auf das freigelegte Grab warf. „Nie wieder soll eure Ruhe gestört werden!", brüllte der Koloss und verschwand.

Der Stein liegt heute noch da – und die Besucher des Heidentors wundern sich, wie der Felsbrocken dorthin gekommen ist. Kannst du ihn sehen?

5 Am, über und unter Wasser

Von Schloss Orth mit der Donaufähre nach Haslau

Im museumORTH und auf der Schlossinsel tauchen wir tief in das Leben an der Donau und in der Aulandschaft ein. Danach überqueren wir den mächtigen Strom mit einer Motorfähre und lassen das Wanderabenteuer in Haslau ausklingen.

DER WANDERWEG

Wir steigen aus dem Bus und stehen praktisch direkt vor dem **Schloss Orth**, das wir durch den Haupteingang betreten. Die 1201 erstmals urkundlich erwähnte viertürmige Wasserburg wurde nach etlichen kriegerischen Auseinandersetzungen und Besitzerwechseln bei der Ersten Türkenbelagerung im Jahr 1529 zerstört und dann im Renaissancestil neu aufgebaut. Schließlich erwarben sie die Habsburger und Kronprinz Rudolf nützte sie als Jagdschloss.

An der Kassa sollten wir eine Kombikarte für das museumORTH und die Schlossinsel – möglichst mit Führungen – lösen, um Kultur und Natur gleichermaßen genießen zu können. Beginnen wir unsere Besichtigungstour im Museum, so erfahren wir dort einiges über den **Nationalpark Donau-Auen** sowie die Flora und Fauna, die ihn bewohnen. Hauptsächlich aber werden hier die Geschichte der Marktgemeinde **Orth an der Donau**, das Leben mit dem Fluss, die Nutzung der Augebiete, Fischerei und Landwirtschaft der Region dokumentiert. Kindern stehen in den Museumsräumen Zeichentische zur Verfügung; die entstandenen Werke werden in den Fensternischen präsentiert.

Im Hof besteigen wir über ein Stiegenhaus aus Metall den Aussichtsturm des Schlosses, wo es wechselnde Ausstellungen zu sehen gibt. Über Live-Kameras können wir hier das Storchennest auf dem Schornstein des Turms sowie Dohlennester im Dachgeschoß bestaunen und durch eine Dachbodentür vielleicht sogar lebende Fledermäuse beobachten.

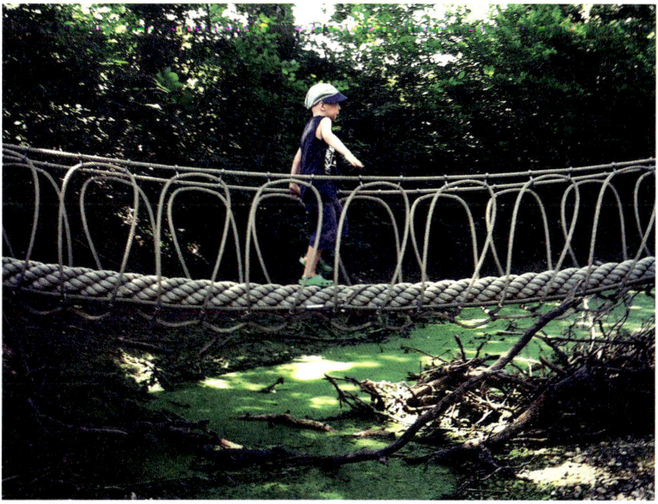

Über die Seilbrücke auf der Schlossinsel

Weiter geht's über eine Brücke in das „Erlebnisgelände" Schlossinsel, wo Kinder und Erwachsene die lebendige Welt der Flusslandschaft aus nächster Nähe und in aller Ruhe erkunden können. Zu sehen sind u. a. Europäische Sumpfschildkröten, Ziesel, Käfer, Libellen, Schlangen, Schmetterlinge und in einer Unterwasserbeobachtungsstation die Fische und anderen Wasserlebewesen der Region (siehe „Donau-Safari", S. 54). Dazu gibt es eine Spurenstation, interaktive Bereiche, Informationstafeln und -mappen, aber auch mehrere Spielzonen für Kinder. Für die Besichtigung von Museum und Schlossinsel können wir gut zwei Stunden veranschlagen (reine Gehzeit: 30 Min.).

Unsere eigentliche Wanderung beginnt dann wieder am Schlossplatz, wo wir aus dem Bus gestiegen sind. Wir wenden uns hier nach links und spazieren am Gehsteig bis zu einem Bildstock mit der Darstellung des hl. Nepomuk, wo wir links in den Jägergrund einbiegen. Diese Gasse führt uns zum Gasthaus Binder, in dem wir einkehren können (falls wir uns nicht schon im Museumsbüffet verköstigt haben). Wenige Meter danach schwenken wir vor

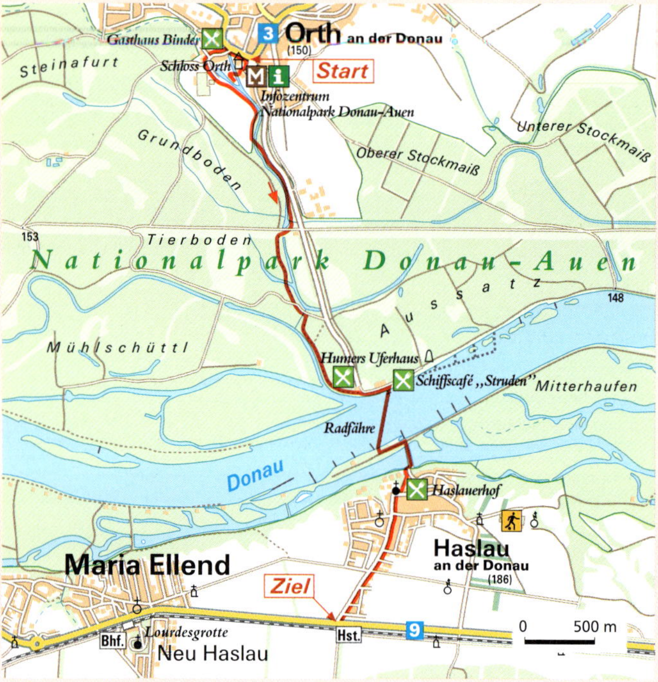

einem Sportplatz nach links, kommen an Tennisplätzen vorbei und gehen dann auf einem geschotterten Fahrweg am Waldrand entlang. Wir erreichen den Hinterausgang der Schlossinsel und einen „Käfer-Spielplatz"; anschließend setzt sich der Weg zwischen einem Feld und einer Baumreihe fort. Am hinteren Ende des Feldes gehen wir zwischen zwei Holzsäulen durch, die uns im Nationalpark Donau-Auen willkommen heißen (siehe „Nationalpark und Naturpark", S. 222).

Durch den Auwald führt uns ein schmaler Weg, der von Informationstafeln gesäumt ist und gelegentlich über Holzbrücken führt. Wir befinden uns hier auf der sogenannten Fadenbachrunde entlang eines verlandenden Altarms der **Donau**, wo man immer

WEGVERLAUF: Streckenwanderung. Museum Schloss Orth Eingang – Museum Schloss Orth Ausgang (30 Min.) – Uferhaus (1 ¾ Std.) – Haslauerhof (30 Min.) – Haslau/Donau Bahnhof (30 Min.)

GEHZEIT: 3 ¼ Std.

LÄNGE: 6,7 km

SCHWIERIGKEITSGRAD: Fast völlig ebene Auwanderung mit nur wenigen Metern (Stufen-)Aufstieg in Haslau an der Donau

EINKEHRMÖGLICHKEITEN: Gasthaus Binder (Anfang April – Ende Sept.: Mo und Di Ruhetag; Anf. Okt. – Ende März: Mo–Mi Ruhetag), Humers Uferhaus (Mai – Sept.: Mi Ruhetag; Feb. – April sowie Okt: Mo–Mi Ruhetag; Nov. – Jän. geschlossen), Schiffscafé „Struden" (Anf. April bis Ende Okt., kein Ruhetag), Landgasthof Haslauerhof (Mo–Mi Ruhetag)

ANFAHRT: Mit der Bahn von Wien Hauptbahnhof bis Siebenbrunn-Leopoldsdorf, dann mit dem Bus (545) nach Orth a. d. Donau Schlossplatz; oder mit dem Bus (550) von der U2-Station Aspernstraße nach Orth a. d. Donau Schloss

RÜCKFAHRT: Mit der Bahn von Haslau/Donau Bahnhof bis Wien Rennweg

HINWEIS: Das Nationalparkzentrum Schloss Orth hat von Anfang Nov. bis Frühlingsbeginn Wintersperre. Genaueres zu Öffnungszeiten und Eintritten erfahren Sie unter: www.donauauen.at

TIPP: Unternehmt auf dieser Wanderung mit Becherlupe und Feldstecher eure eigene Donau-Safari!

AB: 5 Jahre

SYMBOLE:

= ja

= ganzjährig

= nein

wieder kurz innehalten sollte, um Kaulquappen, Schildkröten und Frösche zu beobachten; eventuell entdecken wir hier auch Tiere der „Donau-Safari". Generell folgen wir den Tafeln Richtung „Hainburg" und „Uferhaus". Der völlig eben dahinführende Pfad befindet sich nur wenige Meter neben der Uferstraße und bringt uns zum Donaudamm, der Orth sowie andere Ortschaften vor Hochwasser schützt und auf dem der Donauradweg verläuft.

Nach der Überquerung des Damms gehen wir ein paar Schritte nach rechts, wo sich der Weg zum Uferhaus durch den Auwald fortsetzt. Bei einer Wegkreuzung halten wir uns links, marschieren kurz auf einer Forststraße weiter und verlassen diese nach rechts wieder auf einem schmaleren Pfad. So gelangen wir zu einem weiteren Donauarm, der Kleinen Binn, an dem wir entlanggehen. Hier finden sich immer wieder Rastbänke, von denen man eine schöne Aussicht auf das Wasser hat. Von einer Bootsanlegestelle aus sehen wir auf einer gegenüberliegenden Landzunge die Schiffmühle Orth – eine schwimmende Wassermühle, die als Museum dient und gegen Voranmeldung besichtigt werden kann. Der Altarm mündet schließlich in die Donau – und unser Weg bei **Humers Uferhaus** in die Uferstraße. Wer in dieses für seine Fischspezialitäten weithin bekannte Lokal einkehren will, sollte allerdings einige Tage vorher reservieren. In der Umgebung des Uferhauses befinden sich Rastbänke und ein Spielplatz (2 ¼ Std.).

Anschließend gehen wir noch ein paar Schritte am Ufer stromabwärts, um zum für seine Mehlspeisen bekannten **Schiffscafé „Struden"** und zur Anlegestelle der Motorfähre Richtung Haslau zu gelangen. Beim Abgang zum Schiffscafé befindet sich noch ein kleiner Imbissstand, wo wir uns gegebenenfalls mit Kaffee, Getränken und Eis versorgen können. Mit der Fähre setzen wir dann innerhalb weniger Minuten ans andere Donauufer über. Dort gehen wir die paar Meter zum Treppelweg hinauf, wenden uns auf

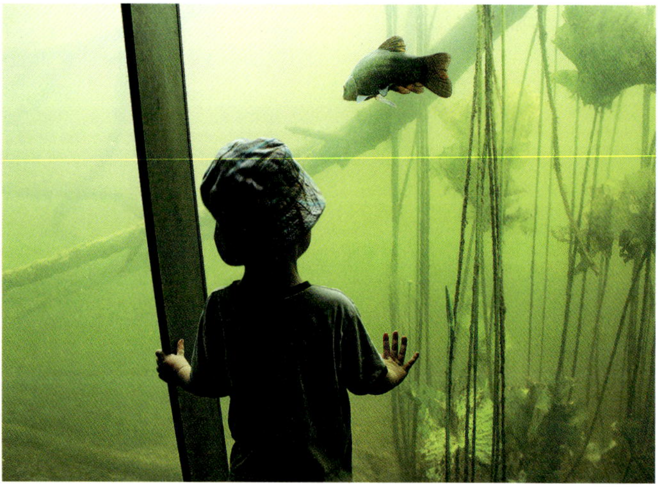

Fische beobachten unter Wasser

diesem nach links und biegen ca. 100 m weiter, wo uns ein Schild nach **Haslau an der Donau** weist, rechts ein. Kurz vor der Ortschaft verlassen wir den Nationalpark Donau-Auen; hier bietet sich Wanderlustigen noch die Möglichkeit, den 2,2 km langen „Themenweg Haslau" zu beschreiten, der weitere Informationen über Flora und Fauna der Aulandschaft sowie vor allem über den Bienenfresser – einen bunten Zugvogel – bietet.

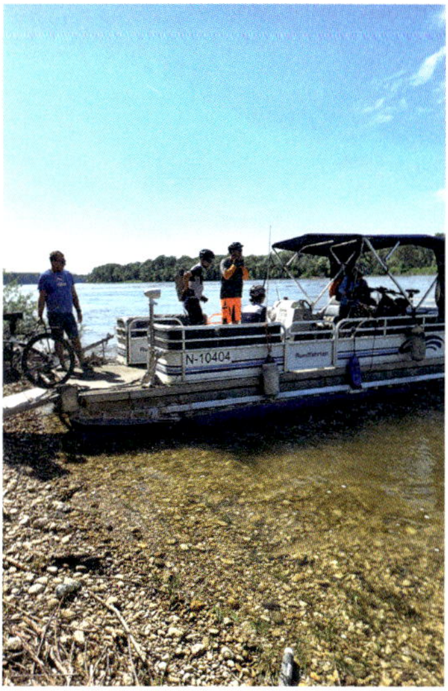

Fähre über die Donau

Auf der Donaustraße entscheiden wir uns direkt beim Eingang zum Haus Nr. 17 für einen schmalen Pfad, der teilweise in Stufen ausgeführt (und im Winter gesperrt) ist und eine Abkürzung zur Hauptstraße des Ortes darstellt. An seinem oberen Ende führen links ein paar Stufen zur Terrasse des **Landgasthofs Haslauerhof** hinauf, wo wir ein letztes Mal einkehren können (2 ¾ Std.).

Vor dem Lokaleingang wenden wir uns nach rechts und bleiben auf der Hauptstraße, die nach einem Linksbogen zur Bahnstraße wird. Auf ihrem Gehsteig haben wir noch einen schwachen Kilometer zu absolvieren, bis wir zur Hainburger Straße und nach deren Überquerung auf einem Zebrastreifen zum Bahnhof von Haslau gelangen. Von hier fährt einmal pro Stunde ein Zug Richtung Wien (3 ¼ Std.).

Donau-Safari

Entlang von Flüssen, Altarmen, Seen und Tümpeln gibt es immer besonders viel zu entdecken. Im Nationalpark Donau-Auen, wo sich auf mehr als 9600 Hektar Fläche die letzte große Flussauenlandschaft Mitteleuropas befindet, sogar noch mehr, da dieser seit 1996 unter internationalem Schutz steht. Hier kann sich die Natur frei entfalten und bietet unzähligen Arten einen wertvollen, geschützten Lebensraum. 33 Säugetier-, rund hundert Brutvögel-, acht Reptilien-, 13 Amphibien-, 67 Fisch- und 2480 nachgewiesene Insektenarten finden hier in den Auwäldern entlang der Schotterbänke, an steilen Uferkanten, aber auch auf Wiesen ein Zuhause.

Wir haben für diese Safari Tiere ausgesucht, die du bei deiner Expedition leicht finden kannst. Es sind aber auch ein paar außergewöhnliche Fische dabei, die du im freien Gewässer vermutlich schwer entdecken wirst, außer du rüstest dich mit Taucherbrille und Schnorchel aus.

Vielleicht entdeckst du das eine oder andere Tier auf deinen Wanderungen am Wasser! Die Sternchen verraten dir, ob es leicht (ein Stern) oder schwer (vier Sterne) zu finden ist. Wenn du eines gesehen hast, kannst du den Kreis neben seinem Namen ankreuzen.

Hirschkäfer – der fliegende Gigant ** ○

Der Hirschkäfer ist nicht nur der größte Käfer hier im Nationalpark, sondern in ganz Europa. Das Männchen kann bis zu neun Zentimeter groß werden! Man erkennt es sehr gut an seinen großen Kieferzangen, die wie ein Geweih aussehen. Die Weibchen sind etwas kleiner und haben nicht so große Zangen. Mit diesen können sie jedoch – im Gegensatz zum Männchen – Löcher in die Rinde der Eichenzweige beißen. Den austretenden Saft lecken dann sowohl Männchen als auch Weibchen als Nahrung auf. Manchmal kommt es zwischen den Männchen zum Streit um Leckstellen oder Weibchen, dann wird gekämpft. Mit ihren Zangen zwicken und stoßen sie einander, bis einer aufgibt oder vom Ast plumpst. Richtig verletzen tun sie sich dabei aber nur selten. Die Hirschkäfer waren schon fast vom Aussterben bedroht. Erst durch die Einführung von Totholzarealen erholte sich die Population wieder. Grund dafür sind die Larven des Hirschkäfers, Engerlinge genannt, die auf totes Eichenholz als Nahrung angewiesen sind. Sie brauchen fünf bis acht Jahre, bis sie sich in einen Käfer verwandeln.

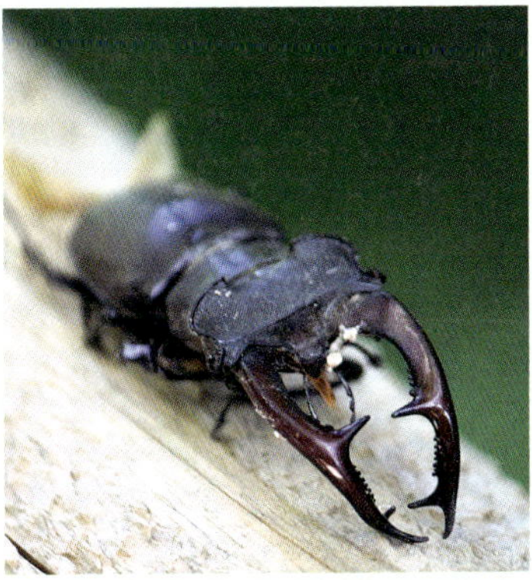

Hirschkäfer

Vorsicht: Zur Flugzeit findet man immer wieder abgetrennte Köpfe von männlichen Hirschkäfern am Weg liegen. Grund dafür ist der Specht, der diesen Körperteil beim Fressen verschmäht. Obwohl sie schon tot sind, bewirkt das für Insekten typische Nervensystem, dass sie noch Stunden später kräftig zwicken können. Also besser gar nicht oder nur am Brustteil aufheben!

TIPP: Hirschkäfer triffst du am ehesten von Mai bis Juli in der Nähe von Eichen an. Da haben sie ihre Flugzeit und sind in der Abenddämmerung praktisch überall in den Donauauen zu finden.

Schlammpeitzger – der Gewitterfurzer **** ○

Dieser Fisch gehört zur Gattung der Schmerlen und lebt in Bodennähe, wo es schön schlammig ist. Er wird bis zu dreißig Zentimeter lang. Auf seinem länglichen Körper befinden sich dunkle und helle Längsstreifen, an denen man ihn leichter erkennt. Sein Körper fühlt sich schleimig an. Er ist nachtaktiv und stöbert mit seinen Barteln kleine, wirbellose Tiere auf, die er verspeist. Tagsüber vergräbt er sich im Schlamm. Das tut er übrigens auch, wenn der Wasserpegel sinkt. Der Schlammpeitzger zählt nämlich zu den Darmatmern. Seine Beinamen „Furzgrundel“ und „Gewitterfurzer“ trägt der kleine Fisch, weil er Luft schluckt, die er bei Gefahr über den Hintern ausstößt. Das macht dann ein quietschendes Geräusch wie bei einem Furz – daher der Name.

Sonnenbarsch – der Donau-Piranha* ○

Dieser bunte und auffällig gezeichnete Fisch ist eigentlich nicht bei uns heimisch, hat sich aber schnell ausgebreitet und ist vor allem im Wiener Becken häufig anzutreffen. Er war ursprünglich ein aus Nordamerika stammender Aquarienfisch, den man mittlerweile in ganz Mitteleuropa findet. Er kann bis zu zwanzig Zentimeter lang werden und hat einen blauen oder grünlich schimmernden Körper mit orangefarbenen Flecken. Leider frisst er gerne den Laich anderer Fische und stellt so eine Bedrohung für die heimischen Fischarten dar.

TIPP: Wenn du an der Alten oder Neuen **Donau** oder auch im Zuge unserer Wanderung 1 (siehe S. 18) baden gehst und am Ufer still stehen bleibst, wirst du bald ein leichtes „Picken“ an deinen Beinen spüren. Das ist der Sonnenbarsch, der dich aus seinem Revier vertreiben will. Aber keine Angst – er tut dir nichts.

Europäische Sumpfschildkröte – die Einzigartige* ○

Die Sumpfschildkröte ist die einzige natürlich vorkommende Schildkröte in Österreich. Leider ist sie vom Aussterben bedroht, weil ihr natürlicher Lebensraum immer mehr zerstört wird. Zu erkennen ist sie an ihren charakteristischen gelben Punkten. Sie wird bis zu 18 Zentimeter groß und kann sechzig Jahre alt werden. Als Lebensraum bevorzugt sie stille Altarme, Teiche und Tümpel und ist im Nationalpark Donau-Auen vor allem am nördlichen Donauufer verbreitet. Wenn sie nicht gerade im Wasser auf Nahrungssuche ist, sonnt sie sich gern auf umgestürzten Bäumen oder am Ufer.

Auch im stadtnahen Bereich der Lobau oder in Parks stößt man oft auf Wasserschildkröten mit gelben oder roten Wangen. Dies sind jedoch importierte Schmuckschildkröten, die bei uns nicht heimisch, aber mittlerweile stark verbreitet sind. Weil sie die Bestände der heimischen Sumpfschildkröte gefährden, ist das Aussetzen dieser Aquarientiere streng verboten!

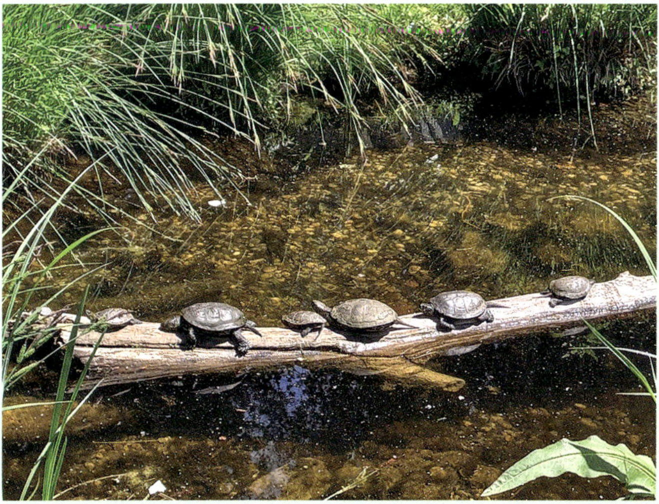

Sumpfschildkröten beim Sonnenbad

Vorsicht: Sumpfschildkröten legen auf der Suche nach geeigneten Eiablageplätzen nicht selten lange Strecken zurück. Immer wieder sieht man sie beim Überqueren der Straßen des Nationalparks. Man sollte sie aber nicht aufheben, da sie sonst den für das Vergraben der Eier benötigten Wasservorrat aus der Harnblase ausstoßen. Am besten du sorgst dafür, dass sie sicher über die Straße kommen, und lässt sie sonst in Ruhe.

TIPP: Auf der Schlossinsel des Nationalparks Donau-Auen gibt es ein eigenes Freigehege, in dem Sumpfschildkröten geschützt unter idealen Voraussetzungen leben. Hier kannst du sie gut beobachten und noch mehr über sie erfahren.

Smaragdeidechse – die Farbenprächtige* ○

Kaum zu glauben, dass diese farbenprächtige Echse nicht im Amazonas, sondern in den östlichen Bundesländern Österreichs beheimatet ist! Die als Jungtiere noch recht unscheinbaren Männchen wechseln ihre Farbe später zu Dunkel- bis Blaugrün, die Weibchen werden hell- bis gelbgrün. Beide können bis zu vierzig Zentime-

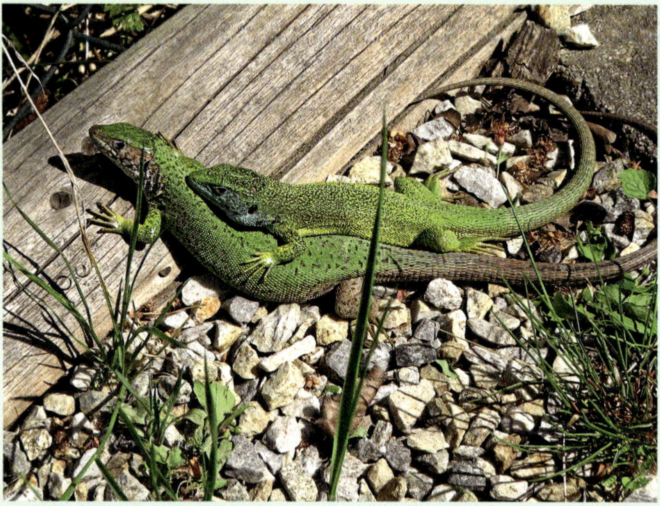

Smaragdeidechsen-Pärchen

ter lang werden. Im Nationalpark Donau-Auen sind sie vor allem auf den trockenen Berghängen bei Hainburg (siehe Wanderung 12, S. 107) und in der Lobau zu finden. Sie sind tagaktiv und jagen vorzugsweise Insekten und Spinnentiere.

Im Frühjahr kommt es unter den Männchen zu Rangkämpfen. Dabei versuchen sie einander durch wildes Kopfnicken, Peitschen mit dem Schwanz und Beißen zu beeindrucken. Gibt ein Männchen auf, beginnt es wieder mit dem Kopf zu nicken und zusätzlich mit den Vorderbeinen auf der Stelle zu treten. Nach dieser Demutshaltung wird es von seinem Kontrahenten nicht mehr angegriffen.

Eurasischer Biber – der Vegetarier*** ○

Der Biber ist das größte Nagetier Europas und kann bis zu dreißig Kilo schwer werden. Dank seiner Schwimmhäute, dem platten Schwanz (Kelle) und den verschließbaren Ohröffnungen ist er perfekt an den Lebensraum Wasser angepasst und kann unglaubliche 15 Minuten unter Wasser bleiben. Bei Gefahr beginnt er mit dem

Schwanz auf die Wasseroberfläche zu klatschen und bringt damit zum Ausdruck: „Bis hierher und nicht weiter!" Im Gegensatz zum Fischotter ernährt sich der Biber rein pflanzlich – im Sommer von Gräsern und Kräutern, im Winter nagt er vor allem an Weiden und Pappeln, um an ihre Knospen und junge Rinde zu gelangen. Die von ihm gefällten Bäume werden von anderen Aubewohnern gern als Ausguck und Versteckmöglichkeit genutzt. Der Biber liegt auch im Winter nicht auf der faulen Haut, sondern lagert unter dem Eis junge Zweige, die im kalten Wasser länger frisch bleiben. Wegen der starken Pegelschwankungen bauen Biber an der Donau keine Biberburgen aus Holzstämmen, sondern wohnen als Großfamilien in Erdhöhlen am Ufer.

Mitte des 19. Jh.s waren die Biber in Österreich ausgerottet, weil man ihr Brunftsekret namens „Bibergeil" und ihr Fett zu Heilzwecken verwendete. Heute gibt es allein in Ostösterreich wieder 2000 bis 2100 dieser Tiere.

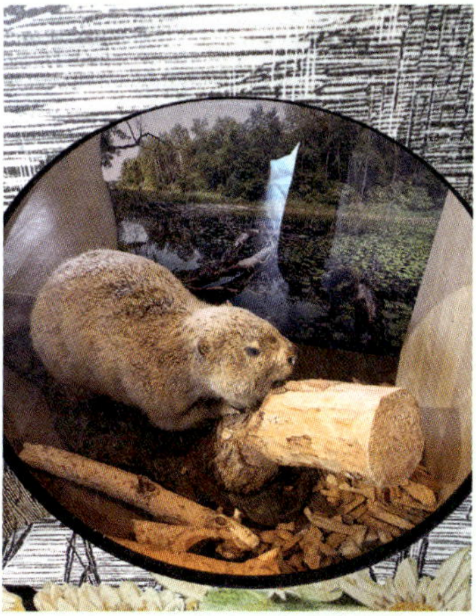

Ein ausgestopfter Biber

Regenpfeifer – der Schauspieler* ○

Dieser zierliche, spatzengroße Vogel lebt und brütet gerne an vegetationslosen Sand- und Schotterflächen. Sein Gefieder ist sandbraun, sodass er gut getarnt ist, wenn er sich auf den Sandbänken bewegt oder brütet. Der Regenpfeifer kann dank seiner spitzen Flügel ganz knapp über dem Wasser fliegen. Seine Eier verteidigt er recht theatralisch: Kommt ein Nesträuber (etwa ein Hund oder ein Fuchs) zu nahe, zieht der weibliche Regenpfeifer eine oscarreife Show ab. Der Vogel schleppt sich unter lauten Rufen mit den Flügeln flatternd, dann wieder hinkend oder kriechend immer weiter weg vom Nest. Fällt der Räuber drauf herein und scheint das Gelege ins Sicherheit, kehren die Lebensgeister schlagartig wieder zurück und das Weibchen sucht blitzschnell das Weite.

Leider hat sich durch die Regulierung der Flüsse der Lebensraum der kleinen Vögel stark reduziert, sodass ihre Population auf einen Restbestand zusammengeschrumpft ist. Die wenigen noch existierenden Paare auf den größeren Flussinseln werden noch dazu von Anglern und Badegästen gestört. Beim Spazieren und Erforschen der Kiesufer sollte man also aufpassen, wohin man tritt!

TIPP: Typisch für den Regenpfeifer ist die Art und Weise, wie er sich bei der Nahrungssuche bewegt. Einmal läuft er wie aufgezogen, dann bleibt er wie angenagelt stehen. Vielleicht entdeckst du ihn so leichter!

Ringelnatter – die Auferstandene* ○

Die Ringelnatter ist besonders gut an ihren beiden gelben, schwarz begrenzten Flecken am Kopf zu erkennen. Sie kann exzellent schwimmen und tauchen und jagt ihre Nahrung zu einem großen Teil im Wasser. Auf ihrem Speiseplan stehen neben Kröten, Fröschen und Fischen auch Lurche und Kaulquappen. Die Weibchen sind größer als die Männchen und können bis zu hundert Zentimeter lang werden – in seltenen Fällen sogar bis zu zwei Metern!

Vorsicht: Ringelnattern sind nicht giftig, aber wenn du sie angreifst, kann es passieren, dass sie dich aus Angst mit einer übelriechenden, gelblich-weißen Flüssigkeit aus ihren Stinkdrüsen bespritzen. Möglicherweise stellt sich die Natter auch vor lauter Schreck tot; dann wendet sie den Bauch nach oben, verdreht die Pupillen und lässt die Zunge aus dem Maul hängen. Fühlt sie sich in Sicherheit, wird sie blitzschnell wieder lebendig und ergreift die Flucht.

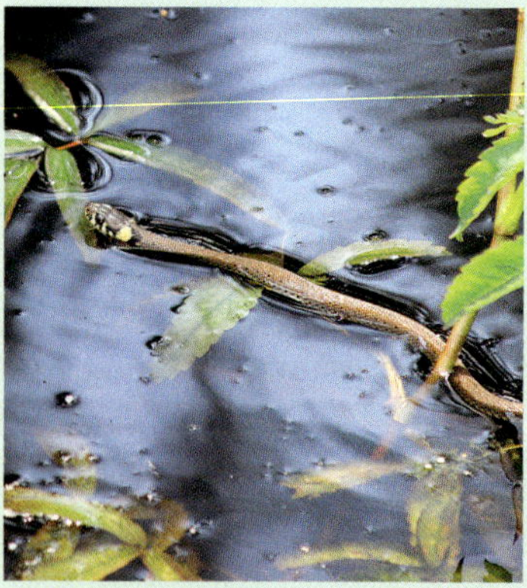

Ringelnatter im Wasser

6 Mit dem Schienentaxi in die Urgeschichte

Von Asparn an der Zaya die Bahn entlang bis Mistelbach

Wir nutzen die seltene Gelegenheit, mit einem altmodischen kleinen Zug bis Asparn zu fahren. Dort unternehmen wir einen Ausflug in die Welt unserer Urahnen, bevor wir neben den Gleisen Richtung Mistelbach zurückwandern.

DER WANDERWEG

Wir steigen am Bahnhof der Marktgemeinde **Asparn an der Zaya** aus dem Zayataler Schienentaxi. Dieses Taxi ist eine Initiative des Vereins Neue Landesbahn – so wie der Nostalgieexpress Leiser Berge (siehe Wanderung 17, S. 147) – und verkehrt auf einer stillgelegten Nebenbahnstrecke.

Von hier aus gehen wir links durch die Bahnzeile bis zur Bahnstraße, in die wir rechts einbiegen. Bei der nächsten Kreuzung wenden wir uns nach links in die Maurergasse, die bald zur Schlossgasse wird. Letztere bringt uns direkt zum **Schloss Asparn,** in dem wir uns Zeit für die Besichtigung der Außen- und Innenbereiche des hochinteressanten **Museums für Urgeschichte (MAMUZ)** nehmen. Links vor dem Schlosseingang befindet sich ein Spielplatz.

Im archäologischen Freigelände des Museums sehen wir originalgetreue Nachbauten von Wohn- und Wirtschaftsgebäuden, die uns einen Einblick in die menschliche Siedlungsgeschichte von der Altsteinzeit bis ins frühe Mittelalter geben. Die Gebäude beruhen auf archäologischen Erkenntnissen, da es aus der Urgeschichte keine schriftlichen Überlieferungen gibt. Sie wurden mit den Methoden der experimentellen Archäologie errichtet; d. h. dass man bei ihrer Errichtung urgeschichtliche Handwerkstechniken sowie Materialien und nachgebaute Handwerkszeuge der jeweiligen Epoche verwendet hat. Auf unserem Weg von der Steinzeit

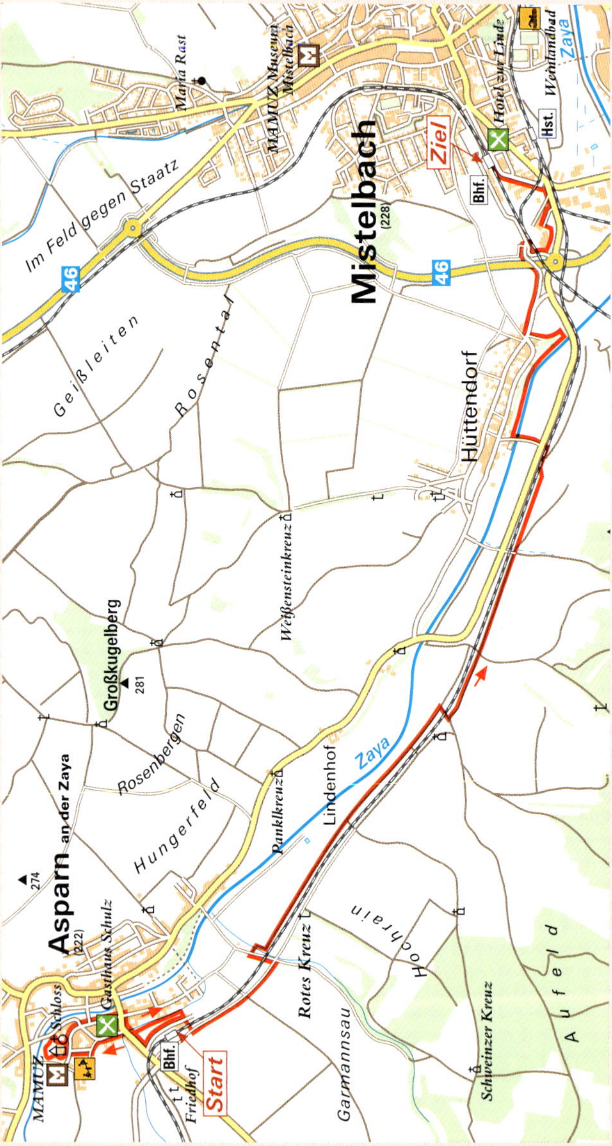
Mistelbach
(228)
Asparn an der Zaya
(222)
Hüttendorf
Ziel
Start
Zaya
46
Bhf.
Hst.
Lindenhof
Rotes Kreuz
Garmannsau
Schweinzer Kreuz
Aufeld
Hochrain
Hungerfeld
Rosenbergen
Großkugelberg
281
274
Geißleiten
Rosental
Im Feld gegen Staatz
Maria Rast
MAMUZ Museum Mistelbach
Hotel zur Linde
Weinlandbad
MAMUZ
Schloss
Gasthaus Schulz
Friedhof
Panklkreuz
Weißensteinkreuz

WEGVERLAUF: Streckenwanderung. Bahnhof Asparn an der Zaya – Gasthaus Schulz (1 ¼ Std.) – Rastplatz Rotes Kreuz (1 Std.) – Hüttendorf/Zaya-Brücke (1 ½ Std.) – Bahnhof Mistelbach/Zaya (1 ½ Std.)

GEHZEIT: 5 ¼ Std.

LÄNGE: 10,6 km

SCHWIERIGKEITSGRAD: Ganz leicht bergab führende Wanderung durch flaches Gelände

EINKEHRMÖGLICHKEITEN: Gasthaus Schulz (kein Ruhetag), Restaurant & Hotel zur Linde (Sa–Mo Ruhetag)

ANFAHRT: Mit der Bahn von Wien Hauptbahnhof/Landstraße/Praterstern/Floridsdorf nach Mistelbach/Zaya Bahnhof; von dort zu Fuß durch die Bahnstraße zur Josef-Dunkl-Straße, dort nach rechts und am großen Interspar-Einkaufszentrum vorbei. Hinter dem folgenden Kreisverkehr befindet sich die Station des Zayataler Schienentaxis, mit dem man bis zum Bahnhof Asparn an der Zaya fährt. Mit dem Auto zum Parkplatz beim Interspar Mistelbach, dann mit dem Schienentaxi weiter

RÜCKFAHRT: Mit der Bahn von Mistelbach/Zaya Bahnhof zurück nach Wien

HINWEIS: Das Zayataler Schienentaxi bringt Ausflügler von Ende April bis Ende Okt. an Sa, So und Fei von Mistelbach nach Asparn an der Zaya. Genaue Informationen unter schienentaxi.wordpress.com
Das MAMUZ in Schloss Asparn/Zaya ist von Mitte März bis Ende Nov. geöffnet und hat Mo (außer Fei) Ruhetag. Genaue Informationen sind der Website www.mamuz.at zu entnehmen.

TIPP: Besucht das Keltenfest im MAMUZ mit tollen, interessanten Programmpunkten!

AB: 6 Jahre

SYMBOLE:

= ja

= Frühjahr bis Herbst

= nein

über die Bronze- und die Eisenzeit bis ins Mittelalter kommen wir an Äckern und Gärten vorbei, wo die Getreide- und Gemüsesorten wachsen, die damals schon angebaut wurden. An jedem ersten Wochenende im Monat wird im Freigelände altes Handwerk vorgestellt, zudem können Kinder im Sommer an Kursen teilnehmen (siehe Rezept, S. 67).

Die Ausstellung im Schloss zeigt uns dann auf drei Stockwerken die Entwicklung und die Errungenschaften der Menschheit. Sie ist ebenso spannend wie informativ und mit vielen interaktiven Stationen ausgestattet, damit alle Altersgruppen etwas davon haben. Zusätzlich gibt es im MAMUZ Sonderführungen und

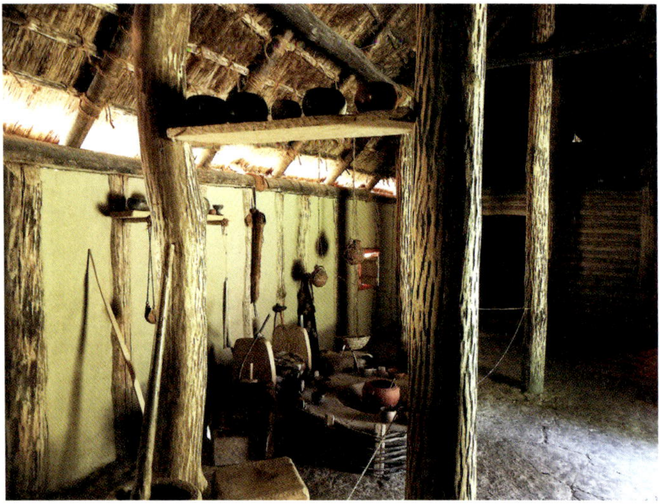

Im jungsteinzeitlichen Langhaus

-ausstellungen sowie mehrmals im Jahr Feste wie das Kelten- und das Hunnenfest.

Vor dem Schloss wenden wir uns nach links und gehen in der Kirchengasse weiter, überqueren dann eine Straße – auch hier sehen wir links von uns, vor der Schule, einen Spielplatz – und setzen unsere Route in der Schulgasse fort, wo sich uns auf Nr. 5 mit dem Gasthaus Schulz eine Einkehrmöglichkeit bietet (1 ¼ Std.)

Danach spazieren wir die paar Meter zur Bahnstraße hinunter und biegen rechts in diese ein, bis wir an einer Abzweigung links am Wegesrand das Pestkreuz vor uns sehen, auf dem „ungetaufter Kinder, Fremder und Seuchentoter" gedacht wird. Hier nehmen wir die links wegführende Straße Am Schletzer Bach. Vor dem Haus Nr. 24 führt bei einer Laterne mit einem „Wintersperre"-Schild rechts ein schmaler Weg weg, der uns zum Bahnhof zurückbringt. Dort überschreiten wir auf einem geschotterten Übergang vorsichtig die Gleise, um nach ein paar Schritten durch eine Wiese auf ein Asphaltsträßchen zu gelangen, in das wir links einbiegen.

An dieser Stelle treten wir den Rückweg nach Mistelbach an, der uns zum Großteil an der Bahnstrecke entlangführt. Nach ca. 700 m verlassen wir bei der ersten Unterführung den asphaltierten Fußgänger- und Radweg nach links, um unter dem Bahngleis durch und bis zu einer steinernen Brücke zu gehen. Über diese kommen wir zu einem Feldweg, der uns nach rechts wieder zum Bahndamm zurückbringt, wo wir auf einem fußfreundlicheren Wiesenweg weitermarschieren. Bei der nächsten Möglichkeit queren wir das Gleis wieder zu einem Rastplatz bei einem Roten Kreuz, wo wir ein Weilchen im Schatten pausieren und einen Schluck trinken können (2 ¼ Std.).

Danach kehren wir auf unseren Wiesenweg zurück und setzen auf ihm die Wanderung fort. Wir gehen so lange hier weiter, bis wir auf eine Asphaltstraße stoßen, wo „Fußweg Aspern" und „Jakobsweg Weinviertel" angeschrieben ist. Hier überschreiten wir wieder das Gleis und bleiben auf einem Schotterweg in Gehrichtung. Nach einem längeren Marsch kommen wir zu einem Bahnübergang, wo gegenüber Häuser eines Dorfs und eine Kirche sichtbar sind. Hier queren wir neuerlich die Bahnlinie, kommen in einem Bogen zur Straße, die wir ebenfalls überqueren, um gegenüber einen Asphaltweg zu beschreiten, der auf die Ortschaft **Hüttendorf** zuführt. Gleich nach der Ortstafel befindet sich eine steinerne Brücke, von der aus wir unter uns die **Zaya** fließen sehen (3 ¾ Std.).

Nach der Brücke biegen wir rechts auf einen schmalen Wiesenpfad ein, der direkt an dem hier nur bachbreiten Fluss entlangführt. Auf Höhe einer Holzbrücke und einer Picknickbank führt uns links ein geschotterter Weg durch einen Waldstreifen, nach dem wir wieder links in einen Feldweg einschwenken, der kurz darauf in die Weidengasse von Hüttendorf mündet. Auf ihr gehen wir zur breiten Unteren Landstraße weiter, überqueren diese und spazieren auf dem Gehsteig nach rechts Richtung Interspar weiter, den wir hier schon vor uns sehen und wo wir ins Schienentaxi eingestiegen sind.

Auf einem asphaltierten Fuß- und Fahrradweg neben der Straße kommen wir zu den Gleisen der Schnellbahnstrecke, mar-

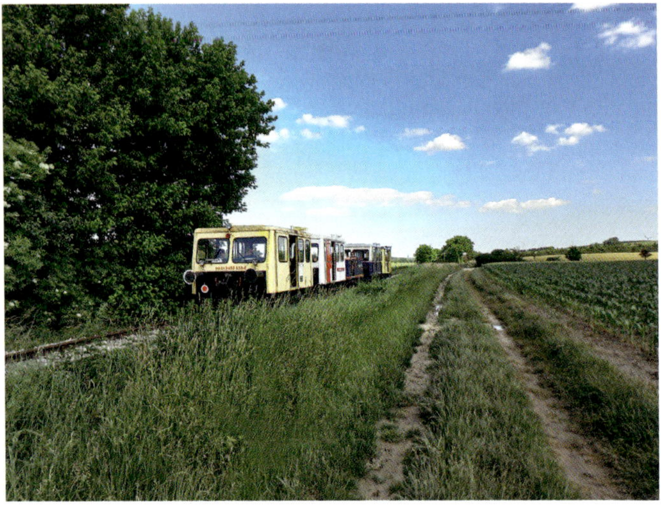

Schienentaxi und Wanderweg

schieren über eine Brücke an diesen entlang und gelangen zu einer weiteren Straße, die wir überqueren. Der Fußweg setzt sich auf der anderen Seite fort und führt unter der Bahn durch. Danach gehen wir rechts weiter und kommen so zum Kreisverkehr, wo sich der große Supermarkt-Parkplatz befindet. Wer mit dem Auto angereist ist, tritt von hier aus die Rückfahrt an; alle anderen Wanderer bewegen sich auf bekannter Route (Josef-Dunkl-Straße und Bahnstraße) zum Bahnhof von **Mistelbach** zurück, um dort den Zug nach Wien zu besteigen oder vor dessen Abfahrt noch gegenüber im **Restaurant & Hotel zur Linde** zu speisen (5 ¼ Std.).

Fladenbrot wie in der Urzeit

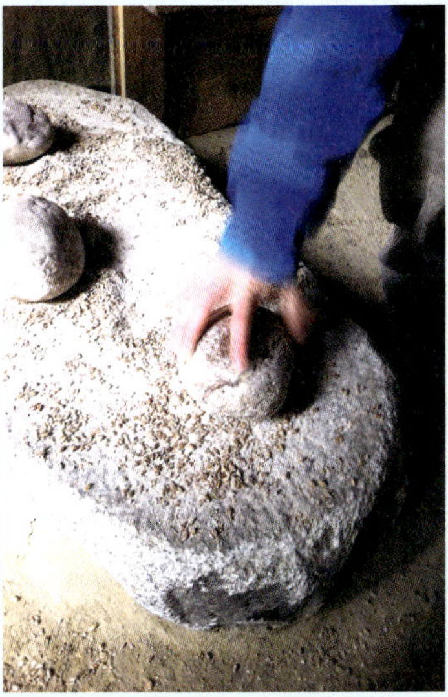

Teigstücke

ZUTATEN:

1 Teil Wasser

2 Teile Gerste oder Nacktgerste (gemahlen oder im Ganzen)

1 Prise Salz

ZUBEREITUNG:

1. Das zu Mehl gemahlene Getreide vermischst du mit dem Wasser und dem Salz und verknetest es gründlich zu einem Teig. Nach ca. 10 Minuten sollte dieser fest und leicht bröselig sein.
2. Nun deckst du den Teig zu und lässt ihn 30 Minuten ruhen.
3. Anschließend teilst du den Teig in gleich große Portionen und knetest ihn noch einmal gründlich durch.
4. Jetzt kannst du die Teigstücke entweder mit einem Nudelholz oder – wie die Menschen in der Urzeit – mit den Handflächen zu ca. 4 mm dicken Fladen ausrollen bzw. drücken.
5. Diese Fladen backst du nun ohne Zugabe von Fett entweder – wie in der Steinzeit – auf einem heißen Stein oder in einer Pfanne am Herd auf beiden Seiten, bis sie durch sind.

<u>TIPP</u>: Das Getreide kannst du, wie es die Menschen in der Urzeit gemacht haben, mit einem Stein selber mahlen.

7 Am Muschelberg

Vom Museumsdorf Niedersulz zum Nexinger Teichblick

Eine Tour mit drei Erlebnissen: Wir spazieren durch ein historisches Weinviertler Dorf, angeln im „Fischertraum" unser Abendessen selber – und gehen schließlich mitten durch einen Berg aus Millionen Jahre alten Muscheln.

DER WANDERWEG

Wir steigen auf dem Platz vor dem Besucherzentrum des **Museumsdorfs Niedersulz** aus dem Bus bzw. Auto und betreten dieses größte Freilichtmuseum Niederösterreichs durch das Portal. Sein Gründer, der in **Niedersulz** geborene Bauernsohn Josef Geissler, begann bereits in den 1960er-Jahren mit dem Sammeln von „altem Klumpert", wie er es nannte. 1977 eröffnete er in der aufgelassenen Dorfschule von Niedersulz das „Weinviertler Dorfmuseum", in

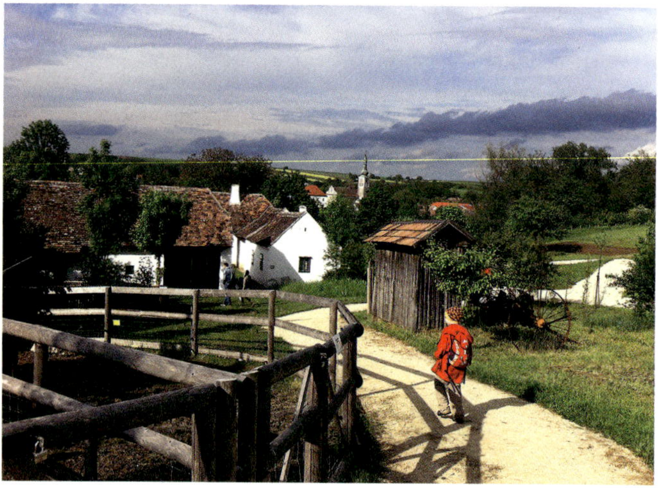

Auf idyllischen Pfaden durchs Museumsdorf

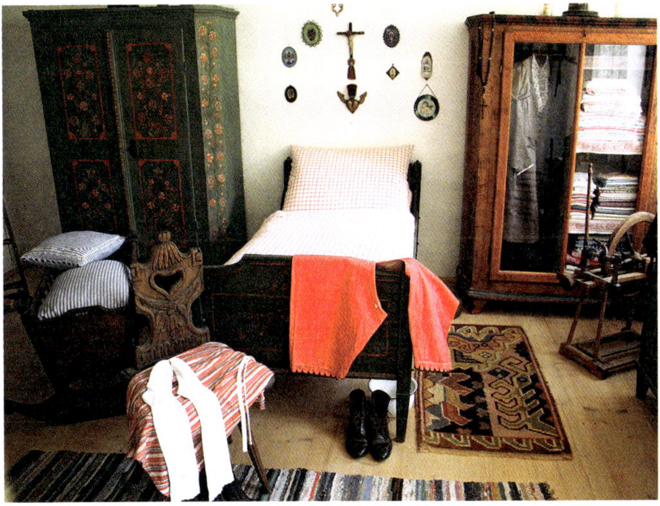

So wohnten die Menschen damals

dem er die Erinnerung an die alten Siedlungen der Region erhalten wollte. Mittlerweile besteht das Museumsdorf aus rund achtzig Gebäuden, die an ihrem Ursprungsort abgetragen und hier auf einer Fläche von 22 Hektar wieder aufgebaut wurden. Insgesamt bilden sie ein historisches Dorfensemble samt Wirtshaus, Greißlerei, Kellergasse, Handwerkshäusern und Kirchen.

Es lohnt sich unbedingt, mehr als eine Runde durch das Dorf zu drehen, um sich alles in Ruhe anzusehen – vom „lebenden Bauernhof", der Kinder die Tiere aus nächster Nähe erleben lässt, über den sehenswerten alten Pfarrhof und die Hofmühle bis hin zur Dorfschule, wo man einiges über den Alltag von Lehrern und Schülern im 19. und 20. Jh. erfährt (siehe „Bildung für alle", S. 74). Besucher können fast alle Gebäude betreten, um zu sehen, wie die Menschen auf dem Lande damals gelebt haben, und im **Dorfwirtshaus** mit seinem Gastgarten und einem im historischen Stil errichteten Salettl einkehren. Eine Rast ist auch auf einem der Picknickplätze im Museumsgelände möglich. Für die ausführliche Begehung des Museumsdorfs sollte man eine Gesamtstrecke von 3 km einrechnen (1 ½ Std.).

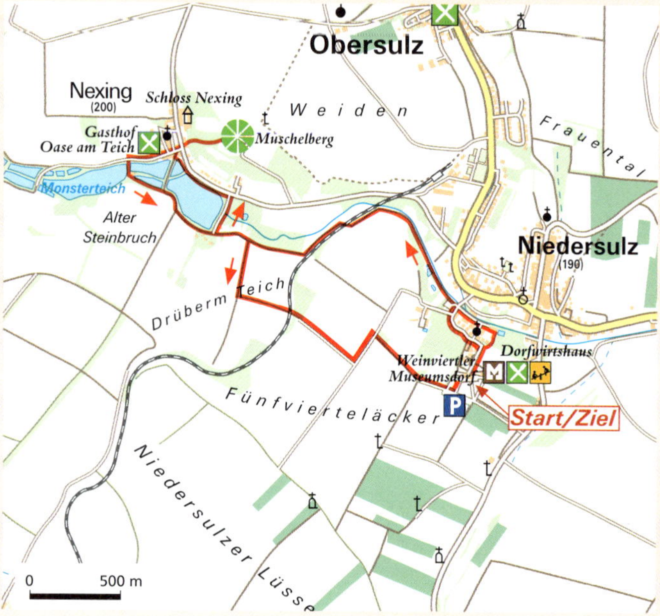

Danach verlassen wir beim Südmährerhof (Nr. 42 auf dem Übersichtsplan des Museumsdorfs) das Gelände durch einen Ausgang mit einem Drehkreuz. Hier beginnt unsere eigentliche Wanderung. Wir überqueren die Straße, gehen geradeaus weiter und halten auf einem breiten Schotterweg oberhalb des Nexingbachs auf ein kleines Waldstück zu. Nach einer Linkskurve führt der Weg dann am Gleis der Museumsbahn Weinviertel entlang, das wir einmal queren, um unsere Wanderung bald darauf am Waldrand fortzusetzen.

Gleich nach der Ortstafel von Nexing biegen wir rechts in eine Asphaltstraße ein. Links von uns sehen wir einen großen Teich, an dessen Schmalseite wir auf eine breitere Querstraße zugehen. Bevor wir diese erreichen, biegen wir links ab, überschreiten einen schmalen Graben und marschieren dann auf Wiesengrund weiter am Gewässer entlang. Bald sehen wir auch einen der Dämme, die

WEGVERLAUF: Rundwanderung, Busstation/Parkplatz beim Museumsdorf – Ausgang Museumsdorf (1 ½ Std.) – Gasthof Oase am Teich (1 Std.) – Kreuzungspunkt (1 Std.) – Busstation/Parkplatz beim Museumsdorf (1 Std.)

GEHZEIT: 4 ½ Std.

LÄNGE: 8,8 km

SCHWIERIGKEITSGRAD: Gemütliche Wanderung über Felder und an Teichen, kaum Steigungen und Gefälle

EINKEHRMÖGLICHKEITEN: Dorfwirtshaus im Museumsdorf Niedersulz (kein Ruhetag), Gasthof Oase am Teich (Jän. und Feb. geschlossen, kein Ruhetag)

ANFAHRT: Mit dem Bus (505) von Wien-Floridsdorf direkt zur Station Niedersulz im Weinviertel Museumsdorf; wahlweise auch mit der Bahn bis Mistelbach/Zaya oder Dürnkrut und von dort mit dem Bus (565) zur selben Station. Mit dem Auto bis zu den Parkplätzen vor dem Museumsdorf Niedersulz

HINWEIS: Das Museumsdorf Niedersulz ist von Anfang April bis Ende Okt. (genaue Daten, auch über Veranstaltungen für Kinder, entnehmen Sie bitte der Website www.museumsdorf.at) von 9.30 bis 18 Uhr, ab 15. Okt. bis 17 Uhr geöffnet.

TIPP: Bei der „Oase am Teich" könnt ihr stundenlang angeln und die gefangenen Fische fürs Abendessen mit nach Hause nehmen (oder ins Wasser zurückwerfen)!

AB: 4 Jahre

SYMBOLE:
- Kinderwagen = ja
- Sonne = ganzjährig
- Wegweiser = nein

die 14 Teiche des „Fischertraums Nexing" voneinander trennen und von denen aus man mit einer Tageskarte (und einer Leihrute aus dem Angelshop) angeln kann. Wer sein Essen nicht selber aus dem Wasser holen will, verlässt sich lieber auf die Fisch- und anderen Gerichte im **Gasthof Oase am Teich**, bei dem wir ca. 100 m nach Passieren des ersten Damms eintreffen (2 ½ Std.).

Wir verlassen das Lokal durch den Hinterausgang über einen Parkplatz, überqueren die Straße und gehen auf eine Kapelle zu. Noch bevor wir diese erreichen, schwenken wir allerdings rechts ein und spazieren über eine kleine Steinbrücke auf ein schmiedeeisernes Tor zu, an dessen Pfosten uns auffällige Schilder in die „Nexinger Schweiz" und zum **Nexinger Muschelberg** locken. Wir folgen in diesem Schlosspark dem mit „Aufgang" gekennzeichneten und teils in Stufen ausgeführten Weg ein Stück bergauf und durch-

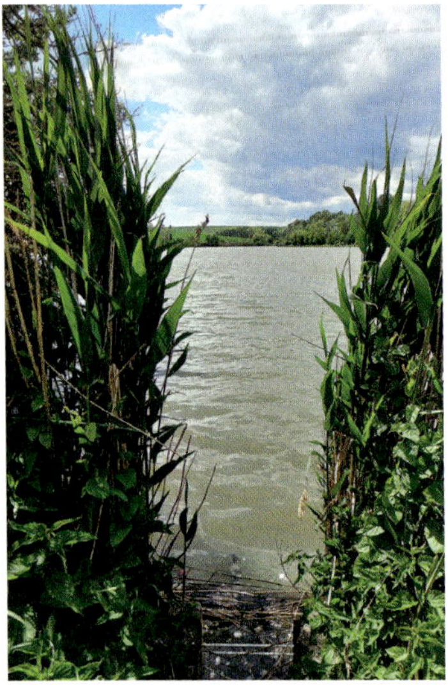

Teichblick

schreiten den geologisch interessanten Muschelberg (siehe „Am Wege“, S. 73). Dann spazieren wir noch ein wenig auf dem Gelände herum, steigen kurz zum „Teichblick“ auf, der eine herrliche Aussicht bietet, gehen auch einmal über den Muschelberg und verlassen dann die Nexinger Schweiz wieder, um zum Lokalparkplatz zurückzukehren.

Diesmal biegen wir allerdings in die nach rechts wegführende Straße ein und folgen dieser ca. 300 m bis zur ersten Abzweigung links, an der „Fischertraum Nexing“ und „Durchfahrt verboten“ angeschrieben steht. Ein schmaler Weg führt uns über einen Damm zwischen den Teichen durch; wenn wir sein Ende erreicht haben, biegen wir wieder links ab und gehen auf einem Feldweg weiter. An der nächsten Wegkreuzung steht ein Mammutbaum, der auch einen Kraftplatz markieren soll; von hier aus wandern wir die Straße am Teich entlang und folgen dabei dem Wegweiser „Franziskusweg WV“. So kommen wir wieder an die Stelle mit dem Ortsschild von Nexing, wo wir vorher zum ersten Teich gelangt sind (3 ½ Std.).

Hier gehen wir geradeaus weiter und biegen nach ca. 200 m, am Beginn eines dichteren Waldstücks, nach rechts auf einen Wiesenweg zwischen Feldern ein, der uns leicht bergan bringt. Wir schwenken dann auf einen weiteren Wiesenweg ein, der links abzweigt, und überschreiten auf ihm noch einmal das Bahngleis. Danach wandelt sich der Weg zu einer schmalen Asphaltstraße, die weiterhin auf freiem Feld leicht bergauf führt. Wir stoßen auf eine Querstraße, in der wir links gehen und vor einer Baumreihe auf einem Feldweg rechts abbiegen, um nach einem letzten Anstieg von etwa einem halben Kilometer Länge zum Startpunkt unserer Wanderung zurückzukehren. Vom Parkplatz bzw. der Bushaltestelle vor dem Museumsportal treten wir dann den Heimweg an (4 ½ Std.).

AM WEGE

Hinter dem im 19. Jh. erbauten **Schloss Nexing** befindet sich der Schlossgarten, der als romantischer Landschaftsgarten errichtet wurde. Hier befand sich früher ein Mustergut mit einer Schaf- und Karpfen- sowie einer Seidenraupenzucht. Der wegen seiner felsigen Lage als „Nexinger Schweiz“ bezeichnete Garten wurde von vier Gärtnern betreut und beherbergte viele Blumen, Sträucher und Obstbäume. Nach der Zwischenkriegszeit verfiel die Anlage zusehends, bis die heutigen Besitzer des Schlosses sie instand setzten und der Öffentlichkeit kostenlos zugänglich machten. Das Gelände ist von 1. April bis 10. Oktober an Wochenenden und Feiertagen jeweils von 9 bis 18 Uhr (wochentags gegen Vereinbarung) für Besucher zugänglich.

Eine besondere und weltweit einzigartige Attraktion des Landschaftsgartens ist der **Nexinger Muschelberg** im Schlossgarten. Dabei handelt es sich um eine riesige Ansammlung von 12,5 bis 13,5 Millionen Jahre alten Muscheln aus dem Sarmatium – einer regionalen geologischen Stufe der Erdgeschichte. Der Muschelberg ist seit Generationen auch als „Hendlfutterberg“ bekannt, weil sich der fein gemahlene Muschelkalk, der außerhalb der Nexinger Schweiz noch heute abgebaut wird, sehr gut als Futtermittel für Geflügel, Reptilien und mehrere Vogelarten eignet.

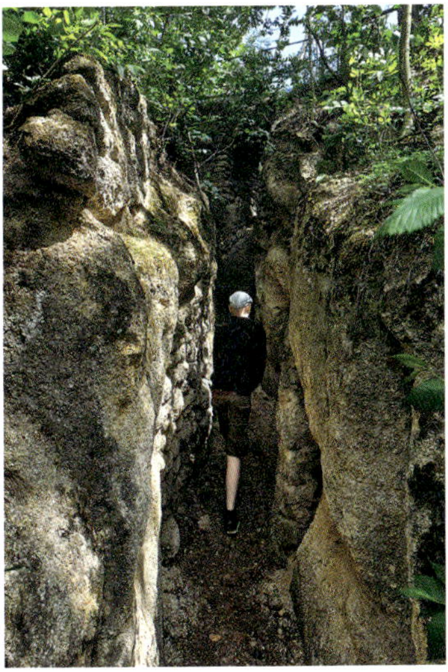

Durch den Muschelberg

Bildung für alle

Eine Dorfschule um 1900

Auf unserem Rundweg durch das Museumsdorf kannst du auch eine alte Dorfschule besichtigen, die an die Bildungsverhältnisse vor noch gar nicht allzu langer Zeit erinnert.

Der Schulbesuch war früher nicht selbstverständlich. Nur Adelige und Schüler, die eine geistliche Laufbahn einschlagen wollten, durften in die Schule gehen. Erst im Jahr 1774 führten Maria Theresia und ihr Sohn Joseph II. die Unterrichtspflicht ein. Sie ermöglichte es allen Kindern – Buben wie Mädchen, Armen wie Reichen –, ab dem sechsten Lebensjahr sechs Jahre lang kostenlos eine Schule zu besuchen. Damit wollte man einem möglichst großen Teil der Bevölkerung Rechnen, Schreiben und Lesen beibringen, um sie zu klugen, wertvollen und gehorsamen Untertanen für die Monarchie auszubilden. So hatten auch ärmere Menschen die Chance auf ein besseres Leben.

Schule statt Arbeit – ein Problem nicht nur am Land

Früher war Kinderarbeit nichts Außergewöhnliches. Bereits ab dem Vorschulalter mussten Kinder, vor allem solche aus ärmeren Familien oder Waisenhäusern, etwas dazuverdienen. Besonders in der Textilindustrie war man froh über die billigen Arbeitskräfte. Aber auch am Land war es selbstverständlich, dass Kinder schon früh ihren Beitrag zur schweren Feldarbeit leisteten. Die Schulpflicht stieß also nicht nur auf Zustimmung, weil dadurch wertvolle Arbeitskräfte verloren gingen. Man musste Kompromisse eingehen – z. B. mit Fabriksschulen, in denen die Kinder nach der Arbeit unterrichtet wurden. In ländlichen Gegenden, wo Kinder besonders in der Erntezeit mithelfen mussten, wurde der Unterricht einfach auf den Nachmittag oder überhaupt auf die Wintermonate verlegt.

Die Schule zieht aufs Land

Um 1900 gab es noch kaum Autos, von Schulbussen ganz zu schweigen. So wurden die Dorfschulen gegründet, um Kindern am Land lange Schulwege zu ersparen. Da es in den Dörfern meist nicht genügend Schüler eines Jahrgangs gab, handelte es sich dabei um sogenannte Einklassenschulen. Ähnlich wie heute in den Mehrstufenklassen wurden dort Schüler unterschiedlichen Alters gemeinsam in einer Klasse unterrichtet. Die Dorfschule bestand, wie du hier in Niedersulz sehen kannst, meist aus nur einem Klassenzimmer, über oder neben dem sich die Wohnung des Lehrers befand. Der Raum war recht spärlich eingerichtet: Bänke, Tische und ein Pult (Katheder) für den Lehrer. Zusätzlich gab es eine Wandtafel, Wandkarten, eventuell einen Globus und den Abakus, mit dem man früher gerechnet hat. In jedem Klassenzimmer befanden sich auch ein Kreuz und ein Bild vom Kaiser – findest du es? Wichtig war der Ofen, der im Winter für Wärme sorgte.

Dorflehrer – ein Traumberuf?

Der Beruf des Dorflehrers genoss um 1900 kein großes Ansehen, obwohl man damit zur Oberschicht zählte. Lehrer brauchten lange Zeit keine eigene Ausbildung, um unterrichten zu dürfen – es reichte, wenn sie ausreichend schreiben und lesen konnten. Erst unter Joseph II. kam es zur Ausbildung in Schulen und später – im Jahr 1869 – wurden die ersten Lehrerbildungsanstalten gegründet. Auch die Bezahlung war nicht besonders gut. Neben einem geringen Gehalt entlohnte man den Dorflehrer mit Naturalien wie Obst und Gemüse sowie natürlich der Lehrerwohnung, die er kostenlos bewohnen durfte. Zusätzlich zum Unterricht musste sich der Lehrer noch um viele andere Dinge kümmern, etwa den Zuschnitt und die Pflege der Schreibfedern, das Ansetzen von Tinte oder Schreiberdienste für die Gemeinde.

Disziplin: Vom „Scheitelknien" bis zum Rohrstaberl

Im Unterricht wurde viel Wert auf Disziplin gelegt. Wenn der Lehrer den Raum betrat, mussten alle Kinder aufstehen und ihn laut und deutlich grüßen. Hielten sich die Schüler nicht an die meist strengen Regeln, so wurden sie bestraft. Die Strafen reichten damals vom „Eckerlstehen", bei dem sich die unartigen Kinder mit dem Kopf zur Wand in die Ecke des Zimmers stellen mussten (manchmal bekamen sie noch dazu einen

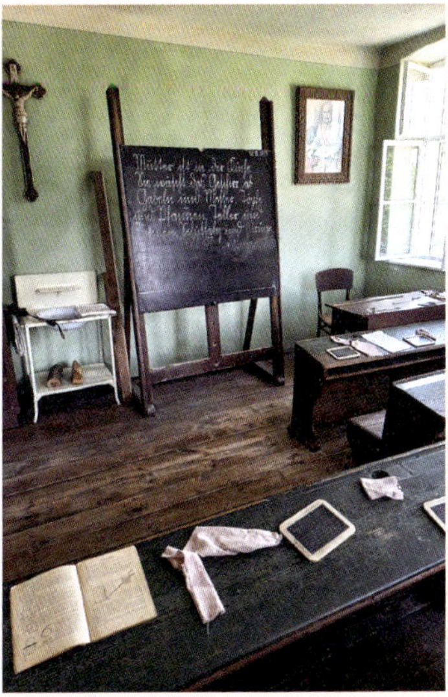

Klassenzimmer um 1900

komischen Hut aufgesetzt), übers „Scheitelknien", bei dem die Schüler oft mehrere Schulstunden lang auf Holzscheiten knien mussten, bis hin zum An-den-Ohren-Ziehen. Damals war es auch noch erlaubt, dass Lehrer die Schüler körperlich züchtigten, ihnen also beispielsweise mit dem Rohrstaberl fest auf die Finger klopften; auch Ohrfeigen waren nicht unüblich. Das ist aber zum Glück schon lange vorbei.

Schönschreiben

Bücher, Hefte und Stifte waren damals – anders als heute – sehr teuer, daher musste man sorgsam damit umgehen. Junge Schüler schrieben auf wiederverwendbaren Schiefertafeln und benützten dazu einen weißen Griffel. Mit kleinen Stofffetzen

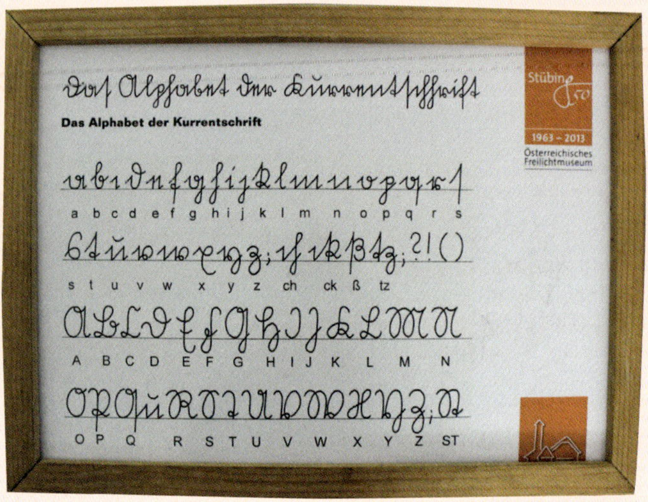

Kannst du deinen Namen in Kurrent schreiben?

konnten sie das Geschriebene dann wieder wegwischen.

Waren die Kinder älter, durften sie mit Feder schreiben. Diese musste regelmäßig in ein Tintenfass getaucht werden, das an jedem Platz in einer Vertiefung des Tisches stand. Siehst du sie? Damals legte man sehr viel Wert auf Schönschreiben, da alle Aufgaben handschriftlich erledigt werden mussten. Kopierte Arbeitsblätter oder Computer gab es noch lange nicht, sogar Schulbücher waren selten und kaum leistbar. Auch die Schrift war anders, als du sie heute kennst; man nennt sie Kurrentschrift. Da es sich um eine sehr verschnörkelte Schrift handelte, war das Schreiben der Buchstaben gar nicht so einfach zu erlernen. Auf dieser Website siehst du sie: https://oefr.at/alte-schriften

Rechnen ohne Taschenrechner

Bevor es Taschenrechner gab, nahmen Schüler den Abakus zu Hilfe. Diese älteste bekannte Rechenhilfe existierte bereits vor fast 5000 Jahren. Der Abakus besteht aus waagrecht angeordneten Stäben, an denen sich Holzperlen befinden. Diese Perlen können auf den Stäben verschoben werden und entsprechen Zahlen. Im einfachsten Fall hat ein Abakus zehn Perlen pro Stab. Die Perlen der obersten Reihe haben beispielsweise den Wert „1", die darunter den Wert „10", die in der dritten Reihe „100" usw. Will man zwei Zahlen addieren, so verschiebt man die Perlen entsprechend.

Du siehst also, es hat sich einiges verändert in den vergangenen 120 Jahren – findest du nicht?

8 Zeitreise

Durch den Laaer Wald in den Böhmischen Prater

Drachensteigen, am Spielplatz herumtoben, rodeln oder in der Lehmgrube klettern – das alles ist am Laaer Berg mitten in Wien möglich. Und ein origineller Vergnügungspark erwartet uns auf dieser Wanderung auch noch!

DER WANDERWEG

Wir verlassen den Bus und gehen auf der „grünen" Seite der Bitterlichstraße ein paar Meter bergauf, um dann rechts auf einen Asphaltweg einzubiegen. So kommen wir zu einem Gittertor, an dem ein Übersichtsplan der Löwygrube zu sehen ist und das wir durchschreiten. Gleich danach wenden wir uns nach links und marschieren einen Feldweg bergan, der uns in Straßennähe an einem Mobilfunkmast vorbeiführt und schließlich zum asphaltierten Löwyweg bringt. In diesen biegen wir rechts ein. Beim Parkplatz beginnt die Wanderung für jene, die mit dem Auto angereist sind.

Wir gehen an einem rot-weiß-roten Schranken vorbei; kurz dahinter steht ein Hydrant, wo wir unsere Wasserflaschen auffüllen können. Bei einer Wegteilung halten wir uns links und marschieren auf einem Schotterweg zwischen Feldern und einer landwirtschaftlichen Gemeinschaft leicht bergauf auf ein Waldstück zu. Wir kommen zu einem weiteren Gittertor, biegen vor diesem links ein und gehen den breiten, unbefestigten Reitergartenweg an einem Drahtzaun entlang weiter hinauf. Links befindet sich auch ein kleiner Spielplatz mit Schaukel, Sandkiste und einem Jausentisch, wo wir eine kurze Rast einlegen können.

Sobald der Weg freier wird, öffnet sich zu unserer Linken eine Aussicht; auch in diesem Abschnitt sind immer wieder Picknicktische aufgestellt. Nach ca. 300 m kommen wir zu einem weiteren Gittertor, durch das wir das Erholungsgebiet **Laaer Wald** betreten (45 Min.).

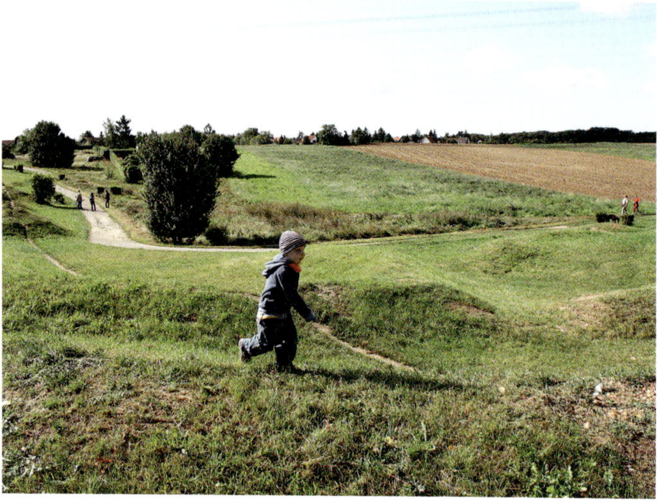

Wo ist mein Drachen?

Nun wandern wir ein kurzes Stück auf einem breiten, unbefestigten Weg geradeaus, biegen aber gleich links ein, wo uns Holztafeln auf „Rundweg" und „Spielplatz" verweisen. Letzteren sehen wir gleich vor uns, schwenken aber kurz davor links in den angegebenen Rundweg ein. Er ist etwa 800 m lang, verläuft auf weichem Waldboden und führt im letzten Teil an einem eingezäunten Sportplatz vorbei, bis wir schließlich wieder auf dem Spielplatz nahe dem Ausgangspunkt dieses kleinen Abstechers landen.

Nach einer kurzen Pause gehen wir Richtung Hauptweg zurück und biegen, bevor wir ihn erreicht haben, nach links auf einen unbefestigten Weg zwischen Bäumen ein. Auf ihm wenden wir uns dann vor einem weiteren Zaun und dem Ausgang zur Straße scharf nach rechts und bleiben im Laaer Wald. Wir gehen an einem Holzzaun entlang und sehen unterhalb von uns den Blauen Teich. Bei einer Wegkreuzung folgen wir dem Holzpfeil, der uns Richtung „Böhm. Prater" weist; auf der nächsten dreieckigen Kreuzung gehen wir nach links und bleiben am Holzzaun. Wir kommen dann zu einer Wegteilung mit einem Picknicktisch – hier folgen wir dem

WEGVERLAUF: Rundwanderung. Bitterlichstraße/Busstation – Eingang Laaer Wald (45 Min.) – Butterteich (1 Std.) – Böhmischer Prater (15 Min.) – Spielplatz Löwygrube (15 Min.) – Bitterlichstraße/Busstation (15 Min.)

GEHZEIT: 2 ½ Std.

LÄNGE: : 5 km

SCHWIERIGKEITSGRAD: Einfache Wanderung mit geringen Höhenunterschieden

EINKEHRMÖGLICHKEITEN: Zum Werkelmann, Bier-Stadl und andere Lokale/Standln im Böhmischen Prater

ANFAHRT: Mit dem Bus 15A von der U3-Station Enkplatz bzw. vom Bahnhof Meidling bis zur Station Max-Mauermann-Gasse; mit dem Auto bis Löwyweg in 1110 Wien

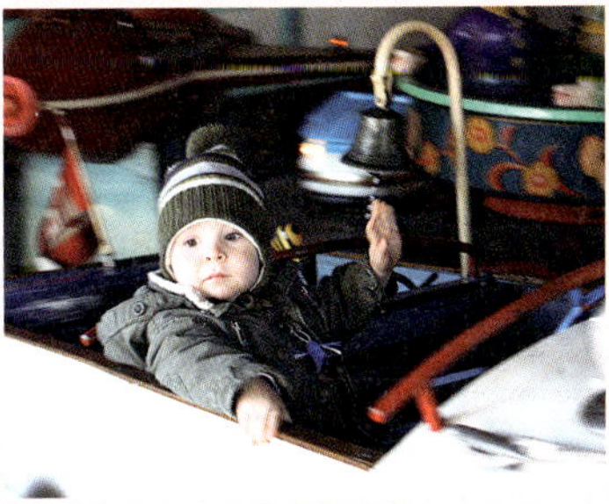

Attraktion im Böhmischer Prater

TIPP: Spielt im Böhmischen Prater unbedingt eine Runde auf dem alten Minigolfplatz!

AB: 4 Jahre

SYMBOLE:

- Kinderwagen = ja
- Sonne = ganzjährig
- Wegweiser = nein

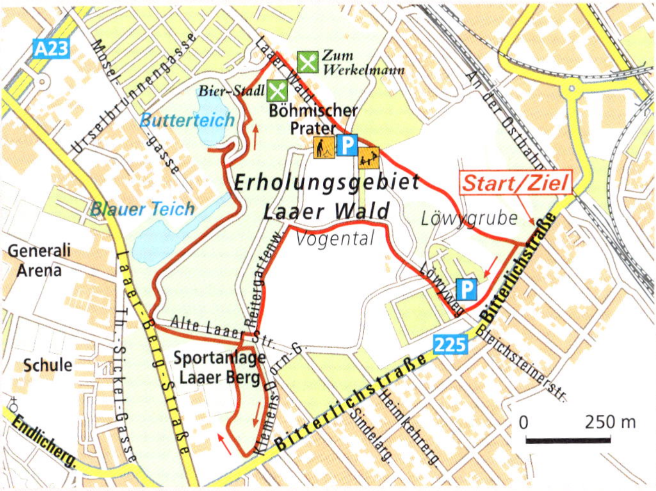

Pfeil nach links zum **Butterteich** und gehen auf einem geschotterten Weg leicht bergab, um eine scharfe Linkskehre später eine hölzerne Aussichtsplattform am besagten Teich zu erreichen (1 ¾ Std.).

Nach dem Teichbesuch wandern wir die paar Schritte zum Hauptweg zurück und biegen links in diesen ein. Etwa 5 Min. später sehen wir ein reich verziertes hölzernes Tor vor uns – das „Tor aus Maramuresch". Wir durchschreiten es und biegen bei der nächsten Wegteilung rechts – Richtung „Böhmischer Prater" – ein. Kurz vor dem Eingang zu diesem traditionsreichen Vergnügungspark können wir noch bei einer Waldschule mit einigen Informationstafeln zur Geschichte der Favoritner Ziegeleien, der Entstehung des Laaer Waldes etc. innehalten. Schließlich betreten wir durch das Gittertor den Böhmischen Prater (siehe **„Der Böhmische Prater"**, S. 82), wo es historische Ringelspiele, Autodrome, einen originellen alten Minigolfplatz und diverse andere Attraktionen gibt, ebenso wie mehrere Einkehrmöglichkeiten. In den wärmeren Monaten und vor allem an den Wochenenden finden hier immer wieder Veranstaltungen statt, natürlich auch für Kinder (2 Std.).

Wir biegen rechts in die Straße mit dem Namen Laaer Wald ein. Nach der Durchquerung des Böhmischen Praters gelangen wir zu einem Kreuzungsbereich auf dem Otto-Geißler-Platz, wo wir geradeaus weitergehen und den Asphalt wieder verlassen. Ein Schild heißt uns in der **Löwygrube** willkommen, wo wir den letzten Teil unserer Wanderung antreten. Hier erwarten uns gleich wieder ein großer Spielplatz, etliche Picknicktische und ein weiterer Hydrant zum Auffüllen der Wasserflaschen. Vor uns tut sich eine große freie Fläche auf, die sich perfekt zum Drachensteigen eignet; im Winter lässt es sich hier – auf diesem amtlich eingetragenen Rodelhügel – auch hervorragend rodeln (2 ¼ Std.).

Die Löwygrube trägt ihren Namen, weil sich an dieser Stelle einmal die Ziegelei des Jacob Löwy befand. Der Unternehmer ließ im Laaer Wald Lehm abbauen und brannte daraus Ziegel; die Abbauwände der Ziegelöfen sind heute noch sichtbar. Auch der Butterteich, an dem wir vorbeigekommen sind, war ein Teil der damaligen Ziegelgruben. In den Jahren 1950 bis 1965 wurde das Gebiet der Löwygrube als Mülldeponie genutzt; seit mehr als zehn Jahren

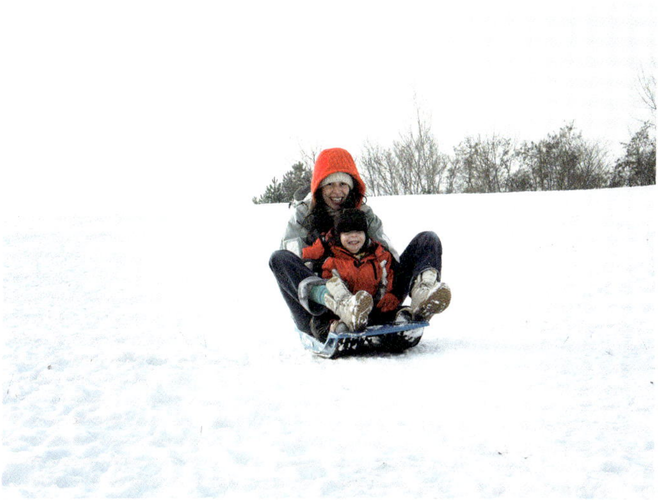

Der Rodelhügel am Laaer Berg ist ein echter Geheimtipp

ist der Untergrund jedoch vollständig saniert und kann der Umwelt nicht mehr gefährlich werden. Heute befindet sich hier ein großer Park, der zum Landschaftsschutzgebiet erklärt wurde.

Hinter dem Spielplatz wählen wir beim Hydranten den linken Weg, der auf der Anhöhe bleibt, kommen an einer Kinderseilrutsche vorbei und halten auf einen Wiesenfußballplatz zu. Dahinter erwarten uns wieder Parkbänke und Tische, von denen aus man den Drachensteigern zuschauen kann. Wir gehen im Wesentlichen geradeaus an den Parkbänken vorbei über die Wiese, wobei wir weit vor und unter uns die Friedhofskirche zum heiligen Karl Borromäus am Zentralfriedhof sehen. Ein Blick nach hinten zeigt uns von diesem Aussichtspunkt aus den Kahlenberg und den Leopoldsberg am Horizont. Wir behalten die Gehrichtung bei und gehen über die Wiese und freies Gelände den Hang hinunter, bis wir wieder das Tor erreichen, durch das wir auf die Bitterlichstraße hinausschreiten. Bei der Busstation, wo wir unsere Wanderung begonnen haben, beenden wir sie dann auch (2 ½ Std).

Der Böhmische Prater

Auf der Raupe in die Vergangenheit

Wenn wir bei unserer Wanderung auf dem Laaer Berg in den Böhmischen Prater kommen, dann ist das ein bisschen wie eine Reise in die Vergangenheit. Viele Wiener, vielleicht auch deine Eltern oder Großeltern, verbanden und verbinden mit dem kleinen Vergnügungspark schöne Kindheitserinnerungen – und das schon seit langer Zeit.

Von der Werkskantine zum Vergnügungspark

Entstanden ist diese kleine Version des beliebten Wiener Wurstelpraters im zehnten Gemeindebezirk bereits Mitte des 19. Jahrhunderts – also vor mehr als 150 Jahren! Ein Kantinenwirt des Ziegelwerks Laaer Wald führte hier eine kleine Gastwirtschaft, die bald zum beliebten Ausflugslokal wurde. Er stellte eine Schaukel und ein Ringelspiel auf und legte damit den Grundstein für den Vergnügungspark. Es dauerte nicht lange, bis weitere Gasthäuser und Schaustellerfamilien seinem Beispiel folgten: Im Jahr 1884 gab es bereits zwanzig Ausflugslokale und unzählige weitere Attraktionen. Sowohl Schausteller als auch Besucher – hauptsächlich Arbeiter aus den umliegenden Ziegelwerken – stammten aus den damals zu Österreich gehörenden Kronländern Böhmen und Mähren (heute Tschechien). Sie ga-

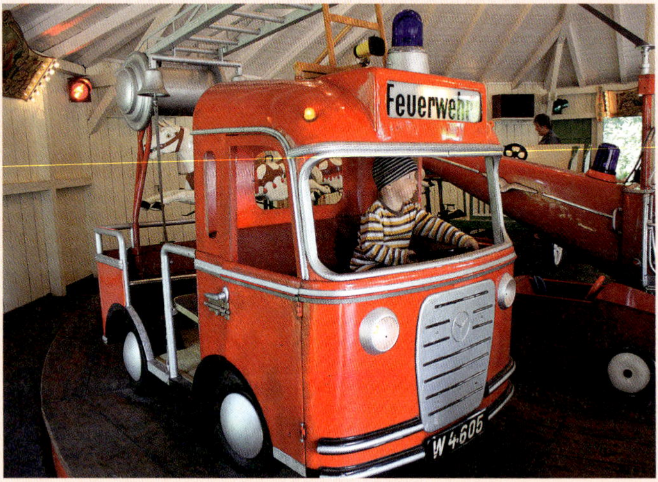

Eine Runde im Nostalgie-Ringelspiel

ben dem Vergnügungspark seinen Namen: Böhmischer Prater.

Wiederaufbau nach dem Krieg

Der Erste Weltkrieg setzte dem Böhmischen Prater sehr zu; im Zweiten Weltkrieg wurde er dann bei einem Bombenangriff fast vollständig zerstört. Erhalten blieben lediglich die „Raupe", das älteste noch aktive Vergnügungsgefährt, und das denkmalgeschützte Ringelspiel, auf dem sich angeblich schon Kaiser Franz Joseph I. vergnügt haben soll. Dass es den Böhmischen Prater heute noch gibt, ist zum Großteil der Familie Geissler zu verdanken. Otto Geissler war es, der nach dem Krieg den ersten Kettenflieger aufbaute und die bis heute beliebte Raupe aus dem Jahre 1929 wieder in Betrieb nahm. Es folgten das erste Autodrom und Attraktionen wie die Oldtimer-Bahn und die Minigolfanlage. Auch das erste Heurigenlokal am Laaer Berg, „Der Werkelmann", wurde von Geissler ins Leben gerufen und erfreut sich bis heute großer Beliebtheit. Den Namen verdankt das Ausflugslokal einer weiteren großen Leidenschaft Geisslers: den Drehorgeln und Drehleiern. Wer mag, kann sein privates Orgelmuseum, das in der Zwischenzeit von den Erben Claudia und Günther Buchta übernommen wurde, nach telefonischer Vereinbarung (0699 16 42 68 11) besichtigen. Außerdem findet im Böhmischen Prater auch jedes Jahr das internationale Drehorgeltreffen statt.

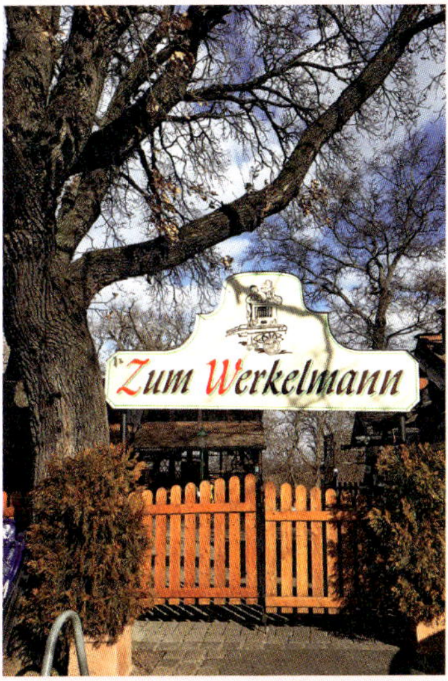

Traditionslokal im Böhmischen Prater

Ungewisse Zukunft

Die Attraktion auf dem Laaer Berg mutet heutzutage ein wenig schrullig und altmodisch an. Genau das ist das Reizvolle am Böhmischen Prater und macht ihn bei all jenen, die ihn kennen, so beliebt. Doch obwohl ihm viele Stammgäste treu geblieben sind, kämpft der Böhmische Prater heute ums Überleben. Hoffen wir also, dass uns der traditionsreiche Vergnügungspark noch lange erhalten bleibt – und vielleicht auch du irgendwann einmal mit deinen Kindern und Enkelkindern auf der Raupe eine Reise in die Vergangenheit machen kannst.

9 Künstliches Mittelalter

Ausflug auf die Burg Kreuzenstein

Diesmal sehen wir, wie sich ein Kunstsammler im 19. Jahrhundert das Leben der „alten Rittersleut'" vorstellte. Bei unserem Rundgang um die Museumsburg haben wir auch Gelegenheit, uns an einer Greifvogelschau in der Adlerwarte zu erfreuen.

DER WANDERWEG

Wir verlassen den Bahnhof, sehen eine Wandertafel „Burg Kreuzenstein 2,7 km" und gehen durch die Bahnstraße zur breiten Donaustraße B3 vor, die wir auf einer Ampelkreuzung überqueren. Danach schwenken wir direkt auf den Gehsteig der Stockerauer Straße ein und betreten so das Ortsgebiet von **Leobendorf.** Nach einem längeren Fußmarsch durch schattenloses Gelände kommen wir zu einer Straßenkreuzung, wo rechts der **Imbissstand Jauserl** zu einer ersten Einkehr lockt. Hier befindet sich eine Busstation; sind wir zur passenden Uhrzeit unterwegs, können wir von der vorher genannten Kreuzung Donaustraße/Stockerauer Straße auch den Bus bis zu dieser Haltestelle (Leobendorf b. Wien Lindengasse) nehmen (30 Min.).

Wir überqueren die Straße auf einem Zebrastreifen und gehen in der Kreuzensteiner Straße ca. 250 m auf dem Gehsteig bergan. Vor uns sehen wir die Burg bereits auf dem Hügel aufragen. Auf Höhe einer Tafel „Wanderweg zur Burg Kreuzenstein" folgen wir *nicht* diesem Hinweis, sondern biegen links in eine Forststraße ein, die wir nach einem rot-weiß-roten Schranken weiter aufwärts marschieren. So gelangen wir zu einer Abzweigung, die uns nach links auf einen parallel zur Forststraße führenden Waldweg führt. Bei einer Wegteilung wählen wir den rechten Pfad oberhalb von Privatgrundstücken, an der nächsten Verzweigung entscheiden wir uns wieder für den rechten Ast. Nach insgesamt ca. 400 m auf diesem Weg kehren wir auf den Hauptweg zurück und beschreiten diesen weiter bergauf.

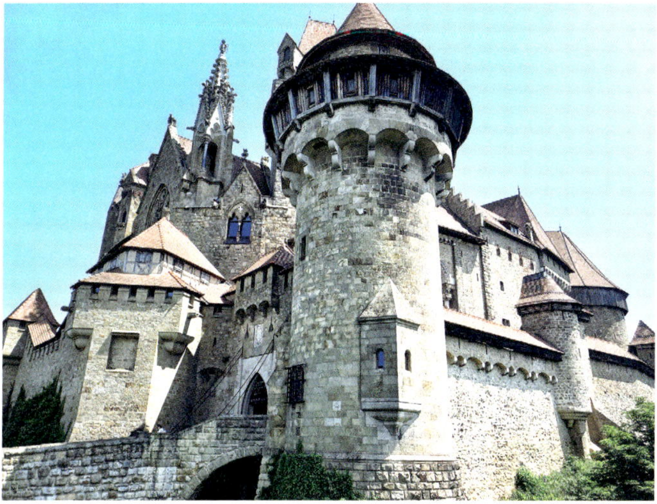

Burg Kreuzenstein

Hinter einem Wasserbehälter nehmen wir den rechts wegführenden Wiesenweg, umrunden den kleinen Hügel und gehen dann durch ein lichtes Waldstück abwärts. So kommen wir zu einem Traktorweg, dem wir ein paar Meter nach links folgen, um gleich bei der ersten Abzweigung rechts einzubiegen. Wir wandern den Hügel hinauf und sehen nun auch die Burg wieder deutlich vor uns. Schließlich mündet der Weg neuerlich in die Kreuzensteiner Straße, an deren Rand wir etwa 150 m weiter bergauf marschieren. Nach einem Haus zur Linken überqueren wir bei einer Abzweigung („Siedlung Kohlstatt/Alter Postweg") die Straße nach rechts, sehen ein Schild „Unterrohrbacher Weg" und dringen hier in den Wald ein, wo wir auf einem schmalen, nach links führenden Pfad die letzten 5 Min. Aufstieg bis zur Burg Kreuzenstein zurücklegen (1 ½ Std.).

Hier können wir nun einige Zeit damit verbringen, die Burg zu besichtigen (siehe „Am Wege", S. 89) und/oder uns eine der faszinierenden, von professionellen Falknern geleiteten Greifvogelschauen in der Adlerwarte Kreuzenstein anzuschauen.

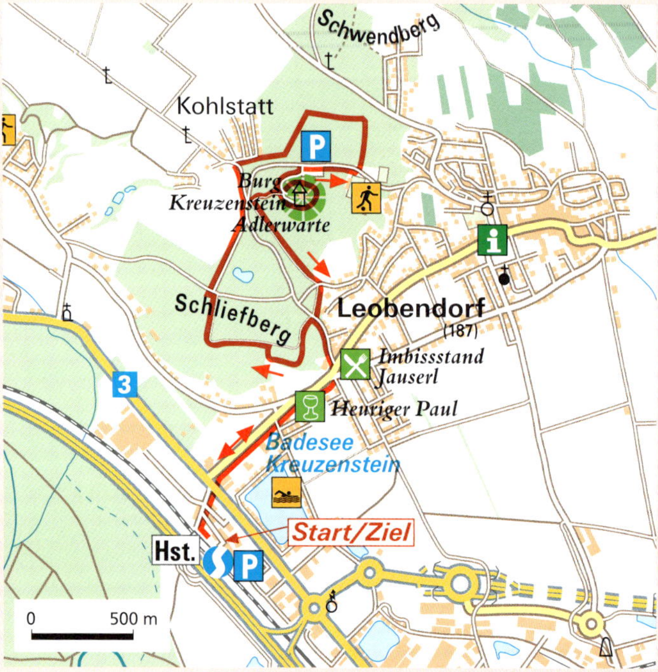

Zur Fortsetzung der Wanderung gehen wir neben dem Eingang zur Adlerwarte weiter und umrunden auf einem Waldweg einmal die gesamte Burg. Danach marschieren wir über die breite Zufahrtsstraße auf den großen Parkplatz für Gäste der Burg Kreuzenstein hinunter.

Abkürzung (Teil 1): Wer mit dem Auto angereist ist und eine kürzere Strecke wandern möchte, hält sich an die folgende Wegbeschreibung und danach an den Abschnitt „Abkürzung (Teil 2)".

Wir queren den Parkplatz und gehen nach rechts auf einem asphaltierten, mit „Weinviertel-Donau-Radtour" bezeichneten Weg

WEGVERLAUF: Rundwanderung, Bahnhof Leobendorf–Burg Kreuzenstein – Imbissstand Jauserl (30 Min.) – Burg Kreuzenstein (1 Std.) – Abzweigung „Siedlung Kohlstatt/Alter Postweg" (1 ¼ Std.) – Kreuzung bei Jauserl (30 Min.) – Bahnhof Leobendorf–Burg Kreuzenstein (30 Min.)

GEHZEIT: 3 ¾ Std.

LÄNGE: 7,6 km

SCHWIERIGKEITSGRAD: Etwa 3 km der Wanderung sind auf Asphalt zurückzulegen; die Steigung danach beträgt alles in allem ca. 100 Höhenmeter.

EINKEHRMÖGLICHKEITEN: Imbissstand Jauserl (So Ruhetag), Heuriger Paul (kein Ruhetag; die Aussteckzeiten entnehmen Sie bitte der Website www.heurigerpaul.at)

ANFAHRT: Mit der Bahn von Wien Hauptbahnhof/Praterstern/Floridsdorf nach Leobendorf–Burg Kreuzenstein Bahnhof. Mit dem Auto zum Parkplatz vor dem Bahnhof Leobendorf–Burg Kreuzenstein. Wer die Wanderung um rund 3 km abkürzen will, fährt mit dem Auto zum großen Parkplatz unterhalb der Burg Kreuzenstein und folgt der unten beschriebenen Abkürzung (Teil 1 & 2).

HINWEIS: Infos zur Burg Kreuzenstein: „Am Wege", S. 89
Die Greifvogelschauen in der Adlerwarte finden von 1. April bis 31. Okt. täglich außer Mo um 11 und 15 Uhr statt (So und Fei: 11, 14 und 16 Uhr). Näheres unter: www.adlerwarte-kreuzenstein.at

TIPP: Besichtigt eine mittelalterliche Küche, eine Rüstkammer mit Schwertern und Hellebarden sowie einen Rittersaal!

AB: 4 Jahre

SYMBOLE:
=ja
= Frühjahr bis Herbst
=ja

weiter. Nach einem rot-weiß-roten Schranken kommen wir zu einem Spielplatz auf einer größeren Wiese, wo wir mit den Kindern eine Pause einlegen und an einem der Picknicktische etwas zu uns nehmen können. Wenn wir etwa in Gehrichtung des vorigen Asphaltwegs bleiben und so schräg links auf die Bäume zuhalten, finden wir einen schmalen, unmarkierten Pfad, der uns in den Wald bringt und fast niveaugleich durch Jungwald und Gebüsch führt. Sobald wir vor uns eine Straße sehen, biegen wir nach links in einen Traktorweg ein und bleiben im Wald. Wir kommen dann zu einem breiteren, rot markierten Querweg, in den wir wieder links einschwenken und gemächlich bergab wandern. Bald sehen wir den großen Burgparkplatz vor uns, biegen kurz vor diesem jedoch

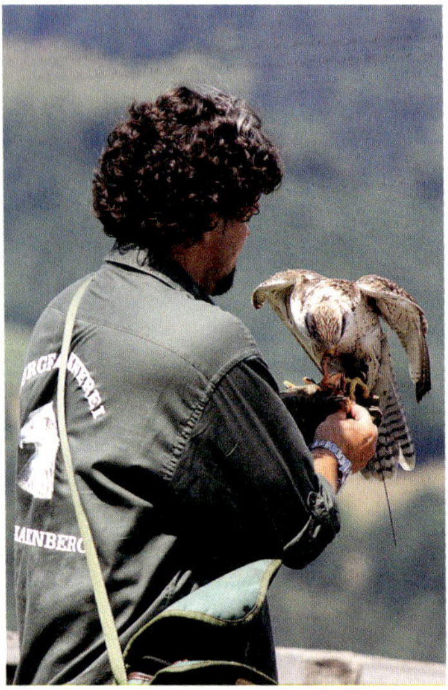

Falkner bei der Arbeit

rechts auf einen schmalen Pfad ab. Nach ca. 200 m auf dem weiterhin rot markierten Weg kommen wir zu einer Siedlung und folgen hier dem Kohlstattweg, über den wir zu einer breiteren Asphaltstraße gelangen und links in diese einbiegen. Sie bringt uns nach wenigen Metern zur Straßenabzweigung „Siedlung Kohlstatt/Alter Postweg“, wo wir beim Aufstieg schon einmal waren (2 ¾ Std.).

Wir überqueren hier ein zweites Mal die Kreuzensteiner Straße und betreten gleich gegenüber den Wald, nur dass wir uns diesmal nach rechts und hinunter – Richtung Leobendorf – wenden. Auf einem gemütlichen Wald- und Wiesenweg geht es sanft bergab, bis wir nach einem guten halben Kilometer auf die Waldstraße treffen. Diese queren wir schräg nach rechts, um danach über eine Schlägerungsfläche einen schmalen Weg weiter abwärts zu marschieren. Beim Schild „Wanderweg zur Burg Kreuzenstein“ kommen wir dann wieder auf der Kreuzensteiner Straße heraus.

Abkürzung (Teil 2): Hier ist die Straße zu überqueren. Danach folge man der obigen Beschreibung des Aufstiegs ab den Stichworten „Wanderweg zur Burg Kreuzenstein“ bis zum Burgparkplatz.

Wir wenden uns nach links und kommen so wieder zur Kreuzung, wo der Imbissstand Jauserl steht (3 ¼ Std.).

Nun geht es über die bereits bekannte Route zurück zum Bahnhof – wobei wir auf Stockerauer Straße Nr. 147 noch die Gelegenheit nützen können, beim **Heurigen Paul** einzukehren. Anschließend geht es über Stockerauer Straße und Bahngasse zurück zum Bahnhof, von wo aus wir die Heimfahrt nach Wien antreten (3 ¾ Std.).

AM WEGE

Schon im Mittelalter existierte auf der Anhöhe über Leobendorf, wo sich heute die **Burg Kreuzenstein** befindet, eine mittelalterliche Burganlage. Sie wurde im 12. Jh. vom Adelsgeschlecht der Formbacher erbaut und gelangte 1278 in den Besitz der Habsburger. Im Zuge des Dreißigjährigen Kriegs wurde die Burg im Jahr 1645 von den abziehenden schwedischen Truppen gesprengt. Die Steine der Ruine wurden in den folgenden Jahrzehnten von den Bauern der Umgebung als Baumaterial verwendet.

Im 18. Jh. erwarben die Grafen Wilczek die Überreste der Burg – und Johann Nepomuk Wilczek, bekannt als Polarforscher und Kunstmäzen, begann 1874 auf den noch erhaltenen Gemäuern eine Schauburg zu errichten, die zur Präsentation seiner Sammlungen dienen sollte. Er trug Gebäudeteile und mittelalterliche Möbel, Waffen, Rüstungen und Kunstgegenstände aus ganz Europa zusammen und integrierte sie in seine Museumsburg. Seit der Stummfilmzeit wird die Burg Kreuzenstein immer wieder auch als Kulisse für Filmproduktionen, später auch für Musikvideos und TV-Serien wie „The Witcher" verwendet.

Wenn wir die Burg über eine hohe, gemauerte Brücke und dann eine Zugbrücke betreten, können wir im ersten Hof einige Souvenirs, aber vor allem Eintrittskarten für eine Führung kaufen, die 45 bis 60 Min. (je nach Teilnehmerzahl) dauert. Eine Besichtigung ohne Führung ist nicht möglich; Foto- und Videoaufnahmen sind leider untersagt.

Die Burg Kreuzenstein ist von 1. April bis 31. Oktober täglich von 10–16 Uhr, So bis 17 Uhr geöffnet. Die Führungen finden zu jeder vollen Stunde statt. Vor der Burg befindet sich die **Burgtaverne,** die derzeit geschlossen ist, aber zu Saisonbeginn im April 2023 wieder öffnen soll. Einzelheiten entnehmen Sie bitte der Homepage: *www.kreuzenstein.com*

Das Zauberfläschchen

Wie du vielleicht schon im Schifffahrtsmuseum in Spitz erfahren hast, wurden Holzlieferungen früher mit großen Flößen auf der Donau transportiert. War eine Lieferung für Wien bestimmt, mussten die Schiffsleute den Rückweg zu Fuß antreten. Dafür brauchten sie mehrere Tage und mussten zum Übernachten Gaststätten aufsuchen.

Dort kam es immer wieder zu Raufereien mit den Einheimischen. Die Schiffsleute aus Spitz holten sich dabei die meisten blauen Flecken. Der Schütz trug immer die schlimmsten Verletzungen davon, obwohl er eigentlich ein friedliebender Mensch war. Eines Tages hatte eine alte Magd Mitleid mit ihm. Sie gab dem Schütz ein Fläschchen und flüsterte ihm ins Ohr: „Dieses Fläschchen trägst du von nun an immer bei dir, dann wird dir nichts mehr geschehen." Und tatsächlich, so war es auch. Von da an gingen die Spitzer Schiffer immer unverletzt aus den Wirtshausschlägereien hervor.

Jahre später war der Schütz zu alt für die gefährliche Schifffahrt nach Wien. Er beschloss daher, wieder ein gottesfürchtigeres Leben zu führen. Doch immer wenn er in die Kirche gehen wollte, stand er plötzlich auf dem nahegelegenen Burgberg. Seine Frau machte ihm deswegen Vorwürfe und glaubte, dass der Inhalt des Fläschchens dafür verantwortlich sei. Widerwillig händigte der Schütz ihr das Fläschchen aus. Sie warf es in weitem Bogen von sich und hoffte, dass der Spuk damit ein Ende hatte. Am nächsten Tag wollte sie ihren Augen nicht trauen: Das Fläschchen stand wieder bei ihnen auf der Truhe. Das konnte doch nicht mit rechten Dingen zugehen! Sie schnappte sich das Fläschchen erneut und schleuderte es in den brennheißen Ofen. Doch auch Stunden später war das Fläschchen noch kühl und unbeschadet.

„Da hat der Teufel seine Finger im Spiel!", schrie sie aufgebracht und warf das Fläschchen in die Donau. Nun machten die Eheleute große Augen, als der Fluss zu schäumen und zu tosen anfing und sich schwarz färbte. Bis zu seinem Tod war der Schütz felsenfest davon überzeugt, dass er in der Gischt den Teufel auf den Wellen hat reiten sehen.

10 Donauschifffahrts-gesellschaftskapitän

Mit der Wachaubahn zu den Hügeln um Spitz

Nach einer beeindruckenden Bahnfahrt gehen wir ein Stück an der Donau entlang, steigen dann zur Ruine Hinterhaus hinauf und besichtigen schließlich das interessante Schifffahrtsmuseum, bevor wir den Rückweg über den Tausendeimerberg antreten.

DER WANDERWEG

Bevor wir loswandern, steigen wir direkt am Bahnhof von **Krems an der Donau** in einen Zug der Wachaubahn um, um eine Fahrt durch das Weltkulturerbe **Wachau** zu unternehmen. Aus den Fenstern des Panoramazugs können wir die herrliche Landschaft dieses reizvollen Donautalabschnitts bewundern (siehe Sage, S. 29).

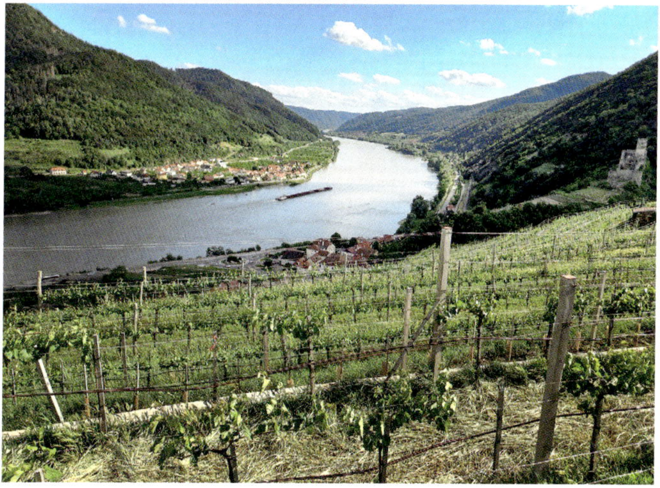

Aussicht auf Donau und Ruine Hinterhaus

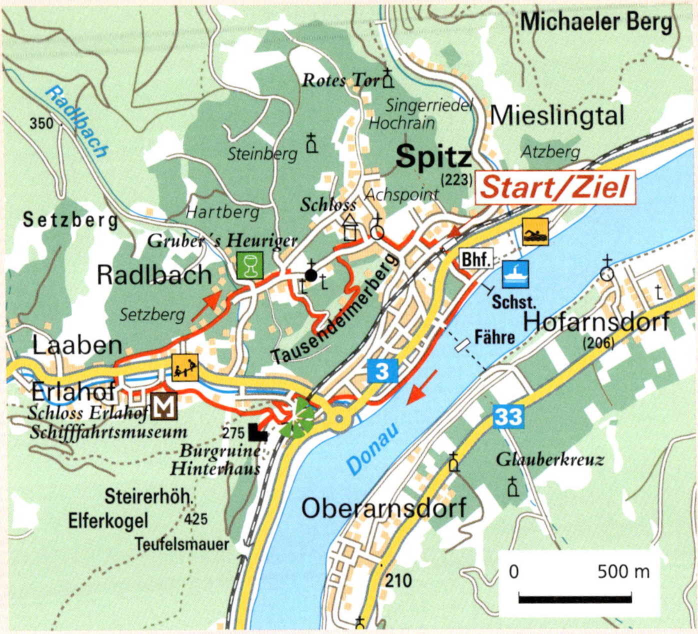

Wir verlassen den Zug bei der Station Spitz an der Donau und überqueren auf deren Vorplatz die Bahnhofstraße. Bei einigen Wandertafeln gehen wir einen schmalen Asphaltweg hinunter und dann gleich durch die Unterführung in Richtung Donau. Wenn wir die Gleise hinter uns haben, überqueren wir die Bundesstraße und gehen auf der folgenden Straße namens Teichbach zum Donauufer hinunter, wo wir uns auf der Promenade nach rechts wenden. Nach ca. 200 m erreichen wir die Anlegestelle der Rollfähre zwischen Spitz und Arnsdorf am anderen Ufer, die als einzige ganzjährig verkehrende Fähre Personen und Kraftfahrzeuge über die Donau bringt.

Wir wandern jedoch weiter auf der Donaulände und nach ein paar Minuten wieder zur Straße hinauf. Diese überqueren wir auf einem Zebrastreifen und folgen der Wandertafel Richtung

WEGVERLAUF: Rundwanderung. Spitz an der Donau Bahnstation – Ruine Hinterhaus (1 Std.) – Schifffahrtsmuseum (30 Min.) – Gruber's Heuriger (30 Min.) – Tausendeimerberg (30 Min.) – Spitz an der Donau Bahnstation (30 Min.)

GEHZEIT: 3 Std.

LÄNGE: 5,8 km

SCHWIERIGKEITSGRAD: Wanderung nahe der Donau und im Weinbaugebiet der Wachau mit zwei nicht allzu fordernden Anstiegen

EINKEHRMÖGLICHKEITEN: Gruber's Heuriger zum Ruinenblick (Mo–Mi Ruhetag), div. Lokale und Heurigenbetriebe in Spitz

ANFAHRT: Mit der Bahn von Wien Franz-Josefs-Bahnhof bzw. Spittelau oder Heiligenstadt nach Krems an der Donau; von dort mit der Wachaubahn weiter bis zum Bahnhof Spitz an der Donau. Mit dem Auto zu einem Parkplatz beim Bahnhof Spitz an der Donau

HINWEIS: Die Wachaubahn verkehrt von Mitte März bis Anfang Nov. an Wochenenden und Fei, von Ende Mai bis Ende Sept. täglich. Genaue Daten entnehme man der Website www.wachaubahn.at; es empfiehlt sich, dort auch eine Reservierung vorzunehmen.
Das Schifffahrtsmuseum Spitz ist von 1. April bis 31. Okt. täglich von 10 bis 16 Uhr geöffnet.

TIPP: Fahrt einmal mit der Autofähre über die Donau und zurück!

AB: 6 Jahre

SYMBOLE:
 = nein
 = Frühjahr bis Herbst
 = nein

Hinterhaus, die auch anzeigt, dass wir uns auf dem Wassergeistweg – einem speziellen Wanderweg für Kinder – befinden. Auf der anderen Seite der Ottenschläger Straße gehen wir unter einer Brücke der Wachaubahn durch. Nun spazieren wir am Spitzer Bach entlang, bis uns am Tor zu einer Buschenschank ein gelber Wanderpfeil nach links zur Burgruine Hinterhaus und dem Schifffahrtsmuseum weist. Der schmale asphaltierte Weg führt hinter den Häusern zu einer Kreuzung mit zahlreichen Wegweisern. Hier marschieren wir nicht direkt zur Ruine Hinterhaus weiter, sondern biegen links Richtung „Lusthaus-Pavillon" und „Jauerling-Runde" ab. Über Steinstufen und einen deutlich aufwärts führenden Waldpfad gelangen wir zu besagtem Lusthaus – einem Salettl, von dem aus sich ein herrlicher Donaublick bietet und in dem wir eine erste Rast einlegen können.

Von dort gehen wir ein paar Meter zurück und nehmen dann die bergauf führende Abzweigung, die uns über Trockenrasen auf einem recht steilen, felsigen Pfad hangschräg auf die Ruine zuführt. Wir erreichen einen querführenden Weg mit der Markierung des Wachauer Welterbesteigs, wenden uns auf ihm nach rechts und sehen schon nach wenigen Metern die Stufen, die uns links zum Eingang der Ruine Hinterhaus hinaufbringen (1 Std.).

Die 1243 erstmals urkundlich erwähnte Wehranlage liegt auf einem Ausläufer des Jauerlings über der Donau und ist eine Höhenburg aus drei Teilen – zwei Vorburgen und der flächenmäßig größten Hauptburg. Im 13. und 14. Jh. herrschten die Ritter von Spitz auf Hinterhaus; sie waren Untergebene der Kuenringer, die u. a. von hier aus die Donau überwachten. Eine der Sagen, die sich um die Ruine ranken, handelt von Adelheid, der Ehefrau Heinrichs des Eisernen, die bis bis heute in dem Gemäuer spuken soll. Sie fand nach ihrem Tod keinen Frieden, weil ihr Ehemann das Trauerjahr nicht einhielt, sondern viel zu früh wieder heiratete. Als Geist sorgte Adelheid dann dafür, dass auch ihr Heinrich bald verstarb.

Der Aufbau der Burg wird auf Tafeln am Eingang gut erklärt. Wir sehen uns in der Ruine um und können im Inneren des Bergfrieds über enge und steile Stufen auf dessen Plattform hinaufsteigen, um den ganzen Komplex und die umgebende Landschaft von oben zu betrachten. Nach der Besichtigung verlassen wir das Gemäuer über die Stufen wieder und biegen links in den geschotterten Wassergeistweg ein. Bei der nächsten Kreuzung folgen wir der gelben Wandertafel „Schifffahrtsmuseum 10 Min.". Hier befinden wir uns wieder auf dem „Auf der Wehr" genannten Weg und erreichen tatsächlich sehr bald das im Schloss Erlahof untergebrachte Museum, das eine hervorragende Sammlung zur Geschichte der Ruder- und Floßschifffahrt auf der Donau beherbergt. Wir sehen uns noch kurz in der Parkanlage vor dem Gebäude um, wo es einen Spielplatz und zwei alte Donauzillen gibt, in denen wir jausnen können. Dann betreten wir das Schifffahrtsmuseum Spitz und begeben uns auf eine Reise in die Vergangenheit (1 ½ Std.).

Die Ausstellung im Museum ist kindgerecht aufbereitet und bietet hochinteressante Informationen und Exponate (siehe „Von

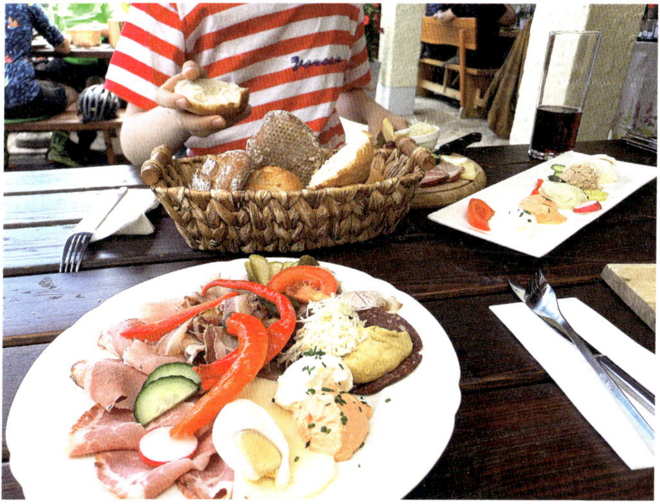

Jause beim Heurigen

den alten Römern zur DDSG. Die Geschichte der Donauschifffahrt", S. 97). Nach der Besichtigung können wir uns im Shop noch mit Getränken, Süßigkeiten und Souvenirs versorgen, bevor wir die Wanderung fortsetzen.

Wir wenden uns vor dem Museumsgebäude nach links und wandern auf dem Weg „Auf der Wehr" weiter, um kurz darauf rechts in eine Querstraße einzubiegen und über die Brücke bei der Siedlung Erlahof den Spitzer Bach und dann die Ottenschläger Straße neuerlich zu überschreiten. Gleich schräg gegenüber führt uns der Kirchensteig am Hang bergauf, erst als Feldweg und dann als schmales Sträßchen zwischen Privathäusern und Weingärten. Auf ihm erreichen wir nach einem leichten Anstieg das Lokal Gruber's Heuriger zum Ruinenblick, in dessen wunderschön gelegenen Gastgarten wir essen und trinken sowie den angekündigten Blick auf die Ruine Hinterhaus genießen können (2 Std.).

Haben wir den Heurigen verlassen, so gehen wir die Straße rechts bergan weiter; es handelt sich hier wieder um einen Abschnitt des Welterbesteigs. Bei der nächsten Abzweigung halten wir uns ge-

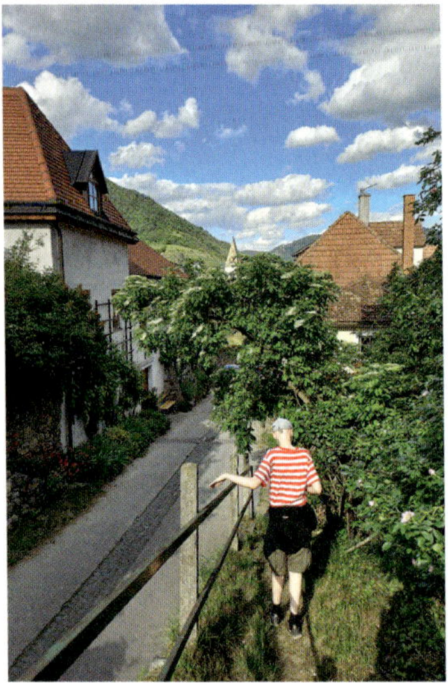
Abstieg nach Spitz

radeaus und gelangen so zum Friedhof von Spitz, vor dem wir uns nach rechts wenden. Über den Parkplatz kommen wir zu einer bergan führenden Asphaltstraße, die mit „Welterbesteig" und „Tausendeimerberg" gekennzeichnet ist. Nach zwei Serpentinen stehen wir vor dem Gipfelkreuz des **Tausendeimerbergs** (der angeblich jedes Jahr die genannte Menge an Weintrauben hergibt) in 314 m Höhe. Auch hier bietet sich wieder ein großartiger Wachaublick in alle Richtungen. Wenige Schritte weiter finden wir den sogenannten Weinterrassen-Kühler – eine Hütte mit Kühlschrank, in der man (auch alkoholfreie) Getränke erwerben und diese an den daneben aufgestellten Heurigentischen und -bänken auch gleich konsumieren kann (2 ½ Std.).

Wir bleiben in Gehrichtung und marschieren auf einem geschotterten Weg ein Stück weiter, um dann nach links auf einen schmalen Pfad („Abstieg") einzubiegen. Der serpentinenförmig angelegte Weg bringt uns auf wurzeligem und steinigem Boden zügig bergab. Auch nach dem Waldstück halten wir uns an den Welterbesteig, der uns schließlich in die Friedhofgasse von Spitz führt. In ihr gehen wir weiter bergab und kommen zum Kirchenplatz. Im Ortsgebiet stehen uns zahlreiche Heurige und andere Lokale zur Verfügung. Weiter geht's vom Kirchenplatz die kopfsteingepflasterte Marktstraße hinunter, die wir bei einem Kriegerdenkmal nach links in die Kremser Straße verlassen. Sie bringt uns zum Teichbach – der Straße, die wir schon am Beginn der Wanderung benützt haben – und nach rechts gewendet zum Bahnhof, wo wir mit der Wachaubahn die Rückfahrt nach Krems antreten (3 Std.).

Von den alten Römern zur DDSG

Die Geschichte der Donauschifffahrt

Wenn du auf unserer Wanderung in Spitz am Ufer stehst, kannst du gut den Schiffsverkehr beobachten. Auf dem Wasser sind große Kreuzfahrtschiffe ebenso unterwegs wie schwere Schlepper, die mühsam Waren stromaufwärts transportieren, und kleine Ausflugsboote. Aber es gibt auch eine Fähre, die Autos, Fahrräder und Ausflügler zum anderen Flussufer bringt. Und dazwischen fahren viele private Motorboote und vielleicht sogar das eine oder andere Kanu herum. Auf der Donau war schon sehr früh viel los, da sie eine der ältesten und bedeutendsten europäischen Handelswege ist.

Die Donau – ein Fluss der Superlative

Die Donau ist mit einer Gesamtlänge von 2850 km der zweitlängste Fluss Europas. Kein anderer Strom der Welt fließt durch so viele Länder wie sie. Von ihrem Ursprung im deutschen Schwarzwald bis zu ihrer Mündung ins Schwarze Meer durchquert die Donau zehn Länder und passiert 18 Schleusen. Würdest du mit dem Schiff vom Ursprung bis zur Mündung fahren, dann würdest du dabei 22 Längengrade überqueren und deine Uhr zweimal umstellen müssen. Das Donaudelta liegt nämlich in Rumänien auf der geografischen Länge von Kiew – der

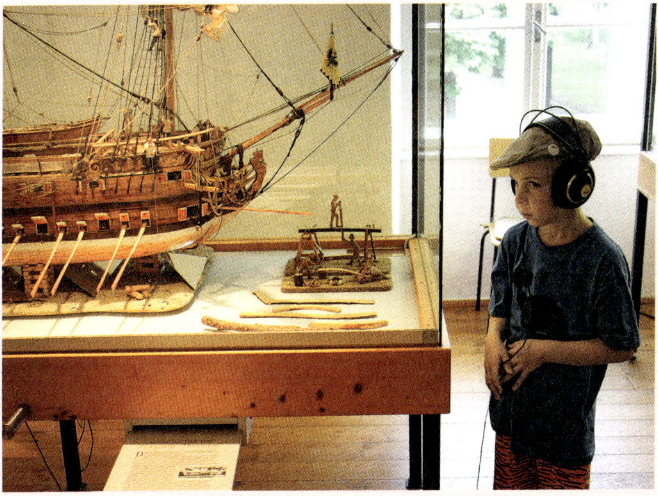

Mitmachstation im Schifffahrtsmuseum Spitz

Hauptstadt der Ukraine – und hat Moskauer Zeitrechnung.
Schon zur Zeit der Römer hatte die Donau eine wichtige Bedeutung für die Schifffahrt. Das weiß man aufgrund von Abbildungen, die auf der berühmten Trajanssäule in Rom zu sehen sind. Sie zeigen die Beladung von Donauschiffen mit Fässern und anderen Gütern wie Wein, Salz und Steinen. Auf dem Fries der römischen Säule erkennt man auch, dass sich an der Bauweise der Boote bis zum Beginn des 20. Jahrhunderts nicht viel geändert hat. Erst die dampfbetriebenen Schiffe führten zu einem großen Wandel und machten die Donau-Dampfschifffahrtsgesellschaft (DDSG) zur größten Binnenschifffahrtsgesellschaft (Binnenschiffe sind all jene, die nicht auf dem Meer unterwegs sind) der Welt.

Treideln

Hast du schon einmal versucht, in einem Fluss gegen die Strömung zu schwimmen? Gar nicht so einfach, oder? Genauso ging es auch den Schiffen früher. Es war schon nicht ganz einfach, auf der Donau flussabwärts zu fahren, weil sie früher ein unregulierter und oft reißender Fluss war und die Steuermöglichkeiten auf den Schiffen und Booten noch recht eingeschränkt waren. Stromaufwärts mussten die beladenen Schiffe lange Zeit von Menschen, meist Sträflingen, und Pferden gezogen werden – man nannte das Treideln. Dafür wurden eigene Treppelwege angelegt; das waren einfache Pfade am Flussufer, auf denen auch speziell geschulte Pferde gehen konnten. Bis zu sechzig Pferde wurden bei großen Schiffszügen eingesetzt. Bei günstigen Verhältnissen legte ein solcher „Gegenzug" zwanzig bis dreißig Kilometer pro Tag zurück. Gab es kein Weiterkommen, musste der komplette Zug übersetzen. Dazu spannte man alle Pferde aus, verfrachtete sie aufs Schiff und brachte sie ans andere Ufer. Erst mit dem Aufkommen der Dampfschiffe ab Mitte des 19. Jahrhunderts endete diese mühsame und gefährliche Art der Schiffszüge.

Das Floß – ein Recyclingschiff

Die Flößerei war ein wichtiger Teil des Donauhandels. Da die Städte ständig wuchsen, brauchten sie viel Holz. Dieses wurde mit zum Teil gigantischen Flößen, die Ausmaße von sechzig Metern Länge und 15 Metern Breite haben konnten, die Donau stromabwärts transportiert. Am Ziel angekommen, wurde nicht nur das geladene Holz verkauft, sondern gleich auch das komplette Floß, das man zu diesem Zweck einfach wieder in seine Baumstämme zerlegte ...

Leibschiffe – die Einwegschiffe der Reichen

Auch kaiserliche und andere Hoheiten benützten die Donau, um schneller und vor allem bequemer an ihre Reiseziele zu gelangen. Zugleich konnten sie mit ihren prunkvollen Schiffen auch ihre Macht demonstrieren. Sie wurden dabei von einer ganzen Schar kleinerer Boote begleitet, die ihre Dienerschaft, die Küche und das Gepäck transportierten.

Am Zielhafen angekommen, wurde das Schiff verkauft, da ein Rücktransport unmöglich war.

Erste regelmäßige Schiffsverbindungen

Früher gab es noch keine Eisenbahn – und die Fahrt mit der Postkutsche war wegen der damaligen schlechten Straßenverhältnisse zumeist recht unbequem. Da freuten sich Reisende natürlich über eine Alternative: „Ordinarischiffe“ nannte man die ersten Wasserfahrzeuge, die eine regelmäßige Verbindung zwischen Bayern und Wien ermöglichten. Sie verkehrten seit dem 18. Jahrhundert wöchentlich – daher der Name – und brauchten für eine Strecke von 660 Kilometern im Idealfall sechs bis sieben Tage. Kamen Schlechtwetter, Nebel oder Stürme dazwischen, musste man Pausen einlegen und die Fahrzeit verdoppelte sich. Gefahren wurde nur bei Tageslicht. Abends kam es zu regelrechten Wettrennen unter den Passagieren, die in einem der wenigen bescheidenen Gasthöfe am Donauufer einen Schlafplatz zu ergattern versuchten.

Zillen, fliegende Brücken und Rollfähren

Bis zum 15. Jahrhundert gab es keine Brücken über die Donau. Übersetzen konnte man damals nur mit Booten. Zillen brachten Personen von einem Ufer zum anderen und Plätten bzw. „Mutzen“ – das waren Schiffe mit flachem Boden – Vieh und Wagen. Später, im 19. Jahrhundert, wurden sogenannte fliegende Brücken eingesetzt. Die Fährschiffe wurden dabei entlang eines Seils von der Strömung ans andere Ufer getrieben. Da diese Seile später zum Problem für andere Schiffe wurden, stellte man im 20. Jahrhundert auf eiserne Rollfähren um, deren Seil auf Türmen hoch über dem Strom verlief. Eine der letzten voll betriebsfähigen Fähren dieser Art findest du in Spitz. Sie ist auch heute noch eine wichtige Verbindung zwischen den beiden Ufern. Für ein paar Euro kannst du gleich eine Überfahrt wagen und dich ein bisschen in die Zeit zurückversetzen lassen, als Reisen noch langwierig, beschwerlich und gefährlich war – ganz ohne Auto, Bus, Eisenbahn und Flugzeug.

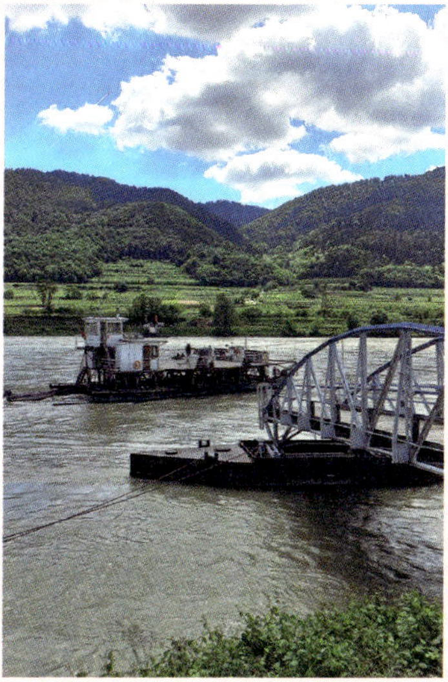

Rollfähre in Spitz

11 Immer weiter, auf die Leiter!

Von Wolfsthal auf die Königswarte

Wir fahren mit der Schnellbahn nach Wolfsthal, um dort durch ein Wildschutzgebiet zu einer geheimnisvollen Ruine und dann weiter zur Königswarte – der östlichsten Erhebung Österreichs – mit ihrer Spionageanlage hinaufzuwandern.

DER WANDERWEG

Beim Verlassen des Bahnhofs von **Wolfsthal** stehen wir vor einer Volksschule und wenden uns hier in der Bahnhofstraße nach rechts. In die querführende Straße biegen wir ebenfalls rechts ein, um das einsame Bahngleis und die gleich dahinter liegende Siedlungsgasse zu überqueren. Danach gehen wir geradeaus weiter durch die Zollhausstraße, die uns zu einer Gasse namens Waldweg führt. Noch vor dem ersten Haus führt links neben einem Gittertor ein schmaler Pfad in den Jungwald und gleich zum ersten Überstieg, der uns auf einer Leiter mit Geländer den Drahtzaun bewältigen und das Wildschutzgebiet betreten lässt.

Abkürzung: Wer sich die erste Steigung und das folgende Gefälle ersparen will, bleibt unten am Wildzaun und geht den dicht daneben führenden Weg relativ niveaugleich weiter.

Gleich nach dem Überstieg halten wir uns ganz kurz linker Hand und nehmen den ersten, rechts bergan führenden Waldweg, wo wir auf belaubtem und teilweise stark zerfurchtem Boden in mehreren Windungen stetig bergan gehen. Wir wandern so an der Flanke des Schafbergs entlang, bis wir zu einer Wegteilung kommen. Hier halten wir uns rechts und wandern weiterhin sanft bergauf; nach ca. 150 m erreichen wir ein Plateau, wo eine Straße entlangläuft, die wir nun auf Asphalt hinuntergehen. Links von uns können wir bei günstigen Vegetationsverhältnissen die großstädtischen Ausläufer

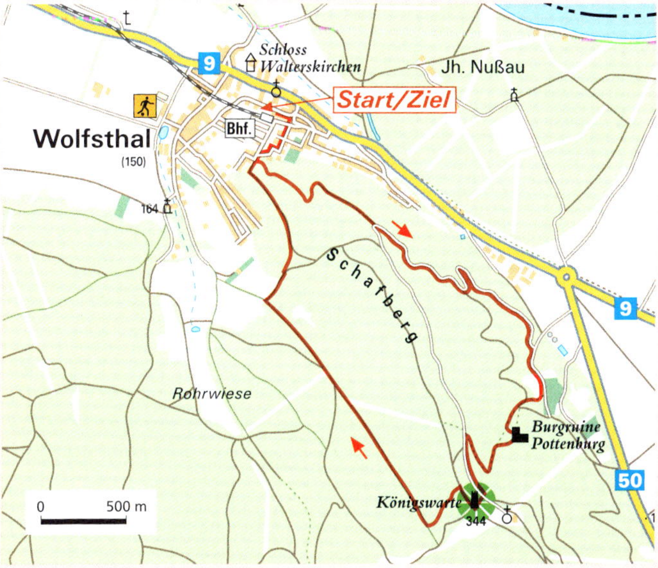

WEGVERLAUF: Rundwanderung. Bahnhof Wolfsthal – Burgruine Pottenburg (2 Std.) – Aussichtsturm Königswarte (45 Min.) – Bahnhof Wolfsthal (1 ¾ Std.)

GEHZEIT: 4 ½ Std.

LÄNGE: 9,3 km

SCHWIERIGKEITSGRAD: Wald- und Hügelwanderung mit insgesamt ca. 330 m Höhenunterschied und nicht allzu fordernden Auf- und Abstiegen

EINKEHRMÖGLICHKEIT: keine

ANFAHRT: Mit der S-Bahn (S7 oder REX 7) von Wien Mitte-Landstraße bis Wolfsthal Bahnhof; mit dem Auto bis Wolfsthal Parkplatz (vor dem Bahnhof)

HINWEIS: Nach stärkeren Regenfällen oder bei Schnee und Eis sollte man diese Route eher meiden, weil der Boden und die Leitern dann stellenweise rutschig sein könnten.

TIPP: Nehmt Proviant und eine Picknickdecke mit, damit ihr auf der Wiese unterhalb der Aussichtswarte jausnen könnt!

AB: 6 Jahre

SYMBOLE:

- = nein
- = ganzjährig
- = ja

der slowakischen Hauptstadt Bratislava und manchmal auch die **Donau** erspähen.

Wir bleiben auf der schmalen, praktisch unbefahrenen Straße, in die nach zwei scharfen Kurven von links auch der Weg am Zaun (siehe Abkürzung) wieder einmündet, und gelangen nach etwa eineinhalb Kilometern auf Asphalt zu einem Tor. Dieses durchschreiten wir nicht, sondern steigen gleich rechts davon einen grasbewachsenen Weg am Zaun entlang bergauf. Auf belaubtem Waldboden geht es weiter, zum Teil ein bisschen stärker aufwärts und immer am Wildzaun entlang. Nach dem steileren Stück stoßen wir auf eine gespurte, unbefestigte Fahrstraße, halten uns auf dieser links und nach wie vor am Zaun. In einer Rechtsbiegung weichen wir dann aber von ihm ab und bleiben auf dem Forstweg, der bald in einen Karrenweg mündet, auf dem wir weiter bergan schreiten.

Wenn die Bäume nicht dicht belaubt sind, können wir links von uns auf einem Hügel schon die Burgruine erspähen. Auf unserer Route kommen wir schließlich zu einer Stelle, wo der breitere Weg nach rechts bergan führt; da wir die Ruine besichtigen wollen, nehmen wir aber den links wegführenden Pfad, der uns auf das im Sommer von Bäumen fast verdeckte Bauwerk zuführt. Durch ein Tor erreichen wir dann die **Burgruine Pottenburg,** deren abenteuerliches Gelände wir ausgiebig erforschen können (2 Std.).

Die Pottenburg wird auch Mädchenburg oder Hasenburg genannt; unter ihr lag eine mittlerweile aufgegebene Siedlung namens Amberg. Die Burg selbst wurde um das Jahr 1000 erstmals erwähnt und befand sich im Besitz eines Grafen Poto. Später wechselte sie mehrmals den Besitzer und diente eine Zeitlang als Grenzburg zwischen Österreich und Ungarn. Im Jahr 1529 wurde sie im Zuge der Ersten Türkenbelagerung von den Osmanen erobert, die nach ihrem Abzug nur mehr die heutige Ruine hinterließen.

Nach deren Besichtigung marschieren wir zum Hauptweg zurück und folgen diesem in einer Rechtskurve weiter aufwärts. Der Pfad wird dann schmaler und schlängelt sich schließlich zwischen Gesträuch den gegenüberliegenden Hang hinauf, bis wir auf eine schmale Asphaltstraße stoßen. An dieser Stelle können wir den

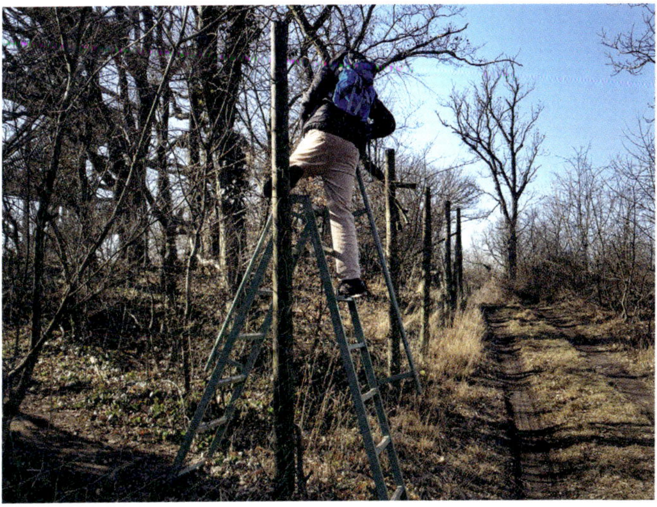

Kletterpartie

Turm der Ruine Pottenburg von oben betrachten. Danach geht es etwas mehr als einen halben Kilometer die Straße (deren unteren Teil wir bereits kennengelernt haben) leicht, aber stetig bergan. Bevor wir die Einfahrt zur **Fernmeldeaufklärungsanlage Königswarte** (siehe „Auf den Spuren von James Bond“, S. 105) erreichen, führt rechts ein unscheinbarer Pfad in den Wald, der uns zum nächsten Überstieg über den Wildzaun bringt. Danach sind es nur mehr ein paar Meter bis zum hölzernen Aussichtsturm auf der 344 m hohen **Königswarte** – dem östlichsten Berg Österreichs (2 ¾ Std.).

Von der Aussichtswarte haben wir einen prächtigen Blick in alle Himmelsrichtungen und sehen unter anderem weit ins Burgenland, Richtung Kittsee, aber auch in die Slowakei und nach Ungarn hinein. Bei der Antennenanlage fast direkt unter uns handelt es sich um eine Außenstation des österreichischen Bundesheers, die im Volksmund auch als „Wetterstation“ bezeichnet wird. Auf dem herrlichen Plateau unterhalb der Warte können wir an einem der Picknicktische Pause machen und jausnen.

Zur Fortsetzung der Wanderung gehen wir an einigen hölzernen Infotafeln zur Flora und Fauna der Königswarte sowie

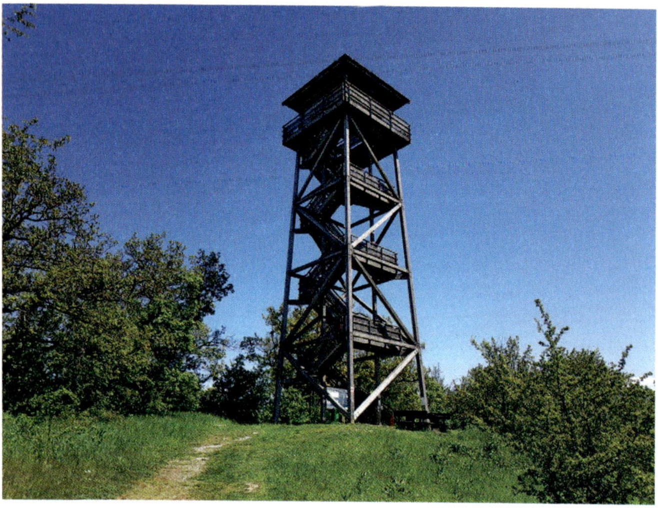

Aussichtsturm auf der Königswarte

zu den Wanderwegen der Gegend vorbei, spazieren vor einem Holzzaun nach rechts und erreichen nach wenigen Schritten den nächsten Überstieg, den wir ebenfalls hinter uns bringen. Auf der anderen Seite des Wildzauns führt uns eine Forststraße nach links und in einer weiten Kurve zurück zum Zaun; hier biegen wir scharf rechts ein und gehen bergab.

Wir wandern nun fast 2 km lang stetig nach unten, bis wir ein Gittertor vor uns sehen. Dieses durchschreiten wir aber nicht, sondern wenden uns nach rechts, wo wir auf einem Waldrandweg den letzten – nicht allzu schwierigen – Aufstieg der Tour in Angriff nehmen. Wir ignorieren alle nach rechts wegführenden Wege und halten uns an den Zaun, der linker Hand bald wieder auftaucht. Nachdem wir die Anhöhe überschritten haben, geht es neuerlich bergab, bis wir wieder zum ersten Überstieg gelangen, wo unser Weg ins Wildschutzgebiet begonnen hat. Ihn benützen wir, um den Wald zu verlassen; danach legen wir die letzten Meter auf dem Weg zurück, auf dem wir gekommen sind, also Waldweg–Zollhausgasse–Bahnhofstraße, bis wir schließlich wieder unseren Ausgangspunkt am Bahnhof Wolfsthal erreichen (4 ½ Std.).

Auf den Spuren von James Bond

Die Abhöranlage auf der Königswarte

Mittlerweile ist es beinahe 35 Jahre her, dass die Welt in zwei politische Blöcke unterteilt war: die westlichen Länder, angeführt von den Vereinigten Staaten von Amerika (USA), und die Staaten des „Ostblocks", also die kommunistische Sowjetunion und deren Satellitenstaaten, zu denen Polen, Ungarn, die DDR (heute ein Teil des wiedervereinigten Deutschlands), die Tschechoslowakei und ein paar andere gehörten.

Getrennt waren die beiden Machtblöcke durch den „Eisernen Vorhang", der auch an den Grenzen Österreichs verlief und Ungarn, die Tschechoslowakei und Jugoslawien vom „freien Westen" trennte. Doch es waren nicht nur Grenzen, sondern vor allem die Ideologie (die politischen und gesellschaftlichen Ansichten) und das Wirtschaftssystem, die sie voneinander unterschied. Die Sowjets und die Amerikaner bedrohten einander mit ihren Atomwaffen, die glücklicherweise in diesem Konflikt nie zum Einsatz kamen, und kämpften im „Kalten Krieg" gegeneinander. Das heißt, dass sie ihre militärischen Auseinandersetzungen in anderen Staaten wie Korea, Vietnam und Afghanistan austrugen, den Gegner wirtschaftlich und technisch zu überholen versuchten – und einander vor allem ausspionierten.

Daran waren verschiedene Geheimdienste der USA und der Sowjetunion, aber auch anderer Staaten wie Großbritannien, Frankreich usw. beteiligt. Viele Romane und Filme aus dieser Zeit (man denke nur an die Abenteuer des berühmten englischen Geheimagenten James Bond) handeln von solchen Spionageaktivitäten, bei denen neben den Meisterspionen auch „Maulwürfe" (= gegnerische Agenten, die im jeweils anderen Machtblock lebten und dort Geheimnisverrat betrieben) zum Einsatz kommen. Auch Abhöranlagen, mit denen man die Kommunikation des Feindes mithören konnte, spielten im Kalten Krieg eine wichtige Rolle.

Einer dieser Spionagekomplexe steht heute noch auf der Königswarte, ganz in der Nähe der Grenze zur Slowakei – und befasst sich nach wie vor damit, alte und neue politische Gegner auszuhorchen. Die Fernmeldeaufklärungsanlage Königswarte gehört offiziell dem österreichischen Heeres-Nachrichtendienst, der für militärische Spionage zuständigen Abteilung des Bundesheers, wurde aber Berichten zufolge 1958 von den Amerikanern errichtet und später von deren berüchtigtem Geheimdienst NSA (National Security Agency) weiter finanziert. Während des Kalten Kriegs hatten die gewaltigen Antennen auf dem östlichsten Berg Österreichs den Zweck, den Telefon- und Funkverkehr im Ostblock und auf dem Balkan abzuhören. Nach dem Zerfall der Sowjetunion und dem Ende des Ostblocks wurde sie aber keines-

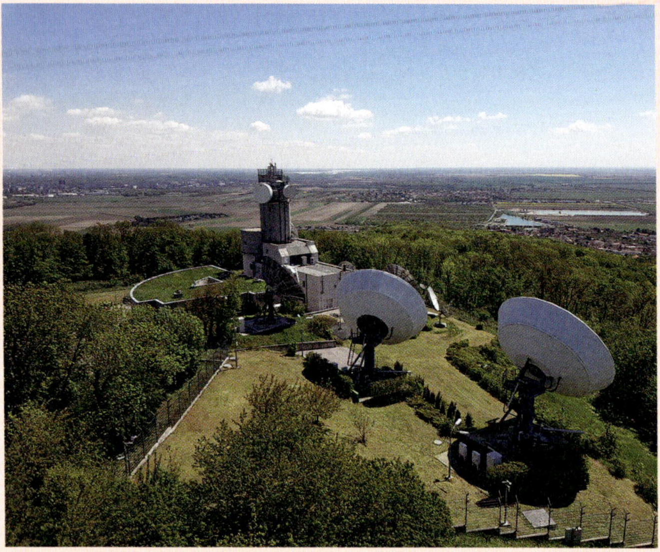

Spionageantennen an der Staatsgrenze

wegs stillgelegt, sondern ständig modernisiert und erfüllt mittlerweile andere Aufgaben.

Die Parabolantennen, deren aufgefangene Signale direkt darunter in einer ca. 2000 Quadratmeter großen Geheimanlage verarbeitet und weitergeleitet werden, dienen nun der Überwachung von Kommunikationssatelliten, die nicht nur Fernsehsignale, sondern auch die Informationen aller möglichen Regierungen übertragen. Kritiker des Projekts vermuten, dass die Anlage auf der Königswarte auch im Drohnenkrieg der USA mit seinen ferngelenkten bzw. von künstlicher Intelligenz gesteuerten Waffen eine Rolle spielt – aber das ist natürlich nicht bewiesen. Das gilt ebenso für die Idee, dass dort moderne James Bonds unterirdisch aktiv sind und mit allen Mitteln dafür kämpfen, dass die freie Welt frei bleibt. Oder so ähnlich …

12 Die aussichtsreichen zwei

Auf Schlossberg und Braunsberg bei Hainburg

Eine mittelalterliche Stadt. Die erste Burgruine auf einem Hügel, die zweite an der Donau. Eine Runde auf dem Keltenweg zum Wachturm. Und ein Nationalparkbesuch mit Tunnel durch den Felsen. Was wünscht man sich mehr von einer Wanderung?

DER WANDERWEG

Wir steigen am Personenbahnhof von **Hainburg an der Donau** aus dem Zug. Vom Bahnsteig aus sehen wir bereits den **Schlossberg** mit der Burgruine über der Stadt aufragen. Über Stufen gehen wir zur Straße hinunter, überqueren diese und betreten gleich gegenüber eine kopfsteingepflasterte Gasse. An ihrem Beginn steht ein Hydrant, bei dem wir unser Trinkwasser auffüllen können. Eine grüne Tafel mit weißem Pfeil weist uns in Richtung Zentrum, und im Voranschreiten sehen wir bereits Teile der alten Stadtmauer. An einer kleinen Kapelle vorbei kommen wir zum Fischertor, wo im Juli 1683 im Zuge des Zweiten Türkenkriegs ein Massaker an der Stadtbevölkerung und tausenden Flüchtlingen begangen wurde – insgesamt wurden damals ca. 8000 Menschen getötet, die durch das Tor in die Donauauen flüchten wollten. Seither trägt das Gässchen, durch das wir gerade gehen, den bildhaften Namen „Blutgasse".

In ihr queren wir die Hauergasse und kommen so zum Hauptplatz Hainburgs. Nach der Stadtpfarrkirche biegen wir rechts ein und marschieren an der 1749 erbauten Mariensäule vorbei durch die stark befahrene Wiener Straße zum Wienertor (siehe Sage, S. 116), in dem sich das Stadtmuseum befindet. Dahinter sehen wir zu unserer Linken zahlreiche Informationstafeln; es werden auch Stadtführungen angeboten – u. a. von einem „Nachtwächter" im historischen Kostüm (siehe „Finstere Gestalten aufstöbern", S. 113). Man kann sich aber auch einen kostenlosen Audioguide aufs Handy herunterladen.

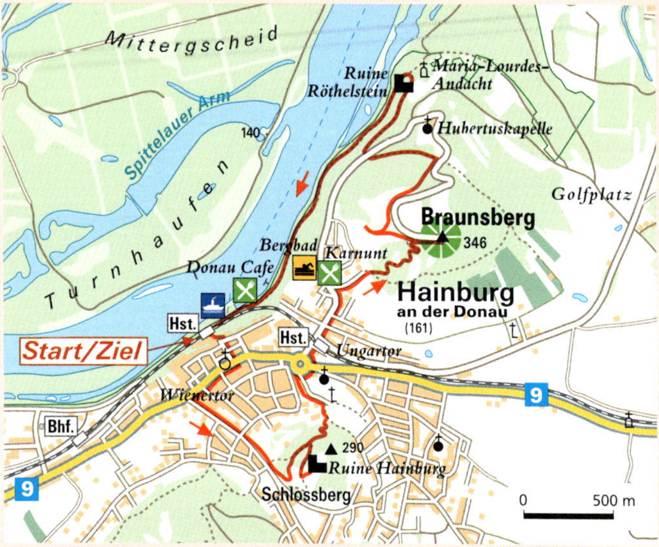

WEGVERLAUF: Rundwanderung. Hainburg an der Donau Personenbahnhof – Burgruine am Schlossberg (1 Std.) – Bahnstation Hainburg an der Donau Ungartor (1 Std.) – Braunsberg (45 Min.) – Eingang Nationalpark Donau-Auen (45 Min.) – Hainburg an der Donau Personenbahnhof (1 ¼ Std.)

GEHZEIT: 4 ¾ Std.

LÄNGE: 9,5 km

SCHWIERIGKEITSGRAD: Wanderung mit einer leichten und einer etwas schwierigeren Steigung – aber beide in Serpentinen angelegt

EINKEHRMÖGLICHKEITEN: Div. Lokale im Zentrum von Hainburg, Karnunt (Mo und Di Ruhetag), Donau Cafe (geöffnet Mitte März bis Ende Okt., kein Ruhetag)

ANFAHRT: Mit der Bahn von Wien Mitte nach Hainburg an der Donau Personenbahnhof. Mit dem Auto zu einem Parkplatz in der Donaulände von Hainburg

TIPP: Macht eine Stadtführung mit dem Nachtwächter oder dem mittelalterlichen Spielmann!

AB: 8 Jahre

SYMBOLE:
= nein
= ganzjährig
= ja

Wir überqueren die folgende Straße auf einem Zebrastreifen und können hier noch ein Denkmal bewundern, das an die 1886 errichtete Kaiser-Franz-Joseph-Wasserleitung erinnert. Nun schwenken wir in die Hummelstraße ein und halten auf den Burghügel zu, den wir deutlich vor uns sehen. Wir gehen weiter bis zur Abzweigung der Schlossbergstraße; links von dieser verläuft unser Wanderweg, auf dem wir nun den asphaltierten Bereich verlassen. Der geschotterte Pfad führt durch Jungwald Richtung Parkplatz; sobald wir aber auf einen querführenden Weg treffen, biegen wir links in diesen ein. Über eine Wiese, auf der man an sonnigen Tagen Eidechsen und vielleicht sogar Schlangen sehen kann, bewegen wir uns auf den Schlossberg hinauf. In einer scharfen Kurve des Aufstiegs können wir uns kurz auf einem Rastplatz erholen und den Ausblick auf die Altstadt und die Donau genießen. Schließlich gelangen wir oberhalb eines Burgtors auf die Auffahrt zur Burg und gehen die letzten Meter zur Ruine der Heimoburg oder Heimenburg hinauf.

Auf dem kostenlos zugänglichen Ruinengelände kann man sich inner- und außerhalb der Burgmauern umsehen, über eine Stiege auf die Mauern hinaufsteigen, auf Rastbänken jausnen und sich dank mehrerer Informationstafeln über die Geschichte dieser im Jahr 1050 erbauten Burg kundig machen. Außerhalb der Burgmauern ist darauf zu achten, dass Kinder nicht unbeaufsichtigt zu nahe an den Rand des Plateaus gehen (1 Std.).

Anschließend gehen wir auf dem Weg, den wir gekommen sind, bis zur Kehre mit dem Rastplatz zurück, halten uns aber nun an das grüne Schild, das uns Richtung „Ungartor" weist, und folgen ihm über einen teilweise mit Stufen versehenen Weg durch ein Waldstück bergab. Am unteren Ende des Abstiegs stoßen wir auf einen Querweg, auf dem wir nach links weiterwandern und der uns über eine Wiese am Friedhof von Hainburg vorbei zum Halterturm führt. Neben diesem höchsten Turm der Stadtbefestigung aus dem 13. Jh. befindet sich der Theodorapalast, ein ehemaliger herrschaftlicher Stadtsitz. Wir marschieren nun auf Asphalt weiter an der Stadtmauer entlang hinunter und erreichen so nach wenigen Minuten das Ungartor. Hier halten wir uns bei einem großen Kreisverkehr gleich rechts, queren die Pressburger Reichsstraße und biegen kurz danach in die Krüklstraße ein, auf der wir leicht bergab gehen und nach ca. 100 m auf ein Bahngleis stoßen. Unmittelbar daneben liegt die Station Hainburg/Donau Ungartor, wo die Möglichkeit besteht, die Wanderung vorzeitig abzubrechen und mit der S-Bahn zurückzufahren (2 Std.).

Nach den Schienen bleiben wir noch ein Stück weiter in der Krüklstraße, die wir erst gegenüber der Hausnummer 20 verlassen. Auf einem Asphaltweg mit ein paar Stufen kommen wir auf einen Parkplatz, den wir überschreiten und dabei auf das Bergbad Hainburg und das gleich daneben befindliche Lokal **Karnunt** zuhalten, wo sich eine erste Einkehr anbietet. Unser Weg setzt sich direkt gegenüber der Gaststätte fort, wo wir ein Straßenschild „Braunsbergsiedlung" und eine Tafel „Fußweg am Braunsberg" sehen; dieser asphaltierten Straße folgen wir bergauf und betreten nach der Siedlung bei einer Wandertafel „Die Aussichtsreichen Drei" wieder einen Waldweg.

Etwa auf halber Höhe des durchaus schweißtreibenden Anstiegs erwartet uns ein Rastplatz mit Aussichtspunkt und Picknicktisch; von hier aus haben wir wieder einen herrlichen Blick auf die Donau und auf Hainburg. Der Weg bringt uns schließlich an den Rand einer Asphaltstraße auf dem 346 m hohen **Braunsberg** und zu etlichen Wegweisern. Auf dem Keltenweg genannten Pfad neben der Straße gehen wir nach rechts über einen Parkplatz zu einer großen Wiese, an deren hinterem Ende sich beim Denkmal für die vertriebenen Karpatendeutschen eine großartige Aussicht auf Bratislava alias Pressburg bietet. Hier oben können wir an Picknicktischen eine wohlverdiente Rast einlegen und eventuell auch Greifvögel beobachten (2 ¾ Std.).

Wir wandern dann auf dem Keltenweg zurück, an unserer Aufstiegsstelle vorbei und am Rand des Plateaus entlang; auch hier sollte man Kinder nicht zu weit vorauslaufen lassen. Auf diesem Gelände stand im 1. Jh. v. Chr. eine keltische Wallburg, die von Archäologen zum Teil rekonstruiert wurde – in Form eines Walls und eines hölzernen Wachturms, auf den wir zusteuern. Leider ist das Betreten des Turms derzeit wegen Einsturzgefahr verboten.

Haben wir seine Überreste besichtigt, so halten wir über die Wiese wieder auf die Braunsbergstraße zu, die wir an einer Stel-

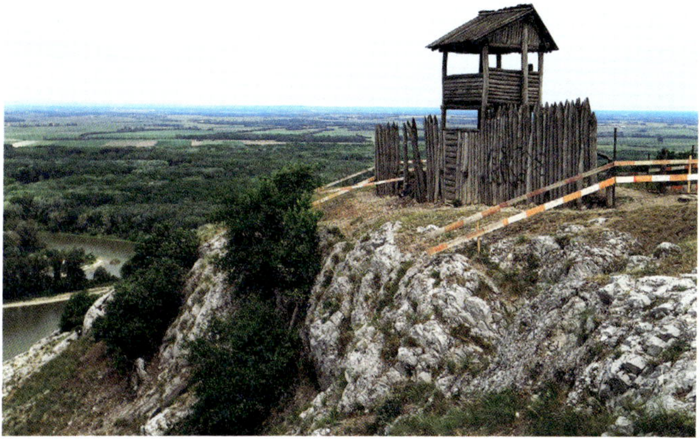

Keltischer Wachturm auf dem Braunsberg

le erreichen, wo Wandertafeln angebracht sind. Wir marschieren auf dem Keltenweg links und knapp neben der Straße durch freies Gelände weiter. In einer Kurve führt dieser Weg von der Fahrbahn weg und durch ein schattiges Waldstück bergab; er ist nach einer weiteren Begegnung mit der Straße auch als „Rundwanderweg Braunsberg" gekennzeichnet. Sind wir vom Wachturm aus einen guten Kilometer abgestiegen, so gelangen wir noch einmal zur Braunsbergstraße, die wir überqueren und direkt vor dem Eingang in den **Nationalpark Donau-Auen** stehen (siehe „Nationalpark und Naturpark", S. 222). Zwei gelbe Wandertafeln weisen uns nach Hainburg und zur Ruine Rötelstein. Wir folgen ihnen und betreten so den Auwald mit seiner charakteristischen Vegetation (3 ½ Std.).

Der breite Waldweg führt uns deutlich bergab, bis wir oberhalb der **Ruine Rötelstein** mehrere Wandertafeln wahrnehmen; die für uns maßgebliche zeigt „Hainburg 40 Min." an. Über einige Steinstufen können wir zu den Mauerresten der Ruine hinaufsteigen, sie betrachten und den Picknicktisch im eingezäunten Bereich benützen. Der Bau wurde um 1170 als Herrensitz eines gewissen Dominus Irnfriedus von Roetilnstein errichtet und war etwa drei

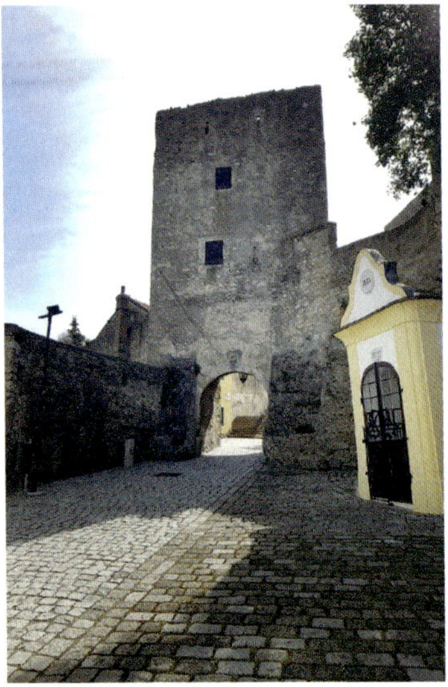

Fischertor und Blutgasse

Jahrhunderte später eine berüchtigte Raubritterburg. Informationstafeln unterrichten über die Geschichte der Burg und darüber, dass die Ruine und ihr Umfeld eine Reptilienschutzzone sind, wo bedrohte Arten wie die Smaragdeidechse, die Würfelnatter und die Äskulapnatter leben (siehe „Donau-Safari", S. 54). Man sollte die Ruine daher nur auf vorgegebenen Pfaden erkunden.

Anschließend gehen wir auf dem zuvor angezeigten, rot markierten Weg an einem Nebenarm der Donau entlang Richtung Hainburg. Auch hier finden sich immer wieder Rastbänke und Jausentische sowie gelegentlich schmale Pfade hinunter zum Wasser, wo Kinder spielen und forschen können. Bald gehen wir nicht mehr am Nebenarm entlang, sondern an der Donau selbst. Kurz vor Erreichen des Stadtgebiets haben wir noch die Möglichkeit, zwei Uferstollen – durch den Fels führende kurze Tunnels – zu durchschreiten. Wir verlassen dann den Nationalpark und kommen zu einer Baumallee, in deren Mitte sich ein Motorikpark und ein Picknickplatz befinden. Mit dem Donau Cafe („am Hainburg Beach") bietet sich außerdem eine letzte Einkehrmöglichkeit auf dieser Route an.

Von hier aus gehen wir rechts am Bahnviadukt entlang – vorbei am mittelalterlichen Wasserturm – auf den Bahnhof zu. Kurz vor diesem unterqueren wir die Bahn zur Donaulände hin und betreten gleich danach den Hainburger Personenbahnhof, von dem aus stündlich ein Zug Richtung Wien abfährt (4 ¾ Std.).

„Finstere Gestalten aufstöbern"

Der Nachtwächter von Hainburg erzählt

Was machen Sie beruflich – und wozu braucht Hainburg einen Nachtwächter?
Ich bin ein Mann vieler Ämter und Zeiten. So versehe ich gelegentlich auch den Dienst des Nachtwachmannes zu Hainburg an der Donau. Der Beruf des Wächters allgemein, wie auch der des Nachtwächters im Speziellen, existiert wohl schon, seit es etwas zu bewachen gibt.

Wozu Hainburg Nachtwächter braucht? Nun, auch in jener Zeit, in der ich als Wächter meinen Dienst versehe, dem modernen und aufgeklärten 19. Jahrhundert, finden sich noch dunkle und gefährliche Winkel im alltäglichen Leben der Bürger einer Stadt. Diese zu erleuchten, das ist meine Aufgabe! So achte ich darauf, dass Tür und Tor verschlossen sind, und stöbere finstere Gestalten auf, die während ihrer Untaten wohl gerne im Verborgenen blieben. Ich schaue, ob es brennt, ob jemand der Hilfe bedarf. Ich lasse, wenn nötig, die Ratsche knattern, um Ratten aufzuscheuchen, und sorge dafür, dass die Zecher in den finsteren Gassen keinen Schabernack treiben. Und ich rufe die Stunde aus. Hier in Hainburg ist es seit dem Jahr 1687 so geregelt, dass ich um sieben Uhr abends die Stunde ausrufe, ab dann aber nur mehr die Glocke rühre. Um meines Seelenfriedens aber singe ich persönlich gerne, während ich meinen Dienst versehe, auch spiele ich bisweilen auf Sackpfeife und Leier. Der Beruf des Nachtwachmannes ist kein Ehrenamt; wir werden aber eher schlecht als recht bezahlt, mit einem Gulden und einem Paar Stiefel. Deshalb gehen viele Nachtwächter auch anderen Tätigkeiten nach, wie zum Beispiel dem Beruf des Totengräbers. Dies aber wird durch die Hinterbliebenen entlohnt und nicht durch die Gemeinde.

Gab es eigentlich auch Nachtwächterinnen?
Gute Frage! O ja, die gab es! Sie haben ihre Kollegen oft vertreten, wenn jene krank oder verwundet waren – und auch dann, wenn die Herren am Haarwurzelkatarrh litten, einer Erkrankung, deren Ursache für gewöhnlich auf dem Boden einer Schnapsflasche zu finden ist. Und manche Dame hat den Beruf dann gleich behalten. Dieser Nächte ist es etwas friedlicher und ruhiger geworden. Das Licht brennt auch ohne uns, die Türen sind verschlossen, die Menschen schlafen ruhig. Und doch finden sich manchmal Neugierige, die die Stadt nach Sonnenuntergang erleben und mich und meine Kollegen auf unseren Rundgängen begleiten wollen. Diese abenteuerlustigen Besucher können einiges lernen, das man sonst wohl eher nicht erfährt – je nach Wunsch und Geschmack kann ein solcher Besuch von erstaunlich bis makaber gestaltet sein, denn all dies begibt sich unter dem Mantel der Dunkelheit.

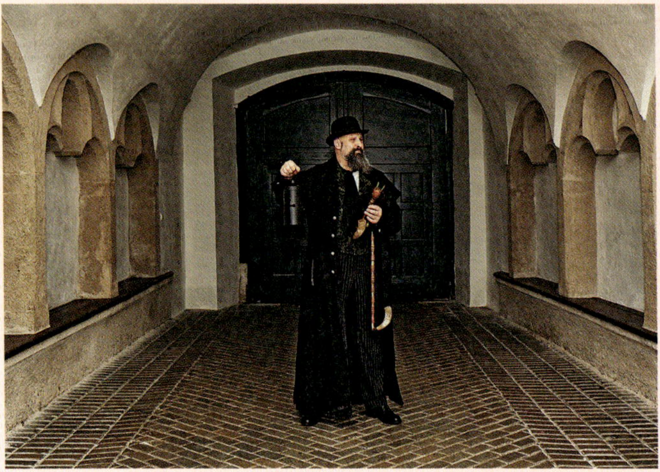

Foto: Stefan Gaiswinkler

Der Nachtwächter in seinem Element

Was können Sie uns über Ihre Stadt allgemein erzählen?
Meine Stadt, Hainburg an der Donau, hat ihre Blüte im Mittelalter erfahren. Sie war seit ihrer erstmaligen Erwähnung im Jahre 1042 ein Fels in der Brandung der Zeit, die letzte Wegstation von West nach Ost und umgekehrt. Hainburg ist ein Schnittpunkt wichtiger Wege und Routen, wie etwa der Salzhandelsstraße, der Bernsteinstraße und des Jakobsweges. Ihre Mauern, heute noch größtenteils intakt zu bewundern, sowie die Reste der Burg auf dem Schlossberg zeugen davon. Große Herrschergeschlechter und Potentaten wie die Babenberger und auch das Haus Habsburg walteten hier. So mancher Angreifer gab angesichts der starken Befestigung entmutigt seine Eroberungspläne auf! Tatsächlich ist eines der am besten erhaltenen und monumentalsten mittelalterlichen Stadttore Europas in Hainburg zu finden: das Wienertor, ein Wahrzeichen der Stadt. Verbindungen historischer Tragweite kamen hier zustande, wie zum Beispiel die Hochzeit zwischen Margarethe von Babenberg und Ottokar Přemysl im Jahr 1252. Ansehen und Reichtum Hainburgs waren mit dem Geschick der Herrscher, aber auch mit dem Klang der Münze verbunden. Auf dem großen Markt wurde beträchtlicher Umsatz erzeugt.

Man hört, Hainburg sei im 17. Jahrhundert zerstört worden?
Ja, unsere schöne Stadt blieb vom Unheil nicht verschont: Pest und Krieg überzogen auch Hainburg. Besonders zu erwähnen wäre hier

die Eroberung der Stadt durch die Vorhut des osmanischen Heeres im Jahr 1683. Nach erbitterten Kämpfen fiel die Stadt, deren Mauern und Verteidigung eher für mittelalterliche und renaissancezeitliche Kriege gebaut worden waren. Die Folge dieser Eroberung war ein entsetzliches Massaker, dessen Brennpunkt sich ausgerechnet an einem der stimmungsvollsten Orte der Stadt befand. Heute ist Hainburg unverkennbar ein Kind seiner eigenen Geschichte: eine Grenzstadt mit vielen kulturellen Einflüssen, eingebettet in eine wunderschöne Gegend, welche die Einfassung des Nationalparks Donau-Auen darstellt, umrahmt von Hausbergen. Ein beliebtes Ziel oder auch eine Station für Wanderer, Radfahrer, Pilger – und für Wissbegierige!

Wie kann man Sie kontaktieren?
Wer uns besuchen möchte, um die Stadt bei Tag oder Nacht kennenzulernen, der wende sich an: Gästeinformationsbüro Hainburg an der Donau, Ungarstraße 3, 2410 Hainburg an der Donau, Tel. 02165 621 11-400, www.hainburg-donau.gv.at.

In Begleitung unserer ortskundigen Damen und Herren gibt es viel zu sehen. Ich versehe meinen Dienst in zwei verschiedenen Zeitaltern: als Spielmann zwischen dem Ende des 15. und dem Anfang des 16. Jahrhunderts sowie als Nachtwächter und Totengräber im 19. Jahrhundert. In jedem Falle freue ich mich auf Besuch.

Und nun, die Pflicht ruft, gehabt Euch wohl!

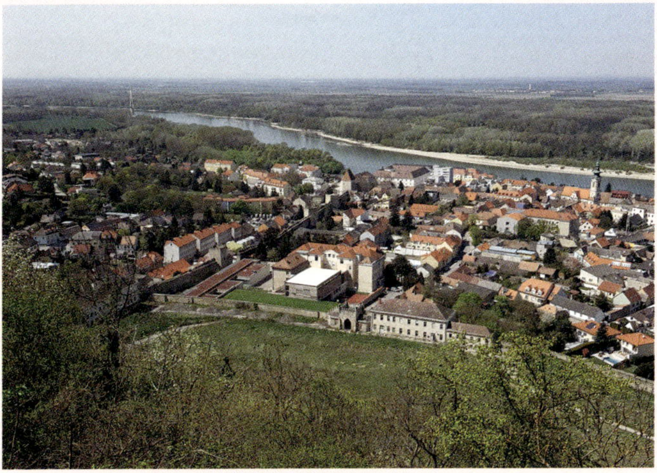

Blick vom Schlossberg auf Hainburg mit Stadtmauer

Die goldenen Brotbrösel

Wie ihr ja mittlerweile schon wisst, war Hainburg einst von einer Stadtmauer umgeben, die vor unliebsamen Eindringlingen und Angreifern schützen sollte. Reisende, die in die Stadt wollten, konnten diese nur durch das bewachte Wienertor betreten.

Eines Tages, es war Winter und bitterkalt, erschien eine kleine, in Lumpen gehüllte Gestalt vor dem Tor und schlug ihr Lager auf. Um sich vor der grimmigen Kälte zu schützen, machte sie ein Feuer und wärmte sich daran. Die Einwohner Hainburgs hielten das seltsame Männlein für einen Bettler und beobachteten es mit großem Interesse. Einige fürchteten sich und machten einen großen Bogen um den Neuankömmling. Andere waren mutiger und hatten Mitleid. Sie schenkten dem Männchen ein paar Kreuzer, Kleidung oder etwas zu essen. Doch das war es nicht, was dieses seltsame Wesen begehrte. Verzweifelt zeigte es auf sein Feuer – doch da es nicht sprechen konnte, verstand niemand, was es wollte.

Reisende und Wandersleute kamen und gingen, aber niemand konnte helfen. Je mehr Wochen vergingen, desto trübsinniger wurde das Männlein. Es hatte schon beinahe alle Hoffnung aufgegeben, als eines Tages ein Bettler durch das Wienertor wollte. Er war auf der Suche nach warmer Kleidung und etwas Nahrung. Als er das dürre Männlein erblickte, hatte er Mitleid, wusste aber nicht, wie er ihm helfen sollte, da er selbst nichts besaß. Also leerte er seine Taschen und brachte eine Handvoll Brotbrösel zum Vorschein. Die Augen der zerlumpten Gestalt wurden größer, und voller Freude bedeutete es dem Bettler, er solle die Brösel ins Feuer werfen. Der Bettler tat wie ihm geheißen. Es gab eine kräftige Stichflamme, ein gewaltiges Zischen – und das Männlein löste sich in Luft auf. Verwundert setzte sich der Bettler ans Feuer, um seine durchgefrorenen Glieder zu wärmen. Als das Feuer niedergebrannt war, sah er, dass aus den Brotbröseln wundervoll glänzende Goldklumpen geworden waren. Von da an führte der Bettler ein sorgenfreies Leben. Zu gern hätte er sich bei der seltsamen Gestalt bedankt, doch die tauchte nie wieder auf.

Was meinst du? Wohin kann sie verschwunden sein?

13 Jause in der Klause

Durch die „inszenierte Landschaft" rund um Mödling

Im Naturpark Föhrenberge steigen wir aus der Mödlinger Altstadt über den Felsenweg auf den Kalenderberg hinauf, sehen uns die romantischen Ruinenbauwerke des Fürsten Liechtenstein an und entdecken zum Schluss einen steinernen Teufelskopf.

DER WANDERWEG

Wir gehen am Bahnhofplatz von Mödling schräg links durch die kleine Grünanlage und schwenken dann in die Bahngasse ein, die uns am regulierten Bett des Mödlingbachs entlangführt. Nach Überquerung der Demelgasse setzt sich die Route als Toni-Berg-Promenade und weiter in der Achsenaugasse fort. Wenn wir die Badstraße erreichen, gehen wir rechts weiter und biegen bei der nächsten Kreuzung links in die Hauptstraße ein.

So gelangen wir zum Freiheitsplatz, auf dem die Dreifaltigkeitssäule aus dem Jahr 1714 an die Opfer der Pest erinnert. Gleich dahinter sehen wir am Haus der Apotheke eine besonders schöne Sonnenuhr. Durch die kurze Herzoggasse erreichen wir den Schrannenplatz, behalten unsere Gehrichtung bei und gehen durch die Pfarrgasse weiter zur Wehr- und Fluchtkirche Sankt Othmar hinauf. Hier beginnt die Wanderung für jene, die mit dem Auto angereist sind (und einen Parkplatz gefunden haben).

Wir gehen zwischen der Pfarrkirche und dem romanischen Karner – einem Beinhaus, das wahrscheinlich aus dem 12. Jh. stammt – über den Kirchenvorplatz und kommen zu einer Steintreppe, wo uns eine rote Markierung mit „41" auffällt. Sind wir über die Stufen hinaufgestiegen, so befinden wir uns auf dem Anton-Wildgans-Weg, den wir ein paar Meter weitergehen, bis uns Holztafeln die Richtung zum Mödlinger Kobenzl angeben. Hier marschieren wir aufwärts; wenn sich beim Stufenaufgang die Wege trennen,

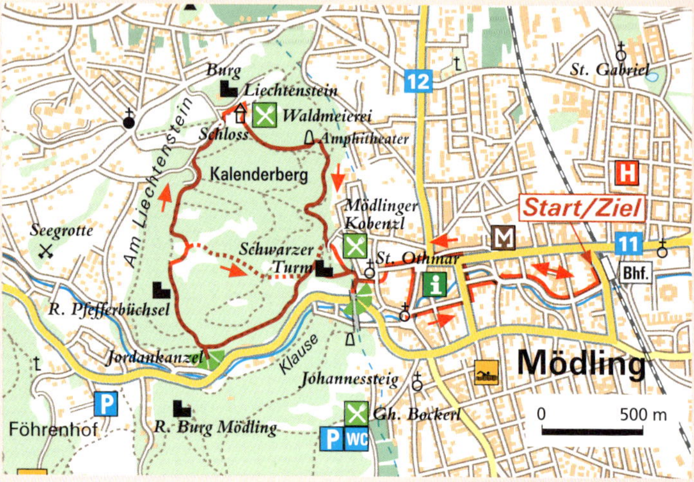

halten wir uns auf unbefestigtem Boden geradeaus, kommen an der unscheinbaren Templerhöhle vorbei und nach wenigen Metern schließlich zu einem durch Geländer gesicherten Aussichtspunkt, von dem aus wir einen schönen Blick auf das Aquädukt der **I. Wiener Hochquellenwasserleitung** haben (siehe „Am Wege", S. 247).

Danach gehen wir wieder zurück und nehmen den Stufenaufgang Richtung Mödlinger Kobenzl. Nach dem ersten Stiegenabsatz führt links ein schmaler Waldweg weg, auf dem wir in Serpentinen und gelegentlich über ein paar Stufen bergauf zu einer Rastbank schreiten. Da diese Stelle nicht befestigt ist, Kinder auf keinen Fall zu weit vorauslaufen lassen! Über weitere Stufen geht es auf einem schmalen, steinigen und wurzelbedeckten Waldweg und unter Schirmföhren weiter hinauf. Wir halten nun auf einem von mehreren Pfaden auf eine kleine Ruine über uns zu. Es handelt sich eigentlich nur mehr um eine Mauer mit zwei Fensteröffnungen, durch die man auf Mödling hinunterblicken kann. Danach bewegen wir uns in Richtung des hier schon deutlich erkennbaren **Schwarzen Turms** weiter, dessen Vorplatz wir nach einem steini-

WEGVERLAUF: Rundwanderung. Bahnhof Mödling – Schwarzer Turm (45 Min.) – Jordankanzel (30 Min.) – Gustav-Wendelberger-Rast (30 Min.) – Schloss Liechtenstein (30 Min.) – Mödlinger Kobenzl (45 Min.) – Bahnhof Mödling (1 Std.)

GEHZEIT: 4 Std., Variante 3 ¼ Std.

LÄNGE: 8 km, Variante 6,5 km

SCHWIERIGKEITSGRAD: einfache Wanderung mit leicht bewältigbaren Auf- und Abstiegen

EINKEHRMÖGLICHKEITEN: Waldmeierei (Mo–Do Ruhetag), Mödlinger Kobenzl (Mo und Di Ruhetag), mehrere Lokale im Stadtzentrum von Mödling

ANFAHRT: Mit der Bahn von Wien Hauptbahnhof nach Mödling Bahnhof; mit dem Auto zur Kreuzung Pfarrgasse/Kirchengasse in Mödling

HINWEIS: Kleine Kinder nicht unbeaufsichtigt und zu weit vorauslaufen lassen – Absturzgefahr!

TIPP: Schaut genau – an warmen Tagen könnt ihr an den Felswänden nach dem Schwarzen Turm Zauneidechsen sehen!

AB: 4 Jahre

SYMBOLE:
Kinderwagen = nein
Sonne = ganzjährig
Wegweiser = ja

gen Abgang erreichen. Bei diesem Turm handelt es sich um eine der künstlichen Ruinen, die Fürst Johann Joseph I. von Liechtenstein zur Zeit der Romantik in der Gegend um Mödling, aber auch in anderen Wienerwaldgebieten errichten ließ (siehe „Am Wege", S. 220). Heute ist der Schwarze Turm privat bewohnt und daher für die Öffentlichkeit nicht zugänglich (45 Min.).

Von hier aus folgen wir einer grünen Markierung über wurzeligen Boden wieder bergan und beschreiten so bald den sehr romantisch angelegten Felsenweg, der am Abhang zur Klause – so heißt das Tal, durch das der Mödlingbach unter uns fließt – verläuft und zum Teil in Stufen ausgeführt sowie mit Geländer gesichert ist. Von einem weiteren Aussichtspunkt können wir nicht nur in die Klause, auf die gegenüberliegenden Felswände und die Stadt Mödling blicken, sondern auch rechts oberhalb auf den Husarentempel, der auf einem Nebengipfel des Kleinen Anningers errichtet wurde.

Nach den Ausläufern einer Wiese setzt sich der Weg – weiterhin grün markiert – nunmehr als Gamseckersteig fort, immer wieder kurz bergauf und bergab, aber insgesamt doch annähernd niveaugleich. An einer Stelle, wo auf einem Felsbrocken rechts von uns die grünen Marken auffällig sichtbar sind, führt links ein schmaler, ebenfalls grün markierter Pfad bergab, über den wir zur **Jordankanzel** hinuntersteigen und diese nach ca. 100 m erreichen. Auf diesem schön gestalteten Aussichtspunkt können wir uns zur Jause auf einer Bank niederlassen und mit etwas Glück Bergsteiger beobachten, die den sogenannten Efeugrat auf der anderen Talseite erklettern (1 ¼ Std.).

Wir wandern danach zum Hauptweg zurück, nehmen aber kurz davor bei einer Wegteilung den linken Ast und bleiben auf Grün, bis wir an einem Baum vor uns eine Wandertafel (rot-weiß-rot, Pfeil mit „48") erblicken. Dieser folgen wir und beschreiten nunmehr einen steileren, wurzelbedeckten Pfad, der rechts bergan führt. Bald sehen wir auch unsere grüne Markierung wieder. Der Aufstieg führt uns zum **Pfefferbüchsel,** ebenfalls einem Liechtenstein-Bauwerk, nämlich der Johannes- oder Pilgerkapelle, die im Zuge der Revolution im Jahr 1848 zerstört wurde. Hier oben können wir auf einer der Bänke wieder eine kurze Rast einlegen.

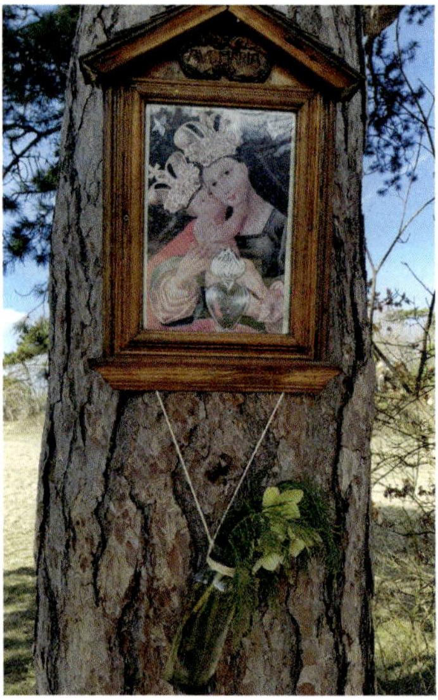
Bei der Wendelberger-Rast

Wir gehen an der Ruine vorbei und sehen bald rechts von uns die Kirchbergwiese – eine Lagerwiese mit Picknicktischen, Möglichkeiten zum Ballspielen und ähnlichen Aktivitäten. Auf einem gespurten Weg spazieren wir bis zu einer kleinen Baumgruppe, die laut einem Informationsschild die offizielle Bezeichnung Gustav-Wendelberger-Rast trägt (1 ¾ Std.).

Variante: Wollen wir die kürzere Version dieser Wanderung gehen, so wenden wir

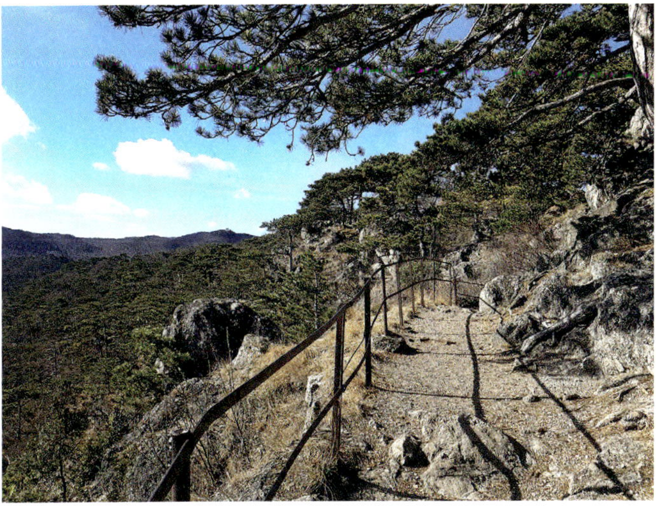

Felsenweg oberhalb der Klause

uns hier nach rechts hinunter. Über die Wiese geht es in den Wald hinein, in dem ein Weg leicht bergab führt. Wir halten uns an den deutlich erkennbaren Hauptweg und ignorieren sämtliche Abzweigungen. Einmal kreuzen wir einen weiteren Wanderweg, gehen aber danach geradeaus weiter und kommen so zu einer Lagerwiese. Nach ihr setzt sich die Route oberhalb des zuvor beschrittenen Felsenwegs fort; wir halten auf den deutlich sichtbaren Schwarzen Turm zu. Vom Autoparkplatz vor dem Gebäude geht es ein paar Meter etwas abschüssig hinunter, danach biegen wir gleich links ein und gelangen so über einen Wald-und-Stufen-Pfad hinunter zum Mödlinger Kobenzl, wo wir wieder auf die längere Version der Route treffen. Diese Variante verkürzt die Wanderung um ca. eineinhalb Kilometer bzw. 45 Min.

Für die längere Route gehen wir hinter der Wendelberger-Rast über die Wiese hinauf und tendieren nach links, bis wir wieder den breiten Pfefferbüchselweg erreichen, in den wir rechts einbiegen und nach ein paar Metern den Gipfel des 352 m hohen Kalenderbergs überschreiten. In einer Rechtskurve des geschotterten Wegs zweigt links ein schmaler Waldweg ab, den wir abwärts beschreiten, um nach ein paar Minuten in einer weiteren Kurve noch einmal auf den Pfefferbüchselweg zu treffen. Auch an dieser Stelle schneiden wir ab und gehen geradeaus weiter auf der Fortsetzung des Pfades bergab, bis wir zu einer größeren Wegkreuzung kommen. Hier sehen wir wieder mehrere Wandertafeln, von denen eine nach links zur **Seegrotte Hinterbrühl** weist.

Wir halten uns aber an die Tafel, die den Weg zu „Burg und Schloss Liechtenstein" markiert, und marschieren geradeaus auf dem Schlossweg weiter. Nach einem Schranken gehen wir über eine Wiese hinunter; rechts von uns sehen wir das **Schloss Liechtenstein,** das heute eine Seniorenresidenz ist. Wir queren die Elfriede-Ott-Promenade und halten auf die **Burg Liechtenstein** zu. Dieser Stammsitz der Fürsten von Liechtenstein wurde im 12. Jh. erbaut, mehrmals zerstört und erst im 19. Jh. wiederhergestellt. Man kann ihn von März bis kurz vor Weihnachten besichtigen. Von der Burg gehen wir zum Schloss hinunter, wo uns mit der **Waldmeierei** eine Einkehrmöglichkeit erwartet (2 ¼ Std.).

Nun wenden wir uns auf der Elfriede-Ott-Promenade zurück, gehen links zur Einfahrt der Seniorenresidenz hinauf und bleiben noch kurz auf Asphalt, bis wir links auf einen unscheinbaren Waldweg abzweigen. Auf ihm gehen wir ca. 100 m bergan, um wieder zum breiten Amphitheaterweg zu gelangen, in den wir links einschwenken. Er bringt uns zum **Amphitheater,** einem weiteren künstlichen Ruinenbau des Fürsten Liechtenstein. Haben wir uns dort umgesehen, so betreten wir über einen schmalen Pfad gegenüber dem Bauwerk wieder den Wald und wandern sanft bergan. Wenn wir auf einen weiteren Weg stoßen, biegen wir in diesen links ein; bei der folgenden Kreuzung bleiben wir in Gehrichtung. Nach einem bergab führenden Wegstück kommen wir zu einer größeren Kreuzung mit einer Parkbank, wo wir einen Blick in die Graml-Toni-Höhle werfen können.

Hier folgen wir der Wandertafel „Kobenzl – Mödling – St.-Othmar-Rundweg 1 & 2", halten uns bei der nächsten Kreuzung rechts und kommen über einen Weg mit roter Markierung und der Beschriftung „Sternwanderweg 41" zu einer Asphaltstraße, wo es

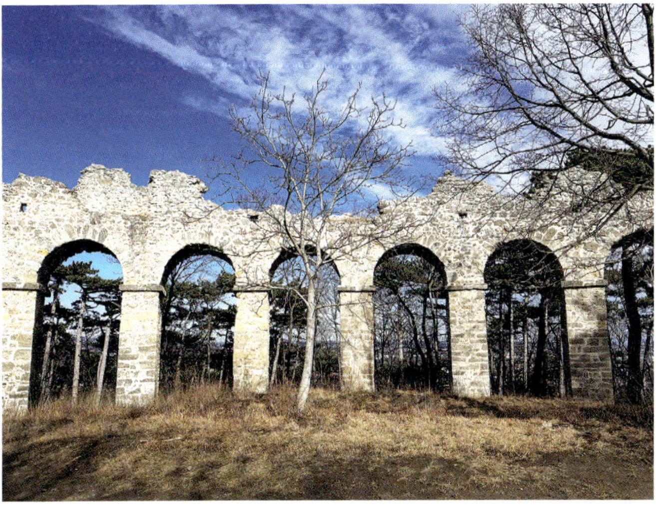

Das Amphitheater – eine künstliche Ruine

hinauf zum Mödlinger Kobenzl – einer weiteren Einkehrmöglichkeit – geht. Hier endet auch die oben angeführte *Variante* (3 Std.).

Unsere weitere Route führt an einem Spielplatz neben dem Lokal vorbei, bis wir zum Stufenabgang kommen, der uns wieder zum Anton-Wildgans-Weg und zur Kirche Sankt Othmar bringt. Von hier aus spazieren wir zum Schrannenplatz hinunter und biegen dort rechts in die Kaiserin-Elisabeth-Straße ein, in der zahlreiche Lokale zur Auswahl stehen. Am Ende der Straße befindet sich der Europaplatz, an dem die **Spitalkirche** aus dem 15. Jh. steht. Wenn wir um sie herumgehen, können wir an der Südseite des Gebäudes, auf dem Platz mit dem Pfarrheim, einen Teufelskopf unter einem Dachfirst hervorlugen sehen, zu dem es eine spannende Sage gibt (siehe S. 124).

Wir gehen dann ein paar Schritte zurück und gelangen über die Babenbergerstraße schließlich wieder zur Badgasse, in der wir links zur Achsenaugasse vorgehen und durch sie am Bach entlang zum Bahnhof zurückmarschieren (4 Std.).

Der Teufelskopf

Wer sich die Spitalkirche in Mödling ganz genau anschaut, wird einen Teufelskopf entdecken, der an der Südseite des Gebäudes vom Sims unter dem Dach hinunterblickt. Der Sage nach wollte sich der Teufel hier in einer Nische einnisten. Dabei schwor er sich, niemals ins Kircheninnere zu blicken. Eines Tages war der Gesang des Kirchenchors jedoch so schön, dass das Teufelchen nicht anders konnte. Es musste sehen, woher diese wunderbaren Klänge kamen. Neugierig steckte der Teufel seinen mächtigen Schädel durch eine Mauerluke, um einen Blick zu erhaschen. In dem Moment erhob jedoch der Priester die strahlende Monstranz (ein meist prächtig verziertes, goldenes Gefäß), ein Glöckchen läutete zum Gebet und Weihrauch erfüllte die Kirche. Das war dem Teufel zu viel – er fühlte sich machtlos und ergriff panisch die Flucht. Doch zu spät. Schon erstarrte er zu Stein und verwuchs mit dem umliegenden Mauerwerk. Den Stein, den er zum Nestbau in Händen hielt, ließ er fallen. Er lag lange Zeit in der Brühler Straße.

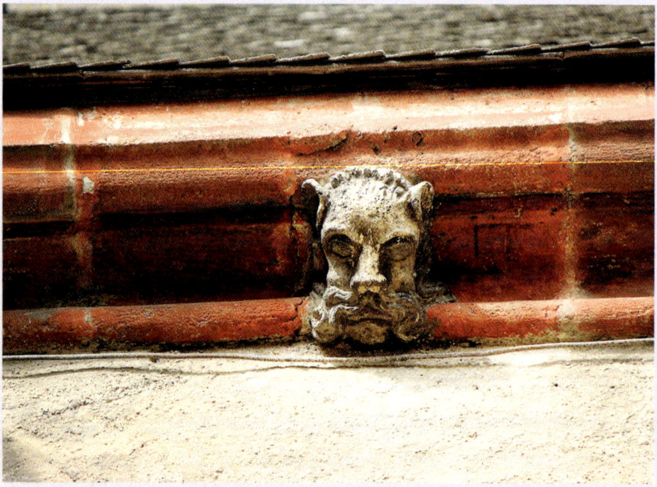

Der Teufelskopf an der Spitalkirche

14 Blick auf Wien

Ein Rundgang auf dem Bisamberg

Unser Weg auf das beliebte Ausflugsziel der Wiener führt uns zuerst zu einer der Lourdesgrotten des Wienerwalds und dann durch dichten Wald zu einer sagenumwobenen Bildereiche, bevor wir nach der Elisabethhöhe wieder bergab gehen.

DER WANDERWEG

Wir steigen in der Marktgemeinde **Bisamberg** bei der Station Ortsmitte aus und gehen in Fahrtrichtung des Busses ein Stück auf der Hauptstraße weiter, bis wir nach dem Lokal „Himmelblau" rechts in den Lerchsteig einbiegen. Bei einem Hydranten können wir unsere Wasserflaschen auffüllen. Wir entfernen uns auf dem schmalen Asphaltweg von der Hauptstraße, überqueren eine Kreuzung und gehen in der Berggasse zwischen Wohnhäusern weiter bergauf, wobei wir beim Haus Nr. 7 auf einen Fußgängerweg wechseln, der geradeaus weiterführt. Kurz nach einem Schubert-Denkmal zur Rechten stoßen wir wieder auf die Straße sowie auf weitere Wander- und Informationstafeln; auch einen QR-Code kann man auslesen, der zu einer „Bisamberger Spurensuche" über die Entstehung der Gesteinsschichten dieses Berges einlädt.

Wir folgen einem Schild, das auf die **Lourdesgrotte** hinweist, und gehen rechts in einem Bogen den Hang hinauf, zuerst an einem Kriegerdenkmal vorbei und dann zu der ruhigen, beschaulichen Andachtsstätte mit ihrer Marienstatue und den Sitzbänken, auf denen Besucher zum Gebet oder zum Nachdenken Platz nehmen können. Lourdesgrotten entstanden überall in Europa und sogar in manchen Überseestaaten, nachdem es im Jahr 1858 bei einer Grotte in der französischen Stadt Lourdes zu einer Reihe von Erscheinungen der Muttergottes gekommen war. Seither hat sich Lourdes zu einem der meistbesuchten Wallfahrtsorte der Welt entwickelt, an dem es auch immer wieder zu Wunderheilungen kommen soll.

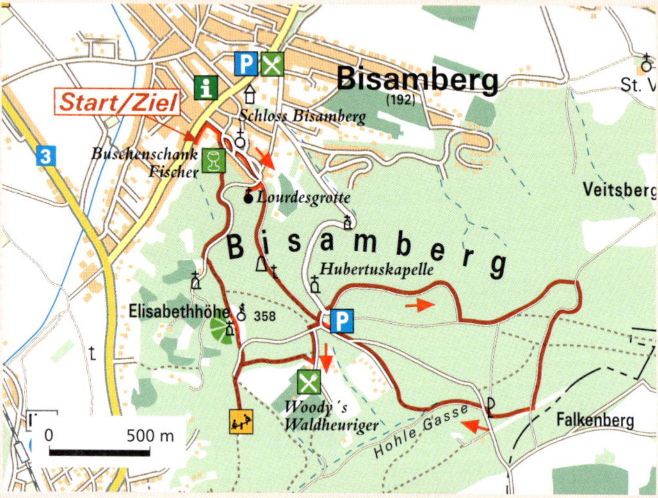

Damit sich weniger Wohlhabende die Reise nach Südfrankreich ersparen konnten, richtete man solche Grotten auch andernorts ein. Die der Ortschaft Bisamberg entstand in den Jahren 1933 bis 1935 – und auch hier findet der Besucher zahlreiche Tafeln, in denen der Jungfrau Maria für die Heilung von Krankheiten gedankt wird.

Wir gehen dann wieder zur Straßenkreuzung hinunter, biegen rechts ab und gehen an einem Privathaus vorbei bergauf Richtung Wald und an einem Überlaufbecken entlang. Wo danach die Anton-Zickl-Gasse geradeaus weitergeht, nehmen wir den rechts abzweigenden Wanderweg, der uns schon bald nach dem Asphalt auf Waldboden treten lässt. Bei einer Wegteilung entscheiden wir uns für den rechten Ast und ersteigen auf den Windungen des stark eingeschnittenen Traktorwegs den Bisamberg, bis wir die Kreuzung mehrerer Wanderrouten erreichen und vor Informationstafeln zum Erholungsgebiet Bisamberg stehen. Der 358 m hohe Bisamberg, ein höchst beliebtes Ausflugsziel der Wiener, ist der nördlichste Ausläufer der Alpen und gehört geologisch gesehen noch zum Wienerwald,

WEGVERLAUF: Rundwanderung. Busstation Bisamberg Ortsmitte – Gamshöhe (1 Std.) – Bildereiche am Bisamberg (1 ¼ Std.) – Woody's Waldheuriger (45 Min.) – Elisabethhöhe (30 Min.) – Buschenschank Fischer (30 Min.) – Busstation Bisamberg Ortsmitte (15 Min.)

GEHZEIT: 4 ¼ Std.

LÄNGE: 8,4 km

SCHWIERIGKEITSGRAD: Am Beginn der Wanderung kommt es zu einem Aufstieg von etwa 170 Höhenmetern, am Ende zu einem entsprechenden Abstieg.

EINKEHRMÖGLICHKEITEN: Woody's Waldheuriger (Mo–Mi Ruhetag), Buschenschank Fischer (kein Ruhetag; die Aussteckzeiten finden Sie auf der Website buschenschank-fischer.at), div. Lokale und Heurige in der Ortschaft Bisamberg

ANFAHRT: Mit dem Bus 850 von Wien-Floridsdorf nach Bisamberg Ortsmitte. Mit dem Auto bis zu einem Parkplatz in der Nähe von Bisamberg Hauptstraße/Schulgasse

TIPP: Gönnt euch bei Woody's Waldheurigem ein üppig belegtes XL-Brot!

AB: 7 Jahre

SYMBOLE:

Kinderwagen = nein

Sonne = ganzjährig

Rastplatz = nein

wurde jedoch im Lauf der Erdgeschichte durch die Donau von diesem getrennt. Gemeinsam mit dem am anderen Flussufer gelegenen Leopoldsberg und der Donau bildet er die Wiener Pforte (1 Std.).

Vor dem Gebäude eines ehemaligen Ausflugsgasthauses wenden wir uns nach links, halten auf einen Parkplatz zu und gehen an dessen linken Rand zur Einmündung eines bergseitig wegführenden Wegs. Auf diesem breiten, schattigen Waldweg (auch als „Raiffeisen-Runde" bezeichnet) wandern wir annähernd niveaugleich weiter. Kurz nach einer Wegteilung, bei der wir geradeaus weitergehen, kommen wir zu einem Querweg, in den wir links einbiegen und leicht bergab marschieren. Dieser Waldpfad ist rot-weiß-rot markiert und führt uns zu einer Kreuzung mehrerer Wege, wo wir eine Tafel mit der Aufschrift „Weinort Bisamberg" sehen. Rechts von der Tafel gehen wir auf dem rot markierten Weg weiter. Wir stoßen aber bald auf einen weiteren Weg, in den wir rechts einbiegen und einer rot-weiß-grünen Markierung folgend leicht bergan gehen.

Rechts weist uns ein Schild mit einer roten Markierung auf den Magdalenenhof hin. Wir kreuzen zwei querführende Wege und wandern geradeaus weiter, bis wir zu einer größeren Kreuzung kommen, wo von schräg links ein Wanderpfad heraufkommt. Hier biegen wir in den schräg rechts wegführenden, unmarkierten Weg ein, der durch dichteren Wald führt. Nach wenigen Schritten schlagen wir rechts einen schmaleren Pfad durchs Gesträuch ein, der uns nach ca. 150 m zu einer Unterstandshütte mit Picknick- und Rastbänken und der **Bildereiche** bringt, wo wir jausnen können. Auf Informationstafeln lesen wir einiges über Geschichte und Geschichten dieses Platzes nach (siehe Sage, S. 131). Die Bildereiche, an der zahlreiche Heiligenbilder angebracht waren, war mehr als 100 Jahre lang eine Stätte der religiösen Andacht und Danksagung. 2008 wurde statt des alten Baums eine neue Eiche gepflanzt, die die Tradition der Waldandachten aufrechterhalten soll (2 ¼ Std.).

Wir gehen am Unterstand vorbei, auf ein großes Schild „Willkommen – Weinort Langenzersdorf" zu, und auf einem Waldweg – wieder mit rot-gelb-grüner Markierung – weiter. Dieser von vielen Sitzbänken gesäumte Weg führt deutlich bergab. Nach ca. 200 m führt rechts ein schmaler Pfad weg, in den wir einbiegen und durch relativ dichten Bewuchs wieder aufwärts wandern. Er bringt uns zu einer Schotterstraße namens Untere Innerthalen; am Beginn dieser Straße gehen wir ein Stück links hinunter und sehen eine Informationstafel über ein Wildbienenbiotop. In der eingezäunten Pflegefläche befinden sich im Sommer Ziegen und Schafe, die sich auch gern streicheln lassen.

Die Straße führt uns dann an Privatgrundstücken vorbei weiter bergan und mündet in den Kreuzungspunkt Gamshöhe, wo wir vor einiger Zeit schon gewesen sind. Wir biegen hier links ein und wenden uns dann gleich wieder nach links, wo wir durch die Straße namens Gamshöhe wenig später die Lokalität **Woody's Waldheuriger** erreichen, um uns dort im gemütlichen Schanigarten mit außergewöhnlichen Broten, Getränken u. a. verköstigen zu lassen (3 Std.).

Nach getaner Labung verlassen wir das Lokal und wenden uns davor nach links, um in der Zufahrt „Nur für Anrainer"

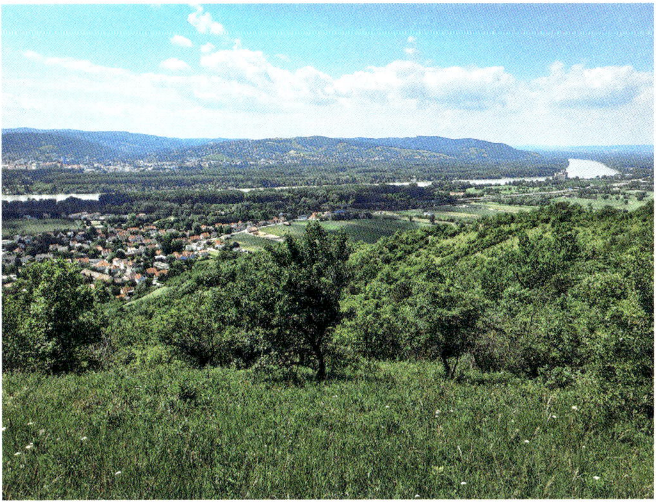

Blick aufs Donautal und nach Klosterneuburg

einen zuerst geschotterten und dann über eine Wiese führenden Weg leicht bergan zu marschieren. Links von uns können wir weit über Wien und das Kahlengebirge blicken. Wir wechseln dann nach rechts auf einen Weg innerhalb des Waldes, der uns zum Nordwienersteig bringt. Nach links geht es hier zum Waldspielplatz, den wir nach ca. 200 m erreichen. Der Spielplatz liegt nicht im Wald, sondern auf einer sonnigen Lichtung, und bietet neben Spielgeräten wie Schaukeln und einer Rutsche auch ein Motorikgelände. Hier finden wir außerdem Picknickbänke, von denen wir die Aussicht auf die Donau und Klosterneuburg mit seinem Stift genießen.

Wir kehren dann zur vorigen Wegkreuzung zurück und wandern geradeaus weiter, um nach einem kurzen Steigungsstück auf die **Elisabethhöhe** mit ihren vielen Rast-, Liege- und Picknickbänken, einem Spielplatz sowie Informationstafeln über Flora und Fauna des Bisambergs zu gelangen (3 ½ Std.).

Wir flanieren ein wenig über die Wiese und machen hier eventuell Rast. Dann gehen wir zum schmalen Pfad am unteren Wiesenrand hinunter, der uns zur sehenswerten Elisabethsäule

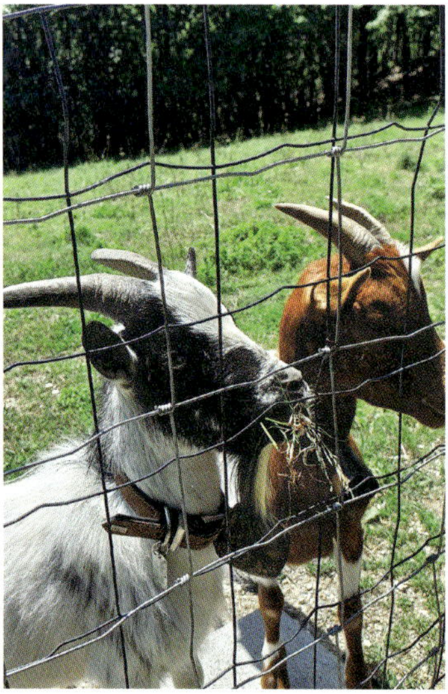

Ziegen im Wildbienenbiotop

bringt. Dieses Denkmal wurde zur Erinnerung an die 1898 ermordete Kaiserin Elisabeth von Österreich („Sisi") errichtet – obwohl gar nicht sicher ist, ob sich die Geehrte je auf dem Bisamberg aufgehalten hat. Wir bleiben auf diesem Weg, der uns nun markant bergab führt und geschottert ist. Bei einer Wegkreuzung sehen wir links ein Wanderschild „Jungfern"; an dieser Stelle wenden wir uns scharf nach rechts und nehmen einen weiteren bergab führenden Weg, der etwas breiter ist als der vorige. Er bringt uns zu einer geschotterten Waldstraße, in die wir rechts einbiegen. In einer scharfen Rechtskurve dieser Straße führt unsere Route als schmaler Pfad links weg und weiterhin deutlich bergab. Wir kommen schließlich in der Anton-Zickl-Gasse der Gemeinde Bisamberg heraus, wo wir gleich rechts in der **Buschenschank Fischer** einkehren können, falls dort gerade ausg'steckt ist (4 Std.).

Von hier aus gehen wir die Gasse ein Stück bergab und wenden uns an der Kreuzung nach links in den Lerchsteig, der uns zur Hauptstraße bringt. In ihr wechseln wir die Straßenseite und marschieren die letzten paar Meter zur Station Bisamberg Ortsmitte, um den Bus Richtung Floridsdorf zu nehmen. Eventuelle Wartezeiten kann man sich in einer der Gaststätten von Bisamberg verkürzen (4 ¼ Std).

Die Teufelseiche am Bisamberg

Am Fuße des Bisambergs lebte einst ein Knecht, der stark und fleißig war und gut mit Pflug und Sense umgehen konnte. Er arbeitete für einen Bauern, der ein ziemlicher Geizkragen war und nicht wusste, was für ein Glück er mit seinem tüchtigen und braven Arbeiter hatte. Ganz im Gegenteil: Als der Knecht den Bauern eines Tages um die Hand seiner Tochter bat, lehnte dieser empört ab. Er wollte keinen armen Schlucker für sein Kind, sondern einen wohlhabenden Ehemann. Und obwohl der Knecht versprach, noch tüchtiger zu arbeiten, blieb der Bauer bei seiner Entscheidung.

Verzweifelt verließ der Knecht den Hof und wanderte auf den Bisamberg. Oben angekommen, ließ er sich bei der Bildereiche – an der du bei unserer Wanderung vorbeikommst und vielleicht sogar eine Pause gemacht hast – zur Rast nieder. Hier hatten fromme Menschen Heiligenbilder am noch jungen Baumstamm befestigt. In seiner Verzweiflung rief der Knecht laut aus: „Ich brauche dringend Geld, um meine Angebetete zur Frau nehmen zu können – und wenn ich mich dafür an den Teufel wenden muss!" Kaum hatte er seinen Wunsch ausgesprochen, erschien auch schon der Leibhaftige, in einen roten Mantel gehüllt. „Geld willst du von mir? Kannst du haben! Aber was bekomme ich im Gegenzug von dir?" Der Knecht ahnte schon, worauf der Teufel aus war, und überlegte genau: „Wenn du beweisen kannst, dass du mich reich machen wirst, bekommst du meine Seele!" Auf diesen Handel stieg der Teufel gerne ein. Er gab dem Knecht ein Blättchen Gold, das er noch am selben Tag unter einem Apfelbaum vergraben sollte. Schon morgen würde er an der Stelle einen unglaublichen Schatz finden.

Der Knecht versprach dem Teufel im Gegenzug seine Seele, sobald der Baum, unter dem sie standen, keine Blätter mehr tragen würde. Der Teufel war damit zufrieden und verschwand. Der Knecht aber machte sich sogleich auf die Suche nach einem geeigneten Apfelbaum, unter dem er das Goldblättchen vergrub. Am nächsten Morgen hastete er eilig mit einer Schaufel im Arm zum Baum. Der geizige Bauer beobachtete ihn und machte sich über

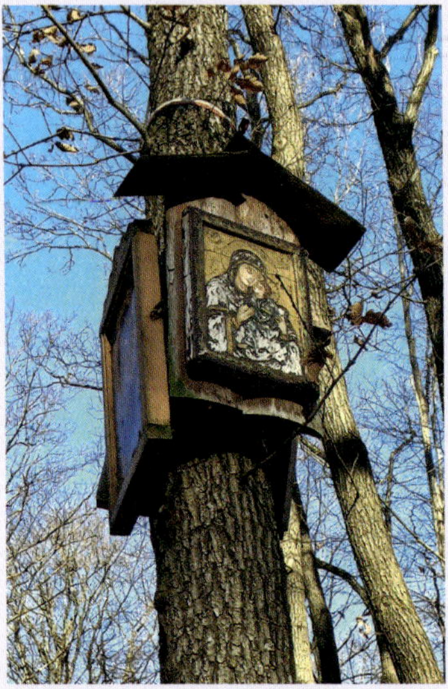

Die Bildereiche – ganzjährig belaubt

ihn lustig: „Du bist wohl zum Schatzsucher geworden?" Doch das Lachen verging ihm schnell, als er sah, wie der fleißige Knecht unzählige Goldklumpen aus der Erde holte. Plötzlich hatte der geizige Bauer nichts mehr gegen die Hochzeit, und der Knecht durfte endlich seine Angebetete zur Frau nehmen.

Die Zeit verging, und der Herbst kam. Die saftigen Blätter der Bäume am Bisamberg wurden langsam braun. Der Teufel fand sich erwartungsvoll unter der Bildereiche ein, um sich die Seele des Knechts zu holen. Aber er war zu früh dran. Die Blätter waren zwar schon ausgetrocknet, aber noch nicht abgefallen. So zog er unverrichteter Dinge wieder ab und erschien im Frühling wieder. Doch was war das? Die Eiche trieb bereits aus, und neue, junge Blätter zierten den Baum. „Im nächsten Jahr muss ich genauer auf die Jahreszeit achten!", sagte der Teufel grimmig zu sich. Er ahnte allerdings nicht, dass ihn der kluge Knecht hereingelegt hatte. Die Sommereiche wurde nämlich nie ganz kahl. Als der Teufel die List bemerkte, fuhr er wütend in die Baumkrone auf und zerzauste diese ganz fürchterlich.

Bis heute sehen daher die Blätter der Eiche gelappt aus und nicht etwa gerade wie die der Buche oder der Birke. Schau nach – vielleicht entdeckst du ja eines und kannst dich selbst davon überzeugen!

15 Vogelschau

Über die Hagenbachklamm nach St. Andrä-Wördern

Der Weg durch das Tal des Hagenbachs ist auch im Sommer kühl und lädt zum Spielen ein. Danach sehen wir uns Raubvögel aus nächster Nähe an und wandern schließlich wieder am Bach entlang bis zu unserem Ziel.

DER WANDERWEG

Der Bus hält in einer Kurve, wo sich auch der Eingang zur **Hagenbachklamm** befindet. Nachdem wir bei der Barbarakapelle den rot markierten Klammweg (siehe „Am Wege", S. 199) betreten haben, wandern wir auf dem schmalen und laubbedeckten Pfad – der aber durchaus trittfest ist, außer nach Regenwetter – durch den Graben des Hagenbachs. Rechts unterhalb des Weges, der teilweise mit Holzstegen und einem Geländer gesichert ist, befindet sich der Bach, in dem das Wasser über ein paar künstlich angelegte Stufen fließt. Wir kommen an einer Gedenktafel vorbei, die an die Wiedereröffnung der Klamm im Jahr 1948 erinnert.

Nach ca. 1 km verbreitert sich das Tal zusehends; ab hier bietet sich Kindern immer wieder die Möglichkeit, ein bisschen zu klettern oder – eventuell mit der Becherlupe – am Wasser zu spielen und zu forschen. Zudem gibt es Jausentische und einen Unterstand, falls es plötzlich zu regnen beginnt. In der richtigen Jahreszeit findet man am Weg Bärlauch; auch Feuersalamander kann man gelegentlich beobachten. Nach einem idyllischen Rastplatz gabelt sich der Weg; links geht es nach Hintersdorf hinauf, wir bleiben aber rechts am Bach Richtung „Unterkirchbach" und folgen somit den roten und grünen Markierungen. Schließlich queren wir den Hagenbach auf einem Steg.

Kurz danach zeigt eine blaue Markierung nach links Richtung „Hintersdorf" – rechts von dieser Abzweigung führen uns die roten und blauen Marken auf dem ganz leicht ansteigenden Weg

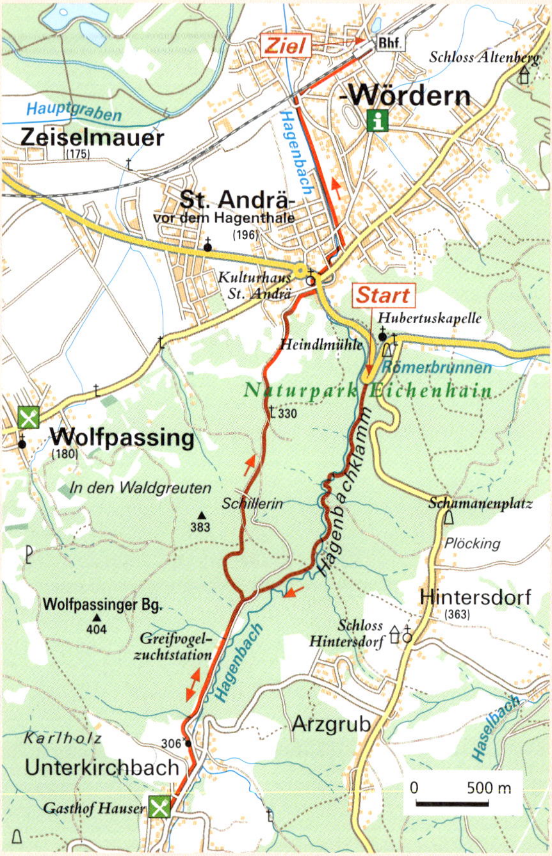

nach Kirchbach weiter. Die blau markierte Route zweigt dann bald ab, wir bleiben auf Rot. Wenn wir aus dem Tal des Hagenbachs heraustreten, gelangen wir auf eine Forststraße. Wir kommen aus dem Wald in freieres Gelände und treffen bald bei der Greifvogelzuchtstation ein (1 ¼ Std.).

Diese 1976 gegründete und ein Jahr später auch bereits der Öffentlichkeit zugängliche Attraktion wird vollständig aus privaten

WEGVERLAUF: Streckenwanderung. St. Andrä-Wördern Hagenbachklamm – Greifvogelzuchtstation (1 ¼ Std.) – Gasthof Hauser (30 Min.) – Abzweigung Kapellenwanderweg (45 Min.) – Wiener Straße/St. Andrä-Wördern (1 ¼ Std.) – Bahnhof St. Andrä-Wördern (45 Min.)

GEHZEIT: 4 ½ Std.

LÄNGE: 9,1 km

SCHWIERIGKEITSGRAD: Gut gesicherte Klammwanderung mit gemächlichem Aufstieg und etwas steilerem Abstieg gegen Ende

EINKEHRMÖGLICHKEIT: Gasthof Hauser (Mi und Do Ruhetag)

ANFAHRT: An WE und Fei mit der Franz-Josefs-Bahn von Heiligenstadt/Spittelau bis St. Andrä-Wördern Bahnhof; von dort mit dem Bus bis zur Station St. Andrä-Wördern Hagenbachklamm. Unter der Woche mit der Bahn von Heiligenstadt/Spittelau bis Klosterneuburg-Kierling, dann mit dem Bus (406) zur selben Zielhaltestelle

RÜCKFAHRT: Mit der Bahn von St. Andrä-Wördern Bahnhof nach Wien Heiligenstadt/Spittelau

HINWEIS: Die Greifvogelzuchtstation ist von Mitte April bis Mitte Nov. an WE und Fei geöffnet (9.30–12 und 13–17 Uhr); zu diesen Zeiten finden auch Führungen – auf Wunsch speziell für Kinder – statt. Näheres erfahren Sie unter: www.greifvogelzuchtstation.at

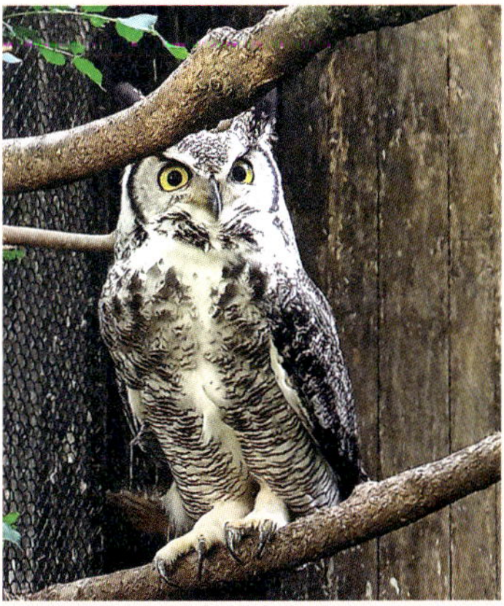

Uhu in der Greifvogelzuchtstation

TIPP: Adoptiert in der Greifvogelzuchtstation euren eigenen Vogel!

AB: 4 Jahre

SYMBOLE:
Kinderwagen = nein
Sonne = ganzjährig
Rastplatz = ja

Mitteln, Spenden und Eintritten finanziert. Die Betreiber begannen damals, Greifvögel gezielt zu züchten, um gefährdete Arten vor dem Aussterben zu bewahren. In der fast 50-jährigen Geschichte der Zuchtstation – wo man die Tiere aus der Nähe beobachten und viel Interessantes über ihre Lebensgewohnheiten erfahren kann – konnte man bereits zahlreiche Falken, Bussarde, Geier und Adler, aber auch Nachtgreifvögel wie die Schneeeule und den Bartkauz erfolgreich nachzüchten. Die Tiere werden hier ausgestellt und gelegentlich auch mit anderen Zoos getauscht. Besucher können in der Station mehr als dreißig in- und ausländische Greifvogelarten, von Mönchsgeiern über Steinadler bis zum Andenkondor, besichtigen.

In unmittelbarer Nähe zur Greifvogelstation besteht übrigens auch die Gelegenheit zum Ponyreiten (Anmeldung: 0664 442 83 28). Anschließend gehen wir auf der Zufahrtsstraße – an einem Spielplatz vorbei – weiter, um nach ca. 20 Min. **Kirchbach** zu erreichen. Neben einer Brücke mündet der Klammweg in die Unterkirchbacher Straße, in die wir rechts einbiegen. Von hier aus sind es noch etwa 300 m, bis wir zum **Gasthof Hauser** gelangen, wo wir gemütlich einkehren, Speisen und Getränke aber nur bar bezahlen können (1 ¾ Std.).

Abkürzung: Wer die Wanderung hier schon beenden möchte, kann von Unterkirchbach aus mit dem Bus nach Heiligenstadt oder zur S45-Haltestelle Oberdöbling zurückfahren.

Wir gehen zur Fortsetzung unserer Wanderung hingegen erst einmal die Strecke zurück, auf der wir gekommen sind, passieren noch einmal die Greifvogelzuchtstation und verlassen ca. 200 m danach – bei einer rot-weiß-roten Schranke und einer Fahrverbotstafel – den Hauptweg schräg nach links. Auf einem Baum sehen wir hier die Angabe „Kapellenwanderweg" und einen roten Pfeil (2 ½ Std.). Der Waldweg geht deutlich bergauf und folgt dann einer roten Markierung nach St. Andrä-Wördern. Am höchsten Punkt bei der Überschreitung dieser Schillerin genannten Anhöhe quert ein blau markierter Wanderweg (von Wolfpassing nach Hintersdorf) unsere Route; wir bleiben jedoch auf Rot.

Danach geht es auf einem breiteren Schotterweg sanft bergab. Wir halten uns auch bei von der Seite kommenden Pfaden immer geradeaus und an die rote Markierung. Bei einem Rastplatz mit Picknicktisch und einem Holzkreuz können wir eine kurze Pause einlegen. Danach wandelt sich der Pfad zu einem tief eingeschnittenen und recht steilen Hohlweg, auf dem man Kinder nicht zu weit vorausrennen lassen sollte. Wenn wir den Wald verlassen

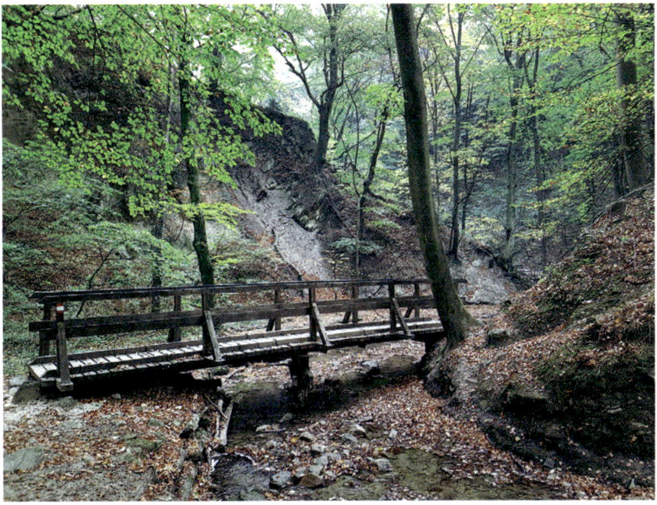

Brücke in der Hagenbachklamm

und zwischen Privatgrundstücken der Marktgemeinde St. Andrä-Wördern weiterwandern, sehen wir, dass wir uns auf dem Ristelweg befinden, der uns weiter bergab führt. Oberhalb der Kirche mündet er in die Wallenböckgasse, über die wir nach etwa 100 m zur Wiener Straße gelangen (3 ¾ Std.).

Hier finden wir Busstationen (St. Andrä-Wördern Kirche) in beide Richtungen; sind die Abfahrtszeiten günstig, so kann man sich das letzte Stück der Wanderung ersparen. Wir gehen jedoch weiter, ein Stück die Wiener Straße hinunter und dann gleich nach rechts in die Greifensteiner Straße, von der wir wiederum nach links in die Johannesgasse einbiegen. Dieser folgen wir bis zur Fritz-Weigl-Gasse, gehen in dieser weiter und überschreiten dann eine kleine Holzbrücke, nach der wir links in den Postgasslweg einbiegen. Nun marschieren wir auf einem beschaulichen Fußgänger- und Fahrradweg am Hagenbach weiter, der hier in seinem Lauf von der Klamm zur Donau unterwegs ist. Bei einer Brücke über den Bach gehen wir rechts, wo uns schon ein Schild auf den Bahnhof von St. Andrä-Wördern hinweist, und erreichen diesen über die Hauptstraße nach ca. 5 Min., um den nächsten Zug nach Wien zu nehmen (4 ½ Std.).

Brennnesselknödel

ZUTATEN:

Knödel:

300 g frische Brennnesseln (je jünger, desto weniger scharf)

1 Zwiebel

300 g Semmelwürfel

1/8 l Milch

2 Knoblauchzehen

4 Eier

2 EL Mehl

etwas Butter

Weiters:

Parmesan oder Bergkäse zum Drüberreiben

braune Butter

ZUBEREITUNG:

1. Gib die Semmelwürfel in eine große Schüssel und gieße die Milch dazu. Lass diese Mischung 10 Minuten ziehen.
2. In der Zwischenzeit kannst du die Zwiebel und den Knoblauch schälen, in kleine Würfel schneiden und in einer Pfanne mit etwas Butter anschwitzen.
3. Anschließend nimmst du die Brennnessel, wäschst sie gründlich und blanchierst sie in heißem Wasser (dazu gibst du die Brennnesseln kurz in kochendes Wasser und seihst sie gleich wieder durch ein Sieb ab). Anschließend drückst du sie so gut aus, wie du kannst, und hackst sie mit einem Wiegemesser oder normalen Messer klein.
4. Nun gibst du die gehackten Brennnesseln, die gedünstete Zwiebel-Knoblauch-Mischung, die vier Eier, eine Prise Salz und etwas Pfeffer in die große Schüssel mit den eingeweichten Sem-

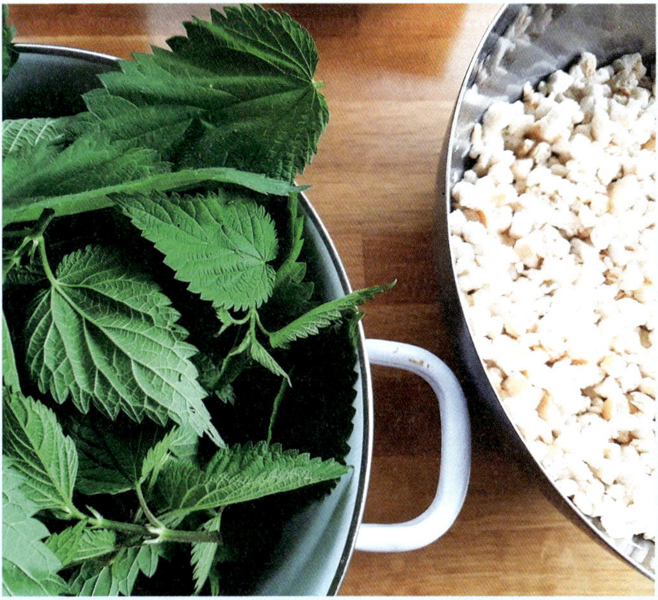

Zutaten für Brennnesselknödel

melwürfeln und verknetest alles gut mit beiden Händen, bis du eine schöne Knödelmasse hast.

5. Zum Schluss gibst du noch die zwei Esslöffel Mehl dazu und formst aus der Masse kleine Knödel. In einem großen Topf bringst du leicht gesalzenes Wasser zum Kochen und lässt die Knödel darin ca. 10 Minuten köcheln.
6. Die fertigen Knödel kannst du nun mit geschmolzener Butter übergießen und mit frisch geriebenem Käse garnieren. Guten Appetit!

TIPP:
Statt Brennnesseln kannst du auch Bärlauch verwenden!

16 An der Badener Adria

Auf die Ruine Rauheneck und durchs Helenental

Nachdem wir eine verwinkelte alte Raubritterburg und eine urzeitliche Höhle erkundet haben, finden wir am „Wegerl im Helenental" viele Stellen, wo wir am Wasser spielen und forschen, ein Picknick machen oder planschen können.

DER WANDERWEG

Wenn wir in Baden den Bus verlassen, sehen wir direkt vor uns eine gelbe Tafel „G'schichten aus dem Wienerwald Wanderweg"; dieser Weg wird uns fast bis zum Ende der heutigen Tour begleiten. Auf der anderen Straßenseite befindet sich das Portal des Thermalstrandbads, in dem es einen künstlich angelegten Sandstrand gibt. Wir wenden uns hier nach rechts, am ehemaligen Kurhotel Esplanade vorbei, und überqueren gleich danach die Hildegardbrücke in die Weilburgstraße, in die wir rechts einbiegen. Nachdem wir unter dem Aquädukt der I. Wiener Hochquellenwasserleitung (siehe „Am Wege", S. 247) durchgegangen sind, behalten wir die Gehrichtung bei und erreichen nach wenigen Minuten den von einem Löwen gezierten Wappenstein, der als letzter Rest vom einst riesigen Schloss Weilburg erhalten ist.

Ab hier halten wir uns an die Markierungen in Rot („40") und Blau, die uns bergauf Richtung „Ruine Rauheneck" weisen. Auf einem steinigen Pfad unter Schirmföhren bewältigen wir rasch den Höhenunterschied und gelangen so zur Ruine Rauheneck, die wir über eine Holzbrücke betreten (45 Min.).

Wir können zwischen den Mauern der angeblichen ehemaligen Raubritterburg herumspazieren und uns die Reste der Burgkapelle sowie die diversen Ausgucke ansehen (siehe Sage, S. 146). Im Inneren des Bergfrieds führt eine Treppe auf den höchsten Aussichtspunkt des verfallenen Bauwerks. Von dort aus bietet sich ein eindrucksvoller Blick auf das Wiener Becken, auf die

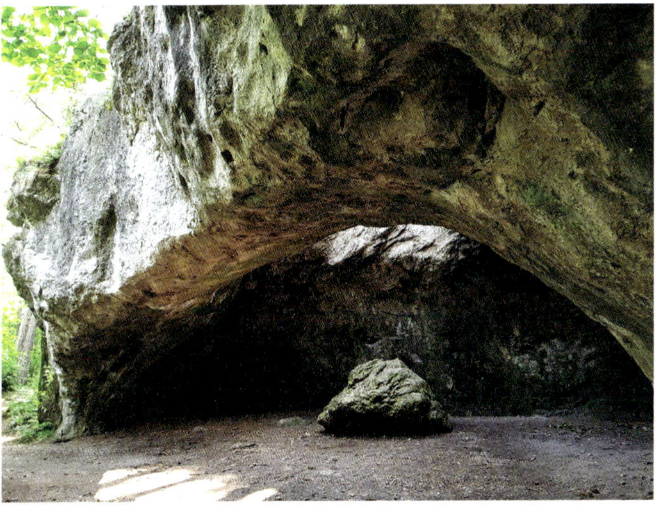

Königshöhle

Kirche St. Helena unten im Tal, nach der das Helenental benannt ist, und auf die Ruine Rauhenstein am gegenüberliegenden Hang.

Über den Zugangssteg verlassen wir das Ruinengelände wieder und folgen der mit Rot und Blau markierten Route geradeaus, erst etwas bergab und dann ziemlich eben durch den Wald. Wenige Minuten später sehen wir bei ein paar Steinblöcken rechts einen schmalen Pfad abzweigen, dem wir leicht bergab zur relativ unspektakulären, aber schön gelegenen Karlshöhle folgen, die kaum in den Berg hineinreicht. Nach diesem kleinen Abstecher wandern wir zum Hauptweg zurück, den wir nach rechts weitergehen und so kurz darauf die viel attraktivere Königshöhle – einen jungsteinzeitlichen Fundort, an dem einst Menschen gelebt oder zumindest gelagert haben – erreichen. Ein schmaler Weg führt uns von dort bergab in einen Einschnitt, wo wir bei der Wegkreuzung die rechts wegführende Route nehmen, die uns der bekannten „G'schichten ...“-Tafel folgend wieder ins Tal bringt. Nur wenige Minuten danach läuft von rechts ein Weg zu und wir sehen eine rot-weiß-rote Markierung.

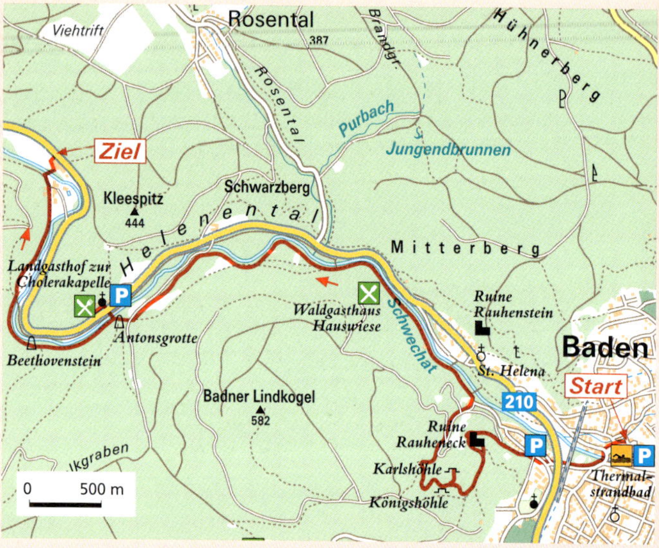

Bei einer Tafel mit der Aufschrift „Jägerhaus“ mündet unser Waldweg in die Kurve einer Forststraße, der wir weiter abwärts folgen. Die rote Markierung trägt hier auch die Wegnummer „448“, wir gehen neben einem Schranken vorbei und folgen der Forststraße; erst nach einem zweiten Schranken nehmen wir den bergab führenden Weg links davon (gelbe Tafel), der uns zur Villa Eugen bringt.

Unmittelbar nach der Villa biegen wir links auf den Promenadenweg oberhalb der Schwechat ein, wobei wir uns an die gelbe Tafel Richtung „Cholerakapelle – Augustinerhütte“ (auch „Beethoven-Wanderweg“) halten. Wir befinden uns nunmehr auf dem „Wegerl im Helenental“, der Promenade am südlichen Schwechatufer, von der aus man auch immer wieder Abstecher direkt zum Fluss hinunter machen kann. Das Wasser ist seicht und es gibt Schotterbänke, wo die Kinder spielen können. Bei der nächsten Brücke zweigt der Weitwanderweg „04“ nach rechts ab, wir bleiben jedoch auf „unserer“ Flussseite und kommen ca. 100 m nach

WEGVERLAUF: Streckenwanderung. Baden/Thermalstrandbad – Ruine Rauheneck (45 Min.) – Gasthaus Hauswiese (1 Std.) – Cholerakapelle (1 ¾ Std.) – Busstation Krainerhütte (1 Std.)

GEHZEIT: 4 ½ Std.

LÄNGE: 9 km

SCHWIERIGKEITSGRAD: Anfangs ein nicht allzu fordernder Anstieg zur Ruine Rauheneck; danach geht's gemütlich und meist sogar eben weiter.

EINKEHRMÖGLICHKEITEN: Gasthaus Hauswiese (Mo–Do Ruhetag), Landgasthof zur Cholerakapelle (Mo Ruhetag, in den Wintermonaten nur Fr–So geöffnet)

ANFAHRT: Mit der Bahn von Wien Hauptbahnhof oder Meidling nach Baden. Vom dortigen Bahnhof aus verkehren mehrere Buslinien. Ausgangspunkt der Wanderung ist die Station Strandbad in der Helenenstraße. Mit dem Auto zum Parkplatz Strandbad in Baden

RÜCKFAHRT: Mit dem Bus von der Haltestelle Helenental Krainerhütte zum Ausgangspunkt oder direkt zum Bahnhof Baden

TIPP: Nehmt an heißen Tagen eure Badesachen und eine Becherlupe mit!

AB: 4 Jahre

SYMBOLE:

= nein

= ganzjährig

= ja

der Brücke zum **Gasthaus Hauswiese**, wo wir gemütlich einkehren können (1 ¾ Std.).

Danach spazieren wir weiter das Wegerl entlang. Nach etwa einer halben Stunde Gehzeit im Tal der Schwechat sehen wir vor uns den **Urtelstein** aufragen, einen mächtigen Felsen, der noch bis 1827 das Helenental nach Westen absperrte; erst Kaiser Franz I. ließ den kleinen Tunnel errichten, durch den die Straße heute verläuft. Angeblich wurden hier einst Todesurteile vollstreckt, indem man Verbrecher vom Urtelstein in die Schwechat hinabstürzte.

Abkürzung: Wer die Wanderung bereits an dieser Stelle beenden will, überquert auf der Antonsbrücke – wenige Meter vor dem beeindruckenden Felsen – den Fluss, geht dann ein paar Schritte nach rechts und nimmt bei der Station mit dem schönen Namen „Baden Jammerpepi" den Bus zurück zum Bahnhof der Kurstadt.

Kurz nach dem Urtelstein bietet sich rechts vom Hauptweg ein sehr schöner Uferpfad an, der knapp am Wasser entlangläuft und viele Gelegenheiten zum Planschen bietet. Wir schwenken dann wieder in das rot-grün markierte Wegerl ein, folgen diesem weiterhin stromaufwärts und einmal ein kleines Stück hinauf, um eine Felsnase zu überwinden. Der kurz weiter oben führende Pfad ist durch einen Zaun gesichert.

Bei einer Rechtsbiegung des Flusses verlassen wir den Hauptweg wieder, um in der Nähe des Wassers zu bleiben; hier befindet sich auch eine große Sandbank, die zum Spielen einlädt. Über eine Wiese kommen wir dann zu einer Wegkreuzung, wo es links zum ehemaligen Jägerhaus geht und sich rechts das Wegerl im Helenental fortsetzt. Auf ihm gelangen wir nach wenigen Metern zur **Antonsgrotte**, einem 1829 erbauten Ruhe- und Andachtsplatz in einem künstlichen Steingewölbe, und kurz darauf zu einer Betonbrücke, die wir überqueren. Oberhalb der Autostraße sehen wir hier die **Cholerakapelle**, die 1831 von einem Ehepaar gestiftet wurde, das die schwere Infektionskrankheit Cholera, die früher viele Menschenleben forderte, glücklich überstanden hatte. Hier bietet sich uns mit dem **Landgasthof zur Cholerakapelle** wieder eine Möglichkeit zur Einkehr und mit einer Busstation eine weitere Chance zur Umkehr (3 ½ Std.).

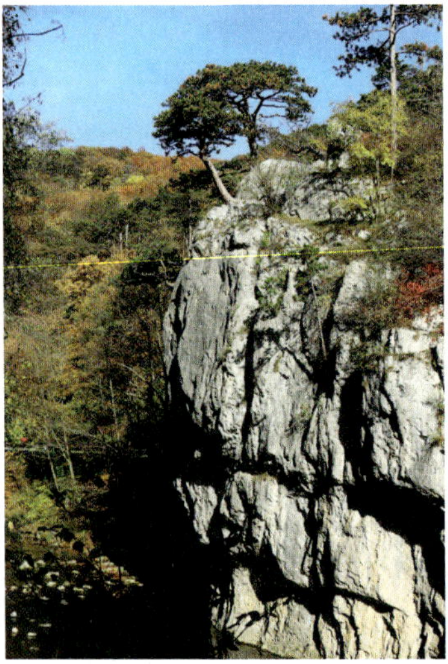

Urtelstein

Über die Brücke geht es zurück zum Wegerl und dann der roten und gelben Markierung folgend Richtung „Augustinerhütte“. Wir kommen – nach wie vor an der Schwechat – am Beethovenstein vorbei, wo sich der berühmte Komponist in den Jahren 1824 und 1825 öfters

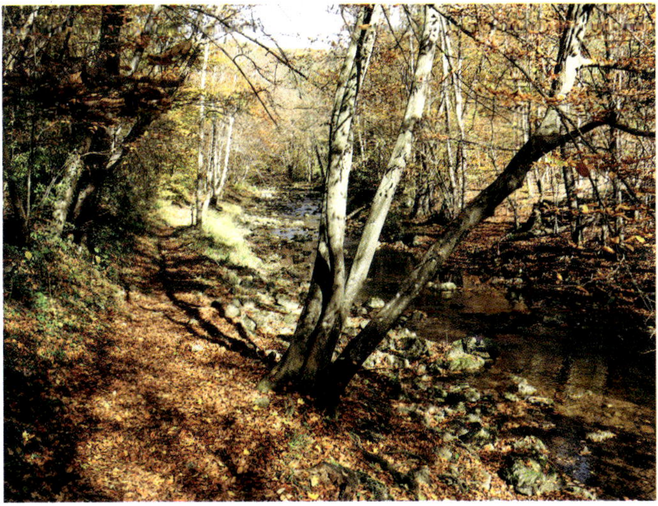

An der Schwechat

aufgehalten haben soll. Etwa 1 km weiter durchschreiten wir das Gelände eines ehemaligen Erholungsheims und kommen dann zu einer Abzweigung, wo es links zur Augustinerhütte weitergeht. Hier verlassen wir den „G'schichten aus dem Wienerwald"-Wanderweg und marschieren geradeaus weiter, wobei wir uns an der Tafel „Siegenfeld über Krainerhütte" und einer roten Markierung orientieren. Nach etwa 100 m kommen wir zu einer überdachten Holzbrücke, auf der wir ein letztes Mal den Fluss überqueren und auf das Gelände der **Krainerhütte** gelangen. Die ist mittlerweile keine Hütte mehr, sondern ein riesiges Seminar- und Eventhotel mit angeschlossenem großen Spielplatz und einem esoterisch angehauchten „Spirit Park", der zahlreiche Attraktionen bietet.

Wir durchqueren das Hotelgelände am Restaurant vorbei Richtung Straße und finden dort die Busstation „Helenental Krainerhütte" vor, von der aus wir zum Ausgangspunkt unserer Wanderung zurückfahren (4 ½ Std.).

Der Geist von Rauheneck

Seit Jahrhunderten berichten entsetzte Wandersleute, dass es auf der Burg – und heutigen Ruine – Rauheneck spukt. Schuld daran war ein gewisser Turso, der letzte Burgherr von Rauheneck. Ihm haben wir den wunderbaren Bergfried zu verdanken, den wir über eine Stiege im Inneren erreichen und von dem aus sich ein eindrucksvoller Ausblick ins Helenental bietet. Bedauerlicherweise war Turso kein sehr angenehmer Zeitgenosse, sondern recht geizig und gemein zu seinen Untertanen. So wurde er nach seinem Tod dazu verdammt, als Geist den auf Rauheneck verborgenen Schatz für immer und ewig zu hüten. Es gibt für ihn nur eine Möglichkeit, von seinem Fluch erlöst zu werden: Aus dem Holz einer Föhre, die aus dem Mauerwerk des Bergfrieds sprießt, muss eine Wiege für ein am Sonntag geborenes Baby gezimmert werden. Dieses Kind muss, wenn es erwachsen ist, reinen Herzens Priester werden. Sobald es dann seine erste Messe liest, ist Turso von den Qualen des Herumirrens erlöst – sein Geist kann zur Ruhe kommen und der Schatz wird freigegeben.

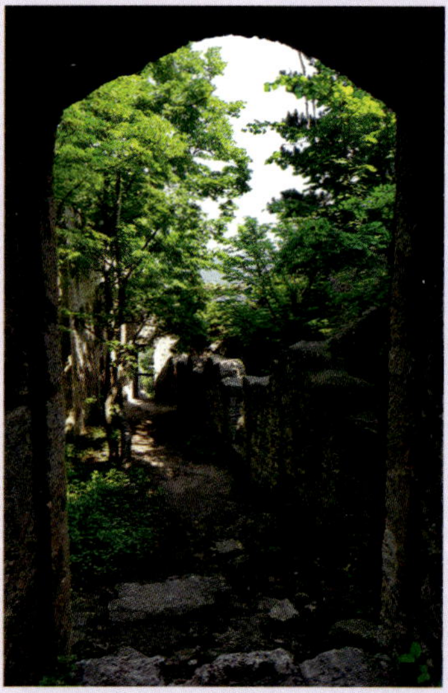
Eingang zur Ruine

Seither schleicht der Geist des Burgherrn klagend in dem alten, zerfallenen Gemäuer umher. Alle zwölf Stunden schleppt er sich um den dreieckigen Turm, zu Silvester erscheint er als blaue Flamme, um zu schauen, ob das Bäumchen schon groß genug ist. Leider wurde die Föhre aber nach einem Unwetter zerstört. Und so wird Turso wohl noch lange sein Unwesen auf der Burgruine treiben.

Sei still und pass gut auf. Hörst du den Geist?

17 Unter Wölfen

Im Wildpark und beim Schloss Ernstbrunn

Tiere anschauen, Tiere streicheln, Tiere füttern – wir halten uns zweieinhalb Stunden im Wildpark Ernstbrunn auf und erfahren im Wolf Science Center viel über Wölfe sowie Hunde. Zum Schluss machen wir einen Abstecher auf den Schlosshügel.

DER WANDERWEG

Nach einer gemütlichen eineinhalbstündigen Fahrt in einer historischen Zuggarnitur mit dem Nostalgieexpress Leiser Berge bringt uns der Naturparkbus zu einer Umkehrstelle unterhalb des Eingangs zum **Wildpark Ernstbrunn**. Von hier aus gehen wir ein paar Meter auf der Straße zurück oder am Ufer zu einer Aussichtsplattform, um die Bisamratten im Dörfleser Teich zu bestaunen.

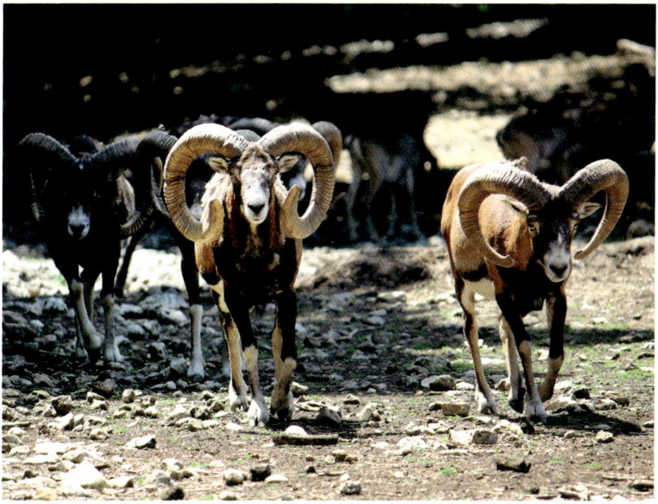

Steinböcke im Wildpark

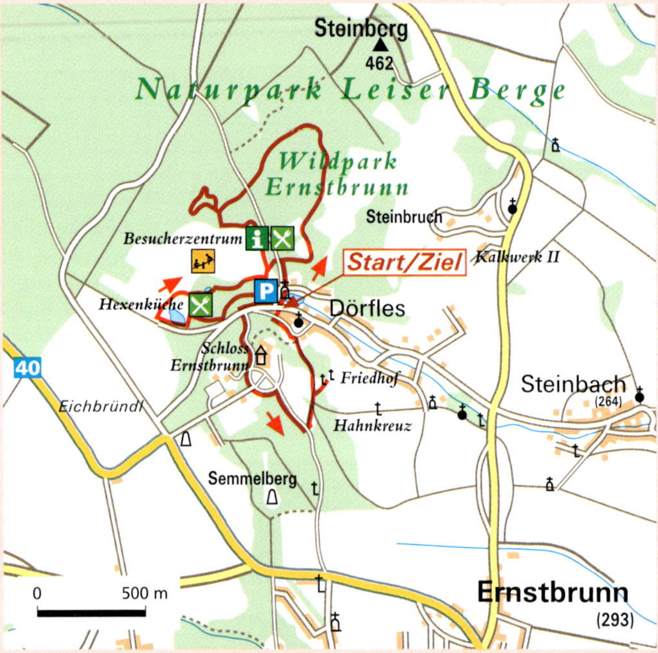

Danach gehen wir etwa 100 m bergauf zum Eingang des Wildparks. Nachdem wir Eintrittskarten gelöst, an der Kassa Tierfutter gekauft und das Besucherzentrum wieder verlassen haben, wenden wir uns gleich nach rechts und folgen zuerst der roten Route.

Anfangs besuchen wir Esel, Ziegen und Schafe, die sehr zutraulich sind und gefüttert werden dürfen. Bald danach sehen wir Gämsen und Alpensteinböcke, die geschickt über hohe Felswände klettern. Zwischendurch erfreuen wir uns am Anblick von Kleintieren wie Kaninchen, Frettchen und Hängebauchschweinen – und beobachten gleich gegenüber Wildschweine. In der Nähe der Gämsen befindet sich ein großer Spielplatz, wo Kinder eine Pause einlegen und sich austoben können.

WEGVERLAUF: Rundwanderung. Busstation Ernstbrunn/Wildpark – Abzweigung bei der Busstation (2 ½ Std.) – Rückkehr zu Busstation und Parkplatz (45 Min.)

GEHZEIT: 3 ¼ Std.

LÄNGE: 6,5 km

SCHWIERIGKEITSGRAD: Ein durchgehender Anstieg von insgesamt 90 m Höhe im Wildpark; danach nur mehr sanfte Höhenunterschiede

EINKEHRMÖGLICHKEITEN: Imbissstand Hexenküche (Öffnungszeiten wie Wildpark), Café im Besucherzentrum (Öffnungszeiten wie Wildpark)

ANFAHRT: Mit dem Nostalgieexpress Leiser Berge (verkehrt jeden Samstag von Anfang Mai bis Ende Okt.) von Wien Praterstern zum Bahnhof von Ernstbrunn; von dort geht es mit dem Naturparkbus zum Wildpark weiter. Ansonsten mit der Bahn von Wien Hauptbahnhof/Praterstern/Floridsdorf nach Korneuburg Bahnhof; von dort mit dem Bus 857 zur Station Dörfles bei Ernstbrunn/Wildpark. Mit dem Auto zu den Parkplätzen vor dem Wildpark Ernstbrunn

HINWEIS: Der Tierpark Ernstbrunn ist von Anfang April bis Anfang Nov. tägl. außer Mo von 9 bis 17 Uhr geöffnet; im Winter nur an den Wochenenden von 10–16 Uhr. Aktuelle Angaben finden Sie unter: www.wildpark-ernstbrunn

TIPP: Wenn ihr eine Wolfstour bucht, erfahrt ihr alles über die Vorfahren unserer heutigen Hunde – und warum Wolf und Hund zusammenleben können!

AB: 4 Jahre

SYMBOLE:
- (Kinderwagen) = nein
- (Sonne) = ganzjährig
- (Wegweiser) = ja

Wir kommen anschließend zum **Wolf Science Center** (siehe „Um die Wette heulen …“, S. 152) und erreichen dann über einen steinigen Waldweg die Gehege des Sikawilds – einer Hirschart aus Ostasien, die mittlerweile aber auch in Europa in wild lebenden Beständen vorkommt – und der Mufflons. Im gut ausgeschilderten Wildpark gibt es immer wieder auch Infotafeln und Mitmachstationen für Kinder.

Der Weg bergab führt uns dann wieder durch das Terrain der Wölfe, die wir mit etwas Glück aus der Nähe beobachten und auch ihr typisches Heulen vernehmen können. Weiter unten füttern wir dann in einem Waldstück Damhirsche. Danach gehen wir wieder auf das Besucherzentrum zu, vor dem wir uns noch Hochlandrinder anschauen können, und wandern schließlich in den unteren Teil des Wildparks. Dort laufen Rotwild und Damwild frei herum – und in einem Gehege warten Ponys darauf, gestreichelt zu werden. Am Ziegelofenteich, den wir im Zuge unseres Spaziergangs umrunden, erwartet uns ein Imbiss, die **Hexenküche**, wo wir eine Rast bei Speis und Trank einlegen können. Am Schluss der Runde führt uns der Weg wieder ein Stück bergan, zum Besucherzentrum, in dem es nicht nur einen Shop, sondern ebenfalls ein **Café** gibt, wo wir einkehren können. Danach verlassen wir den Wildpark durch den Haupteingang wieder (2 ½ Std.).

Nun gehen wir wieder die Straße zur Bushaltestelle bzw. zum Parkplatz zurück.

Abkürzung: Wer nicht mehr weiterwandern (oder auch einen Bus erwischen) will, kann die Tour an dieser Stelle beenden.

Wir wenden uns bei der Busstation nach rechts und gehen ein Stück die Straße hinauf (gelber Wanderpfeil Richtung „Oberleis"). Zwischen den Parkplätzen auf der linken Seite biegt dann eine als solche gekennzeichnete Forststraße ab, auf der wir weiter leicht bergauf gehen. Ca. 300 m nach der Straße kommen wir zum Vorplatz von **Schloss Ernstbrunn**, das wir schon von unten imposant auf dem Hügel aufragen gesehen haben. Das Schloss wurde im 11. Jh. erstmals urkundlich erwähnt und befindet sich seit 1827 im Besitz der Adelsfamilie Reuß. Besichtigungen sind nur während kultureller Veranstaltungen möglich, die gelegentlich in dem Gebäude stattfinden.

Der Schlosspark war ein barock-klassizistischer Landschaftsgarten, bevor er in den 1860er-Jahren von einem Vorfahren des heutigen Fürsten Reuß zu einem englischen Landschaftspark umgestaltet wurde, dessen nördliche Teile seit den 1970er-Jahren den Wildpark Ernstbrunn bilden.

Wir beschreiten das Rondeau vor dem Schlossportal, bis uns rechts ein Weg zwischen zwei schon etwas bröckeligen Pferdestatuen hindurch auf eine Wiese führt. An einer alten Vogelvoliere vorbei geht der Weg erst am Waldrand entlang und dann in den Wald, wo wir wieder leicht bergab wandern. Wenn wir auf ei-

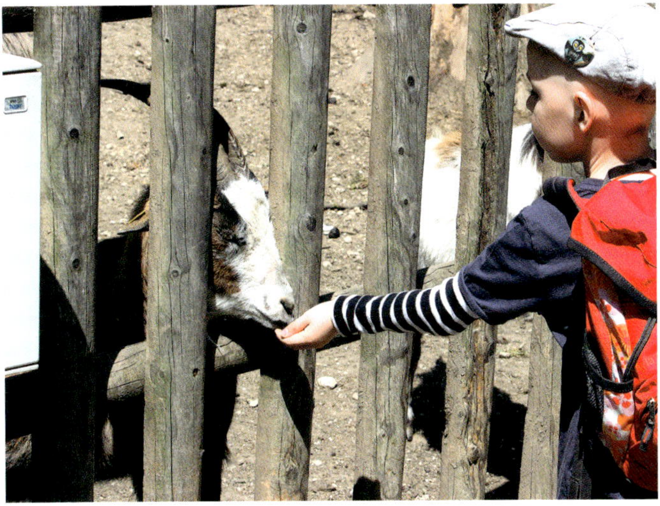

Tierfutter gibt's am Eingang

nen geschotterten Forstweg stoßen, biegen wir links in diesen ein und gehen auf unserer kleinen „Bonusrunde“ weiter hügelabwärts. Die erste Abzweigung nach rechts führt uns zum rostigen Tor eines kleinen Waldfriedhofs, in dem die Ahnen der Schlossherrenfamilie bestattet sind. Nach einer andächtigen Besichtigung der Grabstätten kehren wir zum Hauptweg zurück und marschieren auf diesem weiter bergab. Über die Wiese zur Linken bietet sich wieder ein schöner Blick auf das Schloss.

Nach einem Haus rechts wird unser Weg kurz zu einer asphaltierten Straße; wir gehen an dieser Stelle geradeaus weiter, biegen in einen querführenden, ebenfalls asphaltierten Weg links ein und zweigen ein paar Schritte später nach rechts auf einen geschotterten Waldweg ab, der uns in einer sanften Kurve direkt zur Straße und damit zur Bushaltestelle hinunterbringt (3 ¼ Std).

Um die Wette heulen ...

Das Wolf Science Center in Ernstbrunn

Beim Spaziergang durch den Tierpark darfst du dich nicht wundern, wenn du jemandem begegnest, der mit einem Wolf Gassi geht. Das liegt daran, dass in Ernstbrunn auch das Wolf Science Center (WSC) untergebracht ist. Dieses Wolfs-Forschungszentrum wurde 2008 von drei Wissenschaftlern gegründet, die verstehen wollten, wie sich der Wolf zum Haustier entwickelt und welche Rolle der Mensch dabei gespielt hat.

Vom Wolf zum Hund

Auslöser für die enge Beziehung zwischen Mensch und Hund dürften die von unseren Vorfahren erzeugten Abfälle gewesen sein, die den Wolf in die Nähe der Siedlungen lockten. Für ihn war es einfacher, Abfälle zu fressen, als zu jagen. Da die mutigen Wölfe hier mehr zu fressen bekamen, konnten sie auch mehr Junge großziehen, die wiederum mehr Kontakt zu Menschen hatten und so immer zutraulicher wurden. Bald wussten auch die Menschen die Wölfe zu schätzen, die nunmehr ihre Lager bewachten und mit ihnen auf die Jagd gingen. Es dauerte aber noch lange, bis Hunde – die direkten Nachfahren der wilden Wölfe – nach bestimmten Eigenschaften gezüchtet und zu echten Gefährten des Menschen wurden. Heute gibt es auf der nördlichen Erdhalbkugel nur noch ca. 200.000 Wölfe, doch weltweit eine Milliarde Hunde!

Was machen die Wissenschaftler im WSC?

Im Forschungszentrum arbeiten die Wissenschaftler sowohl mit Wölfen als auch mit Hunden. Die Tiere werden schon als ganz junge Welpen mit der Hand aufgezogen, um so die Scheu vor dem Menschen zu verlieren. Später kommen sie dann in bestehende Erwachsenengruppen. Sowohl Wölfe als auch Hunde lernen von klein auf bestimmte Grundkommandos und können sogar Touchscreens bedienen, um den Forschern die wissenschaftliche Arbeit mit ihnen zu erleichtern. Dabei werden sie nie bestraft, wenn sie eine Aufgabe falsch lösen. Im WSC wird ausschließlich mit positiven Reizen – also Belohnungen – gearbeitet, und die Mitarbeit ist freiwillig. Hat ein Tier einmal keine Lust, dann muss es der Forscher eben am nächsten Tag nochmal versuchen. Mittlerweile genießt das Forschungszentrum einen internationalen Ruf und bietet Wissenschaftlern weltweit die einzigartige Möglichkeit, vergleichbar aufgezogene Hunde und Wölfe im Hinblick auf bestimmte Fragestellungen zu untersuchen.

Ein Beispiel: Neophobie ... Neophowas?

Ein Beispiel für eine Forschungsfrage, die die Tiere am Wolf Science Center durch ihr Verhalten beantworten sollen, ist die Neophobie – die Angst von Hunden und Wölfen

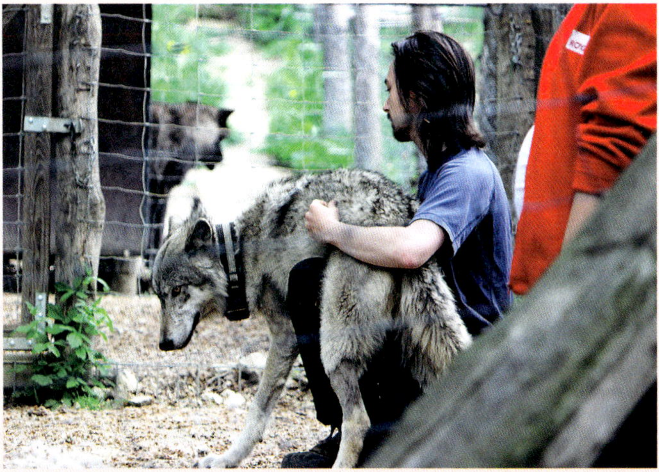

Verhaltensforschung an Wölfen

vor Neuem. Die Forscher wollen wissen, wie Wölfe und Hunde auf Gegenstände reagieren, die sie nicht kennen, und ob es da Unterschiede gibt. An dem Versuch nehmen elf Wölfe und 13 Hunde teil, die alle auf die gleiche Art und Weise großgezogen wurden. Man setzt ihnen verschiedene Gegenstände vor, die sie noch nicht kennen, z. B. einen Plüschbären oder einen Fußball. Die Tiere sind dabei zuerst allein, dann zu zweit und später im Rudel. Wie sich bisher herausstellte, sind Wölfe ängstlicher als Hunde, dafür hält ihr Interesse länger an. Das liegt vermutlich daran, dass Wölfe Wildtiere sind und daher vorsichtiger sein müssen als Hunde, die 30.000 Jahre Zeit hatten, sich an den Menschen und seine Umgebung zu gewöhnen. In Gemeinschaft mit Artgenossen fühlten sich sowohl Wölfe als auch Hunde Neuem gegenüber sicherer als allein.

Die Forscher am WSC befassen sich jedoch auch mit anderen Fragen – zum Beispiel: Wie risikofreudig sind die Tiere? Wie reagieren Wölfe und Hunde auf Ungleichbehandlung? Und stimmt es, dass Hunde toleranter und Wölfe aggressiver sind?

Wenn du dich für Wölfe interessierst, schau auf die Webseite des Wolf Science Center. Hier kannst du mehr erfahren und dich sogar für Exklusivführungen oder einen Spaziergang mit Wolf anmelden.

Website des WSC:
www.wolfscience.at

18 Wachtürme und Warnfeuer

Von Greifenstein über die Redlingerhütte nach Gugging

Wir werfen von oben einen Blick auf die Burg Greifenstein und einen Donau-Altarm. Dann gehen wir weiter zum Obelisken und zur Tempelbergwarte nach Hadersfeld, bevor wir in einer Hütte mit großem Spielplatz endlich Rast machen.

DER WANDERWEG

Wir verlassen den Bahnhof Greifenstein-Altenberg und wenden uns auf der Hauptstraße in der Ortschaft **Greifenstein** die **Donau** entlang nach links. Nach etwa 500 m kommen wir zur Einmündung der Hadersfelder Straße, wo wir der roten und grünen Markierung nach rechts folgen. Ca. 200 m danach zweigt der grün markierte Weg – gelber Pfeil „Hadersfeld über Burgweg 50 Min." – von der Straße ab. Wir gehen nach links durch die steil bergauf führende Kostersitzergasse, die sich bald zu einem nicht asphaltierten Hohlweg wandelt. In einer Linkskurve der derzeit gesperrten Auffahrt zur Burg (die ab Ende 2023 wieder der Öffentlichkeit zugänglich sein soll) zieht sich der Wanderweg nach rechts als schmaler Pfad zu einem Platz am Waldrand hinauf, von dem aus die **Burg Greifenstein** gut sichtbar ist.

Die im 11. Jh. errichtete Burg wurde mehrmals zerstört; der heutige Bau stammt aus dem Jahr 1670 und wurde 1807 von Fürst Johann I. Josef von Liechtenstein im romantischen Stil wiederhergestellt (siehe „Am Wege", S. 221). Der Sage nach hat die Burg ihren Namen deshalb, weil früher Knappen vor dem Ritterschlag eine Hand und ein Knie in Vertiefungen des „Schwursteins" legen und den Satz „So wahr ich greif den Stein" aussprechen mussten.

Von hier folgen wir einem gelben Pfeil, Richtung „Hadersfeld Glockenturm", sowie roten und grünen Marken über steinigen Waldboden auf den **Eichenleitenberg**, die nördlichste Erhebung der Alpen. Kurz vor den Resten eines Drahtzauns zur Linken zweigt ein

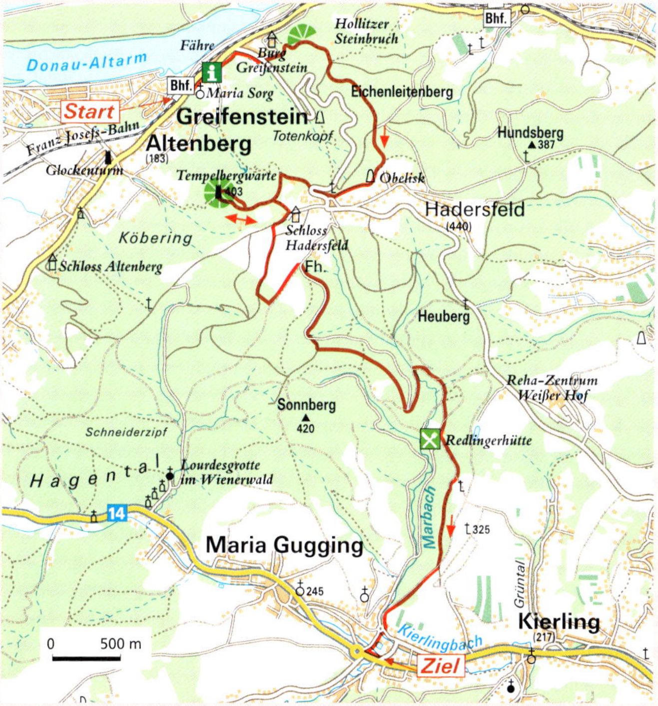

WEGVERLAUF: Streckenwanderung. Bahnhof Greifenstein-Altenberg – Obelisk Hadersfeld (1 ½ Std.) – Tempelbergwarte (45 Min.) – Redlingerhütte (2 ¼ Std.) – Maria Gugging (1 Std.)

GEHZEIT: 5 ½ Std.

LÄNGE: 10,6 km

SCHWIERIGKEITSGRAD: Zu Beginn der Wanderung erwartet uns ein Anstieg von ca. 270 Höhenmetern. Eine Einkehrmöglichkeit besteht erst nach 4 ½ Std.

EINKEHRMÖGLICHKEIT: Redlingerhütte (kein Ruhetag)

ANFAHRT: Mit der Bahn von Franz-Josefs-Bahnhof, Spittelau oder Heiligenstadt nach Greifenstein-Altenberg

RÜCKFAHRT: Mit dem Bus von der Station „Maria Gugging IST Austria" zum Bahnhof Heiligenstadt

TIPP: Schaut von der Tempelbergwarte über die Donau bis zur Burg Kreuzenstein hinüber!

AB: 8 Jahre

SYMBOLE:
- Kinderwagen = nein
- Sonne = ganzjährig
- Wegweiser = nein

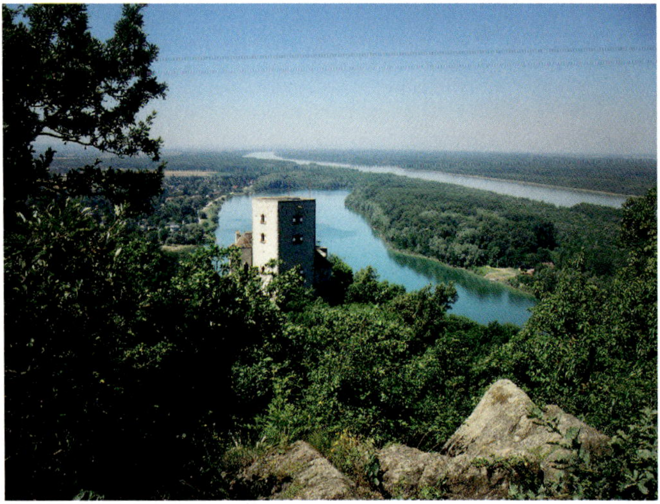

Burg Greifenstein und Donau von oben

schmaler Pfad links ab, der uns etwa 30 m oberhalb des Burgwegs zurück zu einem Aussichtspunkt bringt, von wo aus wir einen schönen Blick auf die Burg und die Donau mit einem Seitenarm haben. Danach gehen wir auf dem Hauptweg weiter, bis wir in etwas flacherem Gelände zu einer Wegteilung mit mehreren gelben Tafeln gelangen. Hier nehmen wir die mittlere, unmarkierte Route und wandern auf einem Traktorweg durch den Wald bergauf. Vor einem eingezäunten Privatgrundstück stößt unser Pfad auf einen gelb markierten Weg; wir wenden uns nach rechts und kommen nach ca. 5 Min. zu einem Wiesengrundstück, auf dem ein Obelisk aufragt.

Das imposante Bauwerk in 439 m Höhe ist das letzte Überbleibsel eines von Fürst Liechtenstein Anfang des 19. Jh.s um das Jagdschloss Hadersfeld eingerichteten Naturparks. An dieser Stelle standen einst ein römischer Wachturm und während der Türkenkriege eine Warnfeueranlage. Bei freier Sicht bietet sich von hier ein Ausblick auf das Kahlengebirge, also den Höhenzug zwischen Leopoldsberg und Exelberg, und weiter Richtung Alpen. Unterhalb des Denkmals befindet sich eine kleine Grotte, auf der Rückseite entdecken wir ein Mobil-WC. Hier oben gibt es auch eine Wiese mit

Picknicktisch, Schaukeln und eine Möglichkeit, die Wasserflaschen aufzufüllen (1 ½ Std.).

Vom Obelisken aus gehen wir den gelb markierten Weg weiter, über die Wiese und am Waldrand entlang, bis wir ins Ortsgebiet und zum Feuerwehrhaus der Gemeinde **Hadersfeld** kommen. Ein gelber Pfeil weist uns Richtung „Altenberg über Tempelbergwarte". Wir biegen vor der Feuerwehr rechts ab und marschieren ein Stück die Straße hinunter, bevor uns in der ersten Kurve Wandertafeln wieder in den Wald führen. Im folgenden Abschnitt bleiben wir auf Rot, bis wir über einen schmalen Pfad auf einen breiteren Waldweg treffen, in den wir rechts einschwenken. Nun gilt die gelbe Markierung, die uns nach wenigen Minuten zur **Tempelbergwarte** bringt.

Der Geländesporn, auf dem diese Warte des Österreichischen Touristenklubs heute steht, diente schon vor langer Zeit als Beobachtungsposten; man fand hier Keramikreste aus der späten Bronze- bzw. frühen Hallstattzeit (1000 – 600 v. Chr.). Der nun schon bekannte Fürst Liechtenstein ließ hier 1806/1807 einen Tempel auf einer Grotte errichten und nannte diesen in Würdigung seines Regiments Husarentempel – so wie auch das Bauwerk auf dem **Kleinen Anninger.** Der Tempel wurde allerdings wegen Baufälligkeit abgerissen und später durch die bis heute bestehende Warte ersetzt, deren Aussichtsplattform einen herrlichen Panoramablick bietet. Vor dem Gebäude befindet sich auch ein Picknicktisch, an dem man jausnen kann (2 ¼ Std.).

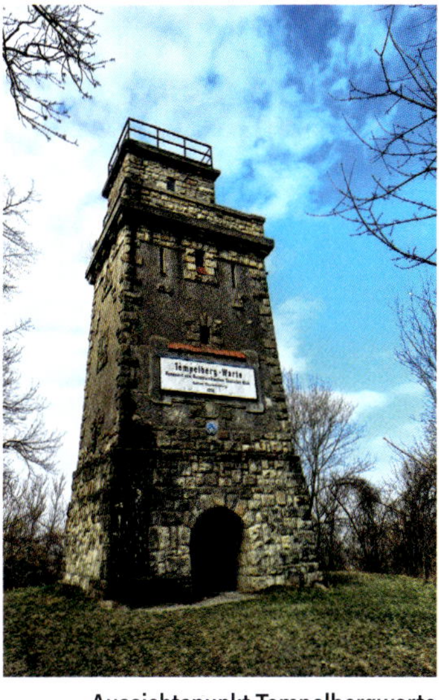

Aussichtspunkt Tempelbergwarte

Wir verlassen die Tempelbergwarte, indem wir zuerst dem gelben Pfeil Richtung Altenberg folgen, dann aber gleich bei der ersten Möglichkeit links ab-

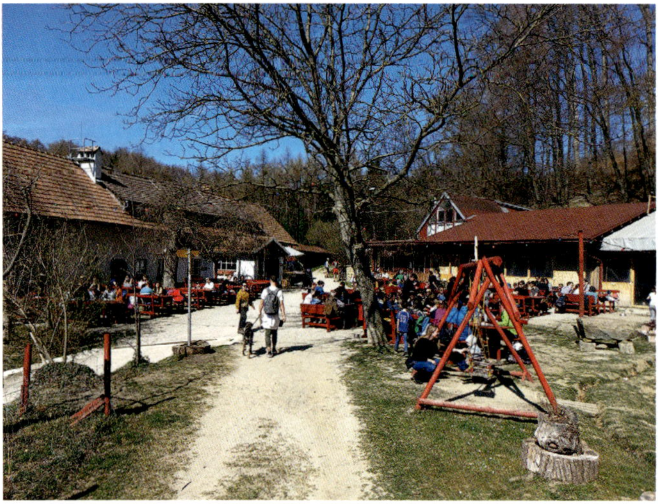

Jausnen und Spielen bei der Redlingerhütte

zweigen und so zu dem Punkt zurückkommen, wo wir vorher an einer Wegteilung rechts abgebogen sind. Von dort aus bleiben wir in Gehrichtung und sehen bald Wandertafeln vor uns; wir folgen hier der Richtung „Hadersfeld Glockenturm“ nach rechts und erreichen bald das bereits erwähnte **Schloss Hadersfeld**. Hier biegen wir rechts ein („Wördern-Hintersdorf“) und gleich nach einem Holzzaun wieder links auf die Wiese, an deren Rand ein schmaler Pfad zu einem breiteren Weg führt. Auf diesem halten wir auf eine Baumgruppe – das Buschgettl – zu, wo uns ein Marterl und eine interessante Informationstafel erwarten. Auch diese Stelle bietet sich als Rast- und Aussichtsplatz an.

Auf dem Feldweg halten wir weiter auf den Wald zu und erkennen etwa 100 m links von uns einen Picknicktisch, zu dem wir entweder am Feldrand oder ein paar Meter innerhalb des Waldes streben. Danach geht's auf der anderen Seite des Feldes wieder ein Stück bergab, bis wir zu einer Forststraße – dem „Waldweg“ – kommen, in die wir rechts einbiegen und dabei auf Grün der Richtungsangabe „Maria Gugging über Sonnberg“ folgen. Wenn der grün markierte Weg wenige Meter danach in den Wald abzweigt, bleiben wir auf der breiten Straße, wählen bei einer Teilung den rechten, leicht ansteigenden Weg und biegen in der ersten danach folgenden Rechtskurve links auf einen Waldpfad ein. Der idyllische Weg führt uns sanft bergab; von links stößt später eine blaue Markierung dazu, an die wir uns im nächsten Stück halten. Wir kommen an der oberen Kante eines kleinen ehemaligen Steinbruchs vorbei (Kinder nicht vorauslaufen lassen!) und gelangen nach ca. 1 km wieder auf die Forststraße, von der wir vorher abgezweigt sind.

Wir überqueren sie, biegen gleich dahinter links ein und gehen auf einem Karrenweg leicht abwärts, bis wir auf rote Markierungspfeile stoßen und an dieser Stelle rechts weiter hinuntergehen. Nach Überquerung einer unscheinbaren Steinbrücke leiten uns die roten Marken oberhalb eines Bächleins zur **Redlingerhütte**, die wir nach einem kleinen Aufstieg erreichen, um hier eine dringend benötigte Rast bei Speis und Trank einzulegen. Abgesehen vom kulinarischen Angebot gibt es hier auch einen bei Kindern besonders beliebten Waldspielplatz und etliche Schaukeln (4 ½ Std.).

Nach dem Besuch der Hütte geben uns die gelben Pfeile „Kierling Grüntal" und „Kierling Marschallgasse" die weitere Marschrichtung vor. Wir gehen auf einem breiten Waldrandweg bergauf und biegen in einer Kurve auf einen grün markierten Weg Richtung Kierling ein. Bald durchschreiten wir ein lichtes Waldstück und zweigen kurz vor Erreichen einer großen Wiese bei einem Baum mit einer deutlichen Markierung rechts auf einen schmalen Pfad ins Unterholz ab. Bei einer Wegteilung halten wir uns wieder rechts und kommen so relativ zügig ins Tal hinunter. Vor und unter uns sehen wir bereits die modernen Gebäude der „Elite-Uni" Institute of Science and Technology Austria, die auf dem Gelände der ehemaligen Landesnervenklinik in **Maria Gugging** errichtet wurde.

Am Ende dieses unmarkierten Weges kommen wir an einem Privathaus vorbei und gelangen so auf eine schmale Asphaltstraße, der wir nach rechts über eine Brücke folgen. Nach dem Kreisverkehr gehen wir auf dem Gehsteig der breiten Straße zur Hauptstraße von Gugging hinunter, überqueren diese und beenden unsere Wanderung, indem wir bei der Station „Maria Gugging IST Austria" in den Bus Richtung Heiligenstadt steigen (5 ½ Std.).

19 Auf ins Reservat!

Wanderung durch den Lainzer Tiergarten

In einem kostenlos zugänglichen Naturschutzgebiet können wir – manchmal sogar direkt aus dem Gasthausgarten – Wildschweine beobachten und viel über diese Tiere erfahren. Unser Spaziergang bringt uns aber auch zu einem kaiserlichen Schlösschen.

DER WANDERWEG

Wir verlassen die U-Bahn-/Bahnstation Hütteldorf über den Ausgang Hadikgasse, überqueren auf dem Hackinger Steg den Wienfluss zum 13. Bezirk hin und gehen dann nach rechts über die Promenade neben der Westeinfahrt bis zur Stampfergasse. In diese biegen wir ein, kommen so zur Auhofstraße, auf der wir uns rechts halten und nach wenigen Schritten die Nikolausgasse erreichen, die zum Nikolaitor des Lainzer Tiergartens führt.

Durch dieses Tor betreten wir das berühmte Naturschutzgebiet und lesen uns gleich die Sicherheitshinweise zu den hier ansässigen Wildschweinen durch (siehe „Wienerwald-Safari", S. 165). Danach gehen wir ein kleines Stück auf dem breiten Hauptweg aufwärts bis zu einem Spielplatz. Wenn wir den Bogen der Schotterstraße nicht ausgehen wollen, wenden wir uns nach rechts und kürzen so über einen etwas steileren Anstieg ab. Bei der ersten Infotafel über Wildschweine biegen wir rechts ein, gehen links an der Nikolaikapelle vorbei und gelangen so zu einem Weg, der etwas gemächlicher bergan führt. Er bringt uns wieder zur Forststraße, in die wir rechts einbiegen und in einem Bogen durch den Deutschordenswald weiterwandern. Dabei kommen wir immer wieder an Informationstafeln und Aktivitätsstationen für Kinder vorbei.

Abkürzung: An der Stelle, wo ein ebenso breiter Weg abzweigt und mehrere Wandertafeln zu sehen sind, bietet sich die Gelegenheit,

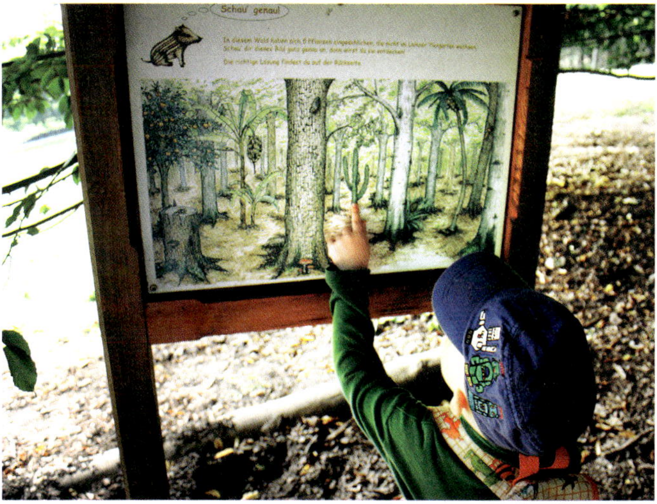

Rätselraten im Lainzer Tiergarten

diese Tour erheblich abzukürzen, indem man rechts einbiegt und in einer großen Runde (laut Plan auf den Infotafeln) zum Nikolaitor zurückgeht. Auf diesem Weg kommt man u. a. zu einer großen Wiese und dem Grünauer Teich. Insgesamt legt man auf der Abkürzungsstrecke etwa 3,5 km auf dem Gelände des Lainzer Tiergartens zurück.

Wir gehen geradeaus auf dem Hackenbergweg weiter und können an manchen Stellen kurze Abstecher durch naturbelassene Bereiche unternehmen, die uns bald wieder zur Forststraße zurückführen. Beim Aufstieg sehen wir links die alte Mauer des Lainzer Tiergartens, zu der es eine interessante Geschichte gibt:

Mitte des 16. Jh.s ernannte man den Auhof (jenen Teil des 13. Wiener Gemeindebezirks, in dem wir uns hier befinden) zum kaiserlichen Hofjagdgebiet, das später mit einem Holzzaun umgeben wurde. Unter Kaiser Joseph II. (1741–1790) sollte schließlich eine Mauer den Zaun ersetzen – u. a. deshalb, damit die Wildtiere nicht so leicht aus dem Gelände ausbrechen und auf den umliegenden Bauernhöfen Schäden anrichten konnten. Den Auftrag für den Bau der 24 km langen Ziegelmauer erhielt der Baumeister

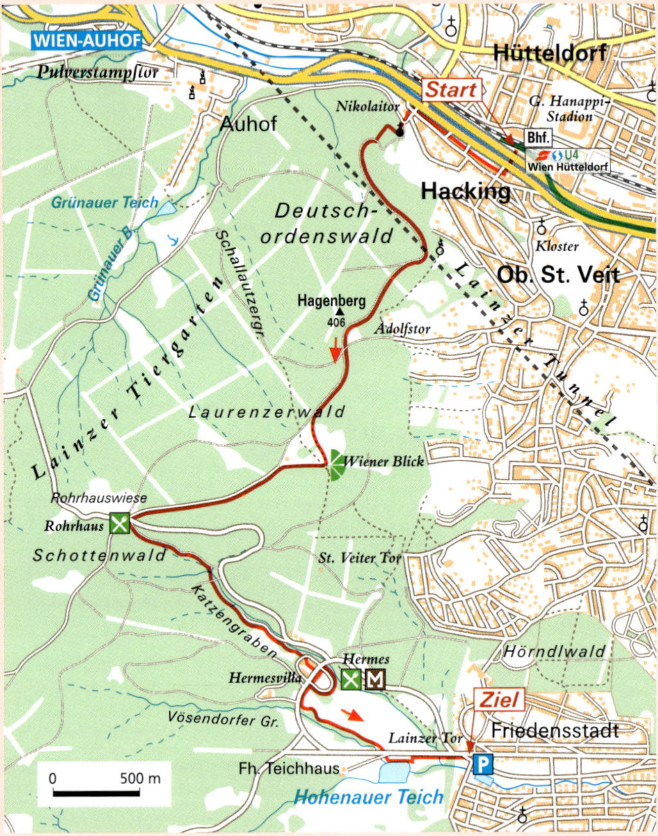

Philipp Schlucker, der dem Kaiserhaus ein erstaunlich günstiges Angebot gemacht hatte. Niemand glaubte, dass der „arme Schlucker“ – ein Ausdruck, den man bis heute für Menschen verwendet, die wenig besitzen – diesen Auftrag erledigen können würde, ohne bankrott zu gehen. Doch die Mauer war tatsächlich nach fünf Jahren ordnungsgemäß und zum vereinbarten Preis fertig. Der Kaiser schenkte Schlucker daraufhin ein Grundstück und ernannte ihn zum Waldamtsbaumeister.

WEGVERLAUF: Streckenwanderung. Bahnhof Hütteldorf – „Wiener Blick“ (1 ¾ Std.) – Rohrhaus (45 Min.) – Hermesvilla (45 Min.) – Lainzer Tor (45 Min.)

GEHZEIT: 4 Std.

LÄNGE: 8 km

SCHWIERIGKEITSGRAD: Einfache Wanderung mit ca. 230 m Aufstieg, der aber nie zu steil ist

EINKEHRMÖGLICHKEITEN: Rohrhaus (Mi und Do Ruhetag), Hermes (Mo Ruhetag; Winter: Mo–Mi Ruhetag)

ANFAHRT: Mit U4, S-Bahn oder Lokalzug bis Bahnhof Wien Hütteldorf

RÜCKFAHRT: Mit Bus und Straßenbahn vom Lainzer Tor Richtung Zentrum

HINWEIS: Die Öffnungszeiten des Lainzer Tiergartens erfahren Sie unter: www.lainzer-tiergarten.at

TIPP: Nehmt einen Feldstecher mit und begebt euch auf die Suche nach Wildschweinen!

AB: 4 Jahre

SYMBOLE:

= ja

= ganzjährig

= ja

Wenn wir die teilweise noch heute gut erhaltene Mauer betrachtet haben, gehen wir auf dem Hackenbergweg weiter, wobei wir nach dem ersten durchgehenden Anstieg immer wieder auch auf ebenem Grund oder sogar ein Stück bergab wandern. Nach einer weiteren kleinen Kuppe folgen wir einer Abzweigung nach links, wo wir auf einem ausgetretenen Pfad über die Bader Wiese auf ein Plateau hinaufsteigen und so zum „Wiener Blick“ kommen, von dem aus sich ein wunderbares Panorama der Stadt bietet. Hier können wir auf der Wiese oder den zur Verfügung stehenden Picknickbänken auch eine ausgiebige Rast einlegen (1 ¾ Std.).

Auf dem Wiener-Blick-Weg spazieren wir dann relativ niveaugleich über die Wiese zum Hauptweg zurück, wobei wir am Tenno-Kogo-Stein vorbeikommen, der an den Besuch des japanischen Kaiserpaars im Lainzer Tiergarten im Jahre 2002 erinnert. Der Hackenbergweg führt uns dann nach links und sanft abfallend etwa 1 km weiter bis zur Rohrhauswiese, wo uns wieder ein großer Spielplatz erwartet und wir zudem im beliebten Ausflugslokal **Rohrhaus**, in dessen Garten sich gelegentlich Wildschweine verirren, einkehren können (2 ½ Std.).

Vor dem Gasthaus zeigen Wegweiser Richtung Hermesvilla und Lainzer Tor; wir zweigen jedoch nach ein paar Metern auf dem Asphalt der Rohrhausstraße halbrechts auf eine breite Schotterstraße ab, die bergab in den Wald führt. Nach etwa einer Stunde gelangen wir zu einer Wegkreuzung, neben der auf der linken Seite ein Forsthaus steht. Wir biegen an dieser Stelle schräg nach rechts auf einen geschotterten Weg ab, der uns in den Wald und nach ein paar Stufen zum schön gestalteten Neptunbrunnen führt.

Hier befinden wir uns am Hintereingang der **Hermesvilla**, die in den Jahren 1882 bis 1886 als Schlösschen für Kaiserin Elisabeth (alias „Sisi") erbaut wurde und heute eine Dependance des Wien-Museums beherbergt, in der man eine Ausstellung über das Leben der Gattin von Kaiser Franz Joseph besichtigen kann. Wir durchqueren ein Gebäude der Forstverwaltung, betreten den Hof der Villa und gehen über einen geschotterten Weg zum überdachten Genovevabrunnen und dann zu einer Skulpturengruppe. Etwas weiter vorne ist im **Hermes** – „Café Restaurant Labstelle" – wieder eine Einkehr möglich (3 ¼ Std).

Wir umrunden nun die Hermesvilla, um sie auch von vorne betrachten zu können, und gelangen so zum anderen Garteneingang, neben dem ein kleines Wildschwein auf einem Holzpflock sowie eine Informationstafel mit der Aufschrift „Vom Winde verweht" zu sehen sind. Hier wenden wir uns auf der asphaltierten Hermesstraße nach links, wandern an einer Lagerwiese vorbei und biegen vor einer Bachbrücke links in einen Weg am Bach entlang ein. Auf dieser vielbegangenen Promenade, die an der großen Penzinger Wiese vorbeiführt, halten wir auf das Lainzer Tor zu. Dabei haben wir immer wieder Gelegenheit, in Gattern gehaltene heimische Tiere zu beobachten. Wir kommen am Ufer des Hohenauer Teichs vorbei, in dessen Nähe ein großer Waldspielplatz und eine Liegewiese zum Aufenthalt einladen, freuen uns dann noch über ein Hirschreservat links der Hauptstraße und erreichen schließlich das Lainzer Tor. Unsere Wanderung endet bei der Busstation gleich außerhalb des Lainzer Tiergartens (4 Std.).

Wienerwald-Safari

Es ist kaum zu glauben, dass der Wienerwald um 1870 beinahe abgeholzt worden wäre, um die Finanzen der Habsburger aufzubessern. Wäre es dem Journalisten und Naturschützer Josef Schöffel damals dank seines unermüdlichen Einsatzes nicht gelungen, dieses Vorhaben in letzter Minute abzuwenden, könnten wir uns heute hier nicht so unbeschwert an der Natur und den vielen Tieren erfreuen. Mittlerweile ist der Wienerwald geschützt und u. a. Teil eines Biosphärenparks. Das Gebiet darf weder gerodet noch in Bauland umgewidmet werden. Die vielen alten Bäume und das Totholz am Boden schaffen Lebensräume für viele Tierarten wie Spechte oder Fledermäuse. Da der Großteil des Wienerwalds aus Laubwald besteht und das Laub im Herbst abfällt und erst im Frühling wieder sprießt, findest du hier auch Bärlauch, der so genug Licht zum Wachsen bekommt (siehe Rezept S. 215). Wir stellen dir hier einige typische Waldbewohner vor. Begib dich auf die Suche! Vielleicht kannst du den einen oder anderen entdecken, wenn du dich leise verhältst und ganz genau schaust! Die Sternchen verraten dir, ob er leicht (ein Stern) oder schwer (vier Sterne) zu finden ist. Und wenn du einen gesehen hast, kannst du den Kreis neben seinem Namen ankreuzen.

Waldmistkäfer – die Müllabfuhr** ○

Mistkäfer kommen in unseren heimischen Wäldern sehr häufig vor – bestimmt hast du auch schon einmal einen gesehen. Mit seinem schwarzen, violett-bläulich glänzenden Körper sticht er einem schnell ins Auge, wenn er hektisch den Wanderweg kreuzt. Manchmal schiebt er auch ein Kügelchen vor sich

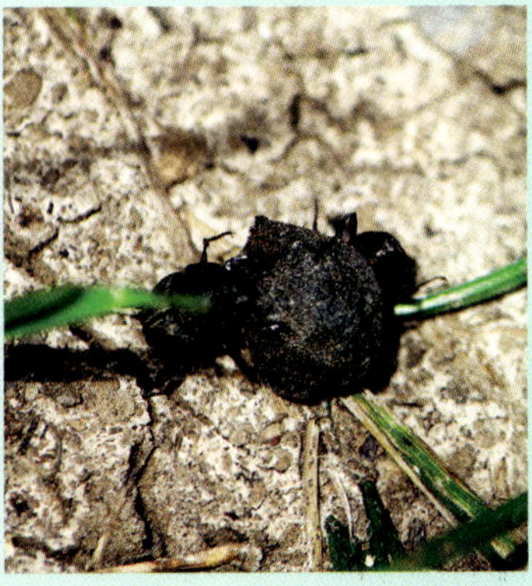

Waldmistkäfer

her – dabei handelt es sich um Kot, also Ausscheidungen von anderen Tieren. Von diesen „Kotpillen" ernährt sich der kleine, rundliche, etwa 15 Millimeter große Käfer oder nutzt sie als Brutpillen für seinen Nachwuchs. Mit seinen verbreiterten Vorderbeinen kann er ausgezeichnet Löcher graben, in deren Kammern er seine Eier ablegt.

TIPP: Hebst du einen Mistkäfer vorsichtig hoch und hältst ihn dir ans Ohr, wirst du seine Protestlaute hören.

Reh – das Scheue** ○

Das Reh ist mit einer maximalen Schulterhöhe von 75 Zentimetern nicht nur die kleinste Hirschart in unseren Wäldern, sondern auch die häufigste. Es lebt vorzugsweise in Mischwäldern, die an Wiesen und Felder grenzen, wo es in der Dämmerung oft bei der Nahrungssuche zu entdecken ist. Im Sommer ist sein Fell rotbraun, im Winter graubraun. Auffällig ist der weiße Fleck auf seinem Popo, der in der Jägersprache Spiegel genannt wird. Nur das Männchen trägt ein Geweih.

Achtung: Im Mai kommen die Rehkitze zur Welt. Sie liegen gut versteckt in Wiesen und haben noch keinen Geruch, damit sie nicht von Füchsen oder Hunden entdeckt werden, die ihnen Schaden zufügen können. Solltest du ein Kitz entdecken, darfst du es auf keinen Fall angreifen, da es sonst deinen Geruch annimmt und von der Mutter verstoßen wird. Also bitte nur aus der Ferne beobachten – und Hunde an die Leine nehmen!

TIPP: Tagsüber sind Rehe meist gut im Dickicht versteckt, aber du kannst vielleicht ihre Spuren im feuchten Boden oder Schnee entdecken!

Buntspecht – der Lautstarke** ○

Hast du schon einmal dieses seltsame kurze Trommeln im Wald gehört und dich gewundert, woher es kommt? Das ist der Buntspecht, wenn er mit seinem besonders robusten Kopf und dem federnden Schnabel gegen die harte Rinde eines Baumstamms klopft, um Insekten aufzustöbern oder eine Bruthöhle in den Baumstamm zu schlagen. Gesehen hast du ihn eventuell auch schon. Mit seinem prächtigen schwarz-weißen Gefieder und dem leuchtend roten

Fleck am Hinterkopf sticht er einem aufmerksamen Beobachter im Wald gleich ins Auge. Ernähren tut er sich von Insekten, Nüssen und Samen, die er mit seinem Schnabel aus den Zapfen pickt. Im Winter ist er auch manchmal am Futterhäuschen zu entdecken.

Eichhörnchen – das Emsige** O

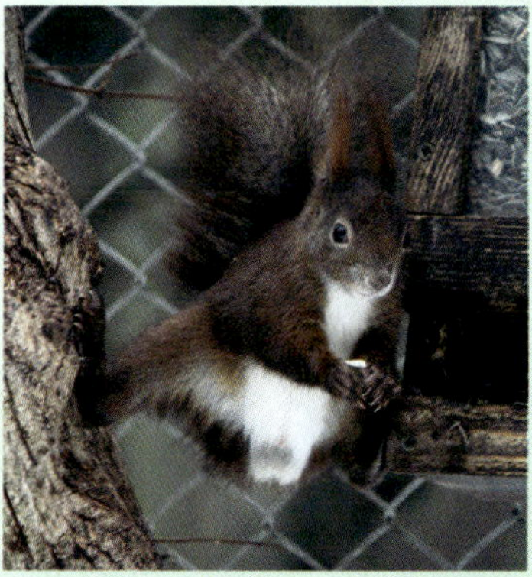

Eichhörnchen

Das Eichhörnchen zählt zu den Nagetieren und ist sehr anpassungsfähig. Man trifft es sowohl in Wäldern als auch in Parks oder auf Friedhöfen an. Es kann recht zutraulich sein und Nüsse direkt aus der Hand fressen. Der buschige, rotbraune Schwanz ist fast so lang wie das ganze Eichhörnchen (15–20 Zentimeter). Am Bauch ist es weiß. Da Eichhörnchen tagaktiv sind, lassen sie sich besonders leicht beobachten, wie sie von Baum zu Baum springen und teilweise akrobatische Kunststücke an den Tag legen. Zum Schlafen baut sich das Eichhörnchen eine Art Nest, Kobel genannt, in dem es im Winter auch Winterruhe hält. Auf seinem Speiseplan stehen neben Nüssen, Eicheln und Samen auch Insekten, Beeren, Pilze und Vogeleier. Es ist nämlich – was einige Leute nicht wissen – ein Allesfresser. Für den Winter legt es Vorräte an, die es an vielen verschiedenen Stellen in der Erde vergräbt und später dank seines ausgesprochen guten Geruchssinns wiederfindet.

Rothirsch – der Edle*** O

Der Rothirsch ist das größte in Österreich lebende Wildtier und dank seines beeindruckenden Geweihs gut zu erkennen. Allerdings verfügt nur das Männchen über ein solches Geweih. Das Sommerfell des Rothirschs ist rotbraun; im Winter wird es graubraun und doppelt so lang und dicht, damit es schön warmhält. Rothirsche sind sehr anpassungsfähig, scheuen aber die Nähe zu Menschen. Zum Fressen kommen sie gern auf Lichtungen oder an den Waldrand, wo du sie in der Dämmerung leichter entdecken kannst.

TIPP: Der Rothirsch wirft jedes Jahr zwischen Februar und März sein Geweih ab. Danach fängt sofort ein neues zu wachsen an, das nach fünf Monaten schon wieder seine volle Größe hat. Wenn du also im Frühjahr auf deinen Wanderungen durch den Wald aufmerksam Ausschau hältst, findest du mit ein wenig Glück vielleicht ein abgeworfenes Geweih.

Feuersalamander – der Giftige**** ○

Der Feuersalamander lebt vorzugsweise in feuchten Laubwäldern der Mittelgebirge und ist unverkennbar. Seine mit schwarzen und gelben Flecken sowie Streifen versehene Haut sticht sofort ins Auge. Lebt der Salamander auf sandigem Boden, dann ist er eher gelb; auf dunklen Böden überwiegt der schwarze Anteil. Das Weibchen legt keine Eier, sondern setzt im Frühjahr Larven direkt ins Wasser ab. Dazu bevorzugt es kalte, klare Waldbäche. Die Larven leben dann bis zu sechs Monate im Wasser und atmen über äußere Kiemen, die wie Büschel an ihrem Kopf wachsen. Feuersalamander können sehr alt werden – in Gefangenschaft bis zu 50 Jahre; in der Natur erreichen sie ein stattliches Alter von 20 Jahren.

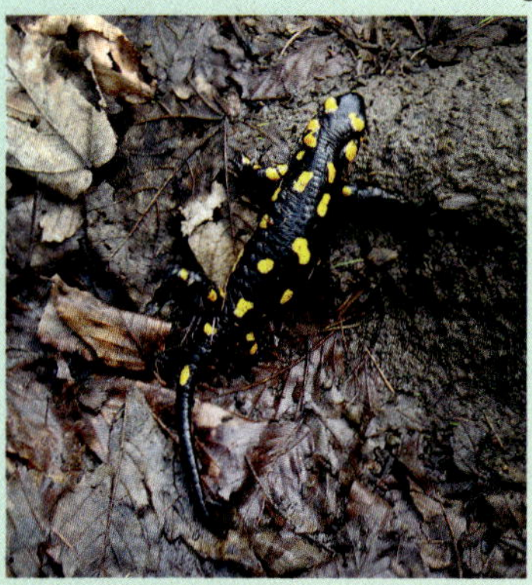

Feuersalamander

Vorsicht: Feuersalamander solltest du nie berühren. Sie können ein giftiges Sekret absondern, das unangenehm brennt. Dieses Gift schützt den Salamander sowohl vor Fressfeinden als auch seine Haut vor Bakterien und Pilzen.

TIPP: Der Feuersalamander ist zwischen März und Oktober aktiv, aber schwierig zu entdecken. Am ehesten kannst du dein

Glück bei den Wanderungen 15 (S. 133) und 19 (S. 160) versuchen. Da haben wir welche entdeckt.

Wildschwein – der Wühler* ○

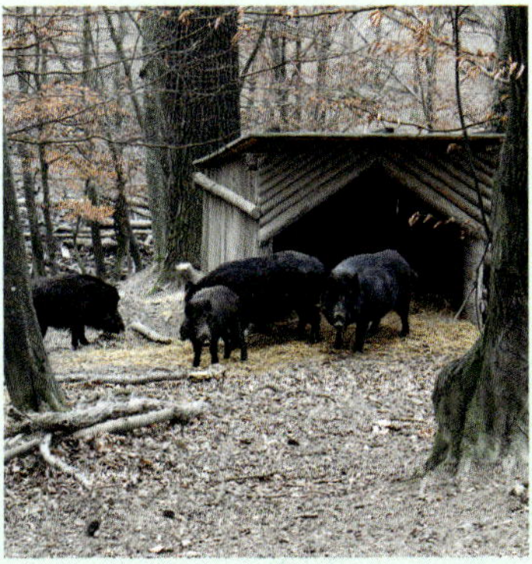

Wildschweine

Bestimmt hast du im Auwald schon aufgewühlte Wiesen bemerkt. Verantwortlich dafür sind Wildschweine, die Vorfahren unseres Hausschweins, die mit ihren starken Rüsseln den Boden nach Nahrung durchwühlen. Besonders gern fressen sie Bucheckern, Kastanien und Eicheln. Aber auch Wurzeln, Engerlinge, Würmer und Schnecken finden sich auf ihrem Speiseplan – und selbst vor Mäusen, Schlangen und Fröschen schrecken sie nicht zurück. Sie sind halt richtige Allesfresser und dazu noch sehr anpassungsfähig. Tagsüber dösen sie im Dickicht oder suhlen sich in schlammigen Lacken, um sich abzukühlen oder lästige Parasiten loszuwerden. In der Dämmerung werden sie aktiv und begeben sich auf Nahrungssuche. Wildschweine leben in sogenannten Rotten, das sind Gruppen von 20 bis 30 Tieren. Dabei handelt es sich fast ausschließlich um Bachen – so nennt man die weiblichen Wildschweine – und ihre Jungtiere (Frischlinge). Die Männchen (Eber) sind Einzelgänger. Die Frischlinge sind gut an ihren hellen Streifen zu erkennen.

Vorsicht: Vor allem die jungen Wildschweine sehen putzig aus, trotzdem solltest du sie nur aus der Ferne beobachten und auf keinen Fall angreifen, da die Bachen ihren Nachwuchs verteidigen. Ausgewachsene Wildschweine können ganz schön gefährlich werden und mit ihren Hauern (spitzen Eckzähnen) schwere Verletzungen zufügen.

TIPP: Auf den Wanderungen 19 (S. 160) und 27 (S. 216) ist die Wahrscheinlichkeit sehr groß, dass du auf Wildschweine triffst.

20 Zoogeschichten

Von Purkersdorf auf die Rudolfshöhe und ins Wienerwaldhaus

Gleich nach Beginn der Wanderung besuchen wir einen Streichelzoo. Später geht es auf eine fast 29 Meter hohe hölzerne Warte – und von dort in einen Naturpark mit Hirschen, Wildschweinen, Ziegen und Bienen.

DER WANDERWEG

Vom Bahnsteig der Haltestelle **Purkersdorf** Zentrum kommen wir durch eine Unterführung in die Fürstenberggasse, wo wir bereits eine überdachte Holzbrücke vor uns sehen. Auf ihr marschieren wir über den Wienfluss, um zum Parkplatz an der B44 zu gelangen. Hier beginnt die Wanderung für all jene, die mit Auto oder Bus angereist sind.

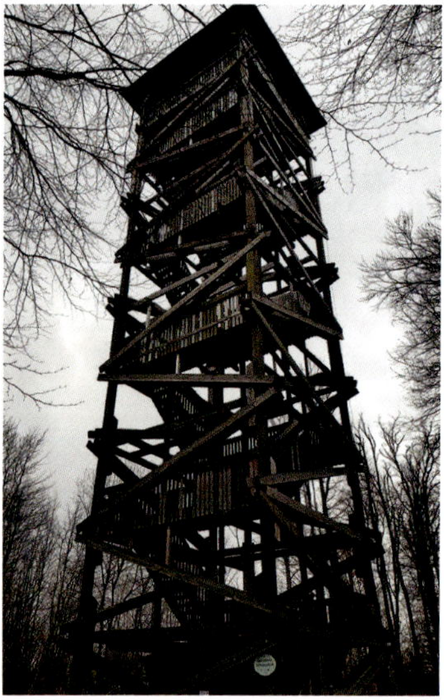

Rudolfswarte im Winter

Wir überqueren die Bundesstraße auf einem Fußgängersteg, der uns auf die Kellerwiese mit ihrem großen Spielplatz bringt. An einem Holzzaun entlang gehen wir schräg links hinauf, zum Eingang des Streichelzoos. Hier finden wir Gehege mit Schafen, Eseln und Ziegen.

Nach einer Besichtigung setzt sich unsere Route quer über den bereits erwähnten Abenteuerspielplatz fort, wo uns auch Rastbänke

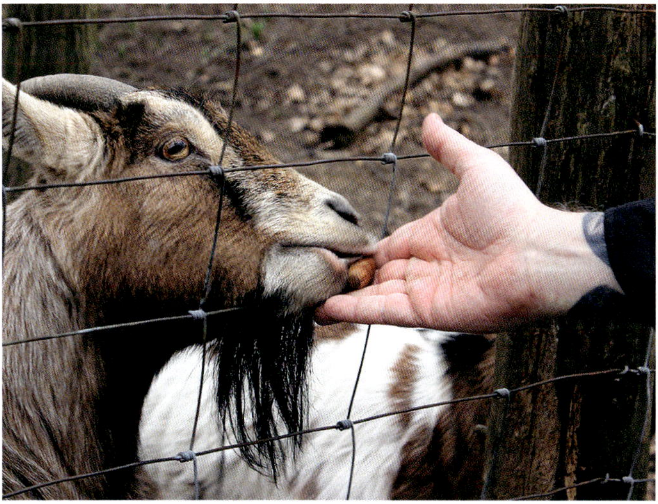

Ziegenfüttern beim Naturparkhaus

und eine Möglichkeit zum Auffüllen unserer Wasserflaschen erwarten. Unmittelbar nach einem rot-weiß-roten Schranken weist uns ein gelber Pfeil Richtung „Blätterdach, 40 Min.". Wir folgen diesem bergauf führenden Weg, der nach wenigen Metern rechts abbiegt; kurz nach einem zweiten Pfeil nehmen wir den direkt nach rechts führenden Waldrandweg. Wenn das Gelände unter uns verflacht, geht es etwas steiler bergan weiter, bis wir zum Wendeplatz einer Forststraße gelangen. Nun müssen wir genau Ausschau nach der Fortsetzung unserer Route halten: Schräg rechts gegenüber führt auf der anderen Seite dieses Platzes ein schmaler Pfad zwischen Sträuchern ins Unterholz, auf dem es weitergeht.

Der unmarkierte Pfad führt uns nun steiler bergauf. Wenn sich rechts von uns der Talschluss abzeichnet, zweigt links ein weiterer Weg ab, der uns über Wurzeln und Steine relativ zügig den Anstieg zur **Rudolfshöhe** (472 m) bewältigen lässt. Dort oben erwarten uns nicht nur Picknickbänke, sondern auch die Rudolfswarte – ein hölzerner, 28,5 m hoher Turm, von dem aus wir einen schönen Rundblick genießen können, wenn wir die 127 Stufen bis zur Aussichtsplattform geschafft haben (1 ¼ Std.).

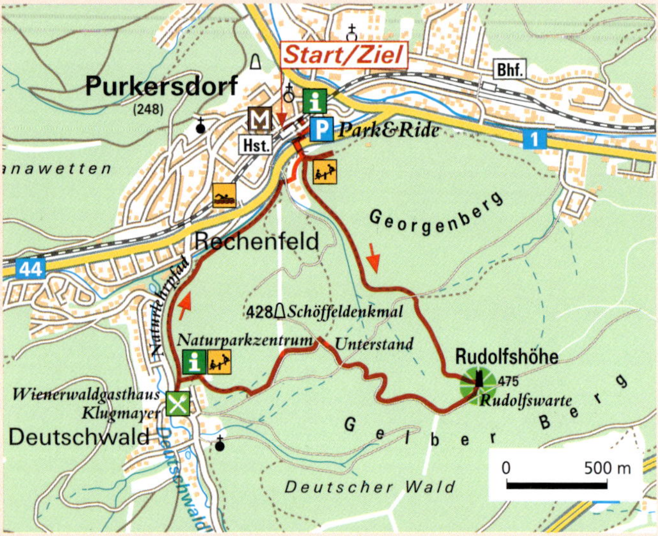

Gleich rechts von dem Pfad, über den wir hinaufgekommen sind, führt ein schmaler Waldweg mit einer roten Markierung wieder leicht bergab auf eine Forststraße zu, in die wir rechts einbiegen. Bei einer Wegteilung folgen wir dem rechten Ast und halten uns somit an die rote Markierung. Über mehrere Serpentinen geht es nun wieder durch den hohen Wald abwärts, bis wir einen Kreuzungsplatz mit Picknicktischen und mehreren Wandertafeln erreichen. Von nun an befinden wir uns auf dem 77 Hektar großen Gelände des Naturparks Purkersdorf (siehe „Nationalpark und Naturpark", S. 222). Wir gehen geradeaus auf dem „Buchenweg" weiter und kommen so wenige Meter danach zum „Blätterdach", wo uns ein Spielplatz, ein paar Sitzbänke, eine Unterstandshütte und einige Informationstafeln zu einer lehrreichen Rast einladen.

Von hier aus folgen wir dann dem talwärts führenden Weg, der auf den gelben Wanderpfeilen als „Spechtweg" angegeben ist und uns in 30 Min. zum Naturparkzentrum bringen soll. Beim Bergabschreiten sehen wir am Wegesrand immer wieder „Specht-

WEGVERLAUF: Rundwanderung. Bahnhof Purkersdorf Zentrum – Rudolfshöhe (1 ¼ Std.) – Wienerwaldhaus (1 Std.) – Bahnhof Purkersdorf Zentrum (1 Std.)

GEHZEIT: 3 ¼ Std.

LÄNGE: 6,1 km

SCHWIERIGKEITSGRAD: Gemütliche Waldwanderung mit einem etwas steileren Anstieg von ca. 120 Höhenmeter zu Beginn

EINKEHRMÖGLICHKEIT: Wienerwaldgasthaus Klugmayer (Di und Mi Ruhetag)

ANFAHRT: Mit der Bahn auf der Westbahnstrecke ab Wien Westbahnhof oder Hütteldorf bis zur Haltestelle Purkersdorf Zentrum. Mit dem Bus 451 vom Bahnhof Hütteldorf in Richtung Wolfsgraben bzw. Gablitz/Sieghartskirchen bis zur Haltestelle Purkersdorf Zentrum/Bahn. Mit dem Auto bis Purkersdorf Parkplatz Zentrum

TIPP: Sammelt im Herbst Eicheln für die Tiere im Streichelzoo und beim Naturparkhaus!

AB: 6 Jahre

SYMBOLE:

 = nein

 = ganzjährig

 = nein

bäume" und Informationen über Spechte, die uns einiges über diese hier heimischen Vögel verraten. Nach gut 400 m weist uns eine gelbe Tafel nach rechts zum Naturparkhaus. Wir gehen an der Drahtumzäunung des Wildschweingeheges entlang, wo wir die Tiere auch von hölzernen Aussichtsplätzen aus beobachten können, und treffen so bald beim Wienerwaldhaus, der Informationsstelle des Naturparks, ein (2 ¼ Std.).

Im angeschlossenen Museum erfahren wir einiges über den Alltag der Bauern in früheren Jahrhunderten; im Hirschgehege können wir Rotwild aus nächster Nähe betrachten; und im Holzlabor finden wir Wissenswertes über Baumarten und die Geschichte des Naturparks. Zudem bietet sich uns hier die Gelegenheit, die Wasserflaschen aufzufüllen, von den Naturparkbienen erzeugten Honig zu erwerben und einen Waldspielplatz zu erkunden.

Wir gehen dann weiter, an der WC-Anlage vorbei, auf einem Waldweg bergab. Hinter dem Drahtzaun links von uns sehen wir Ziegen, die sich mit Eicheln füttern und auch streicheln lassen.

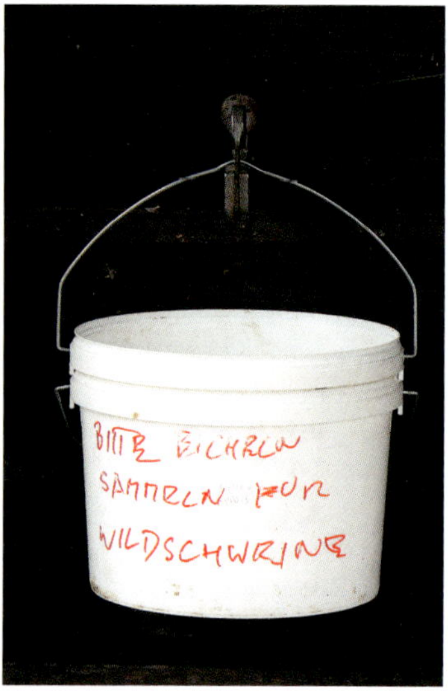

Sammelaktion

Gehen wir an ihrem Gatter entlang oder am bequemeren Waldweg daneben zur Straße hinunter, so gelangen wir auf einen rot markierten Weg. Ein paar Schritte nach links führen uns zur ersten und einzigen Einkehrmöglichkeit auf dieser Strecke, dem **Wienerwald-gasthaus Klugmayer**.

Unsere Route führt dann besagte paar Schritte zurück und neben der Straße auf dem Naturlehrpfad weiter. Auf diesem Weg, der nach einer Linkskurve der Straße direkt an der Wien entlangführt, kommen wir an mehreren kindgerechten Wasser- und Natur-Erlebnisstationen vorbei. Eine schwache Steigung bringt uns schließlich zum Sängerbrunnen, der 1875 „zu Ehren des Wiener Männer-Gesangsvereines" errichtet wurde. Danach überschreiten wir auf einer schmalen Brücke einen Bach, queren die Straße namens Kellerwiese und sehen nun schon den bekannten rot-weiß-roten Schranken vor uns. Kinder, die noch bewegungshungrig sind, können sich auf dem großen Spielplatz austoben, über den wir am Anfang der Wanderung gegangen sind.

Das letzte Stück der Route führt uns dann über den Steg zum Ausgangspunkt – Bushaltestelle, Parkplatz bzw. Bahnhof – zurück (3 ¼ Std.).

Löwenzahnhonig

Im Frühling sind die Wiesen oft ganz gelb vor lauter Löwenzahnblüten. Neben schönen Blumenkränzen lässt sich aus den Blüten aber auch der wunderbare Löwenzahnhonig ganz leicht selber machen. Am besten sammelst du die Blüten dafür an abgelegenen Plätzen, wo wenig Verkehr ist und auch nicht so viele Hunde unterwegs sind.

ZUTATEN:

1 kg Löwenzahnblüten

1 l Wasser

1 Zitrone

1 kg Zucker

Zusätzlich:

sterile Gläser, um den Honig abzufüllen

Drei-Liter-Kochtopf

Schöpfer, Kochlöffel

ZUBEREITUNG:

1. Wie schon die Holunderblüten solltest du auch die Löwenzahnblüten nicht waschen, sondern nur mit der Hand von trockenen Stellen oder Insekten säubern, um das Aroma zu erhalten.
2. Die Blüten gibst du anschließend in den Topf mit Wasser und lässt sie darin ca. zwei Stunden ziehen. Danach kochst du das Gemisch kurz auf und lässt es für weitere 20 Minuten vor sich hin köcheln. Nun kannst du es über Nacht noch einmal ziehen und abkühlen lassen.
3. Am nächsten Tag kannst du dann die Blüten abseihen. Dazu nimmst du einfach ein Sieb, das du über einen zweiten Topf hältst. Am besten hilft dir dabei ein Erwachsener. Damit der Honig schön klar wird, kannst du zusätzlich ein Baumwolltuch

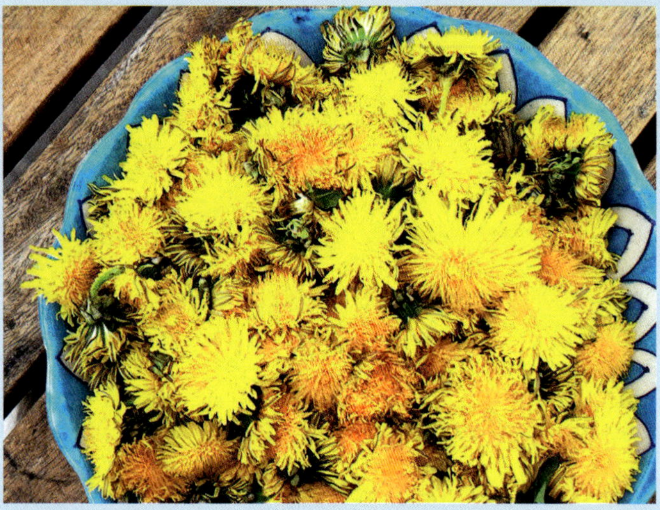

Löwenzahn für den Honig

oder eine Stoffwindel ins Sieb legen, damit auch die kleinsten Schwebeteilchen herausgefiltert werden.

4. Jetzt musst du nur noch den Zucker und den Saft der Zitrone dazutun und das Ganze erneut zum Kochen bringen. Aber Achtung! Das kann 3–4 Stunden dauern – es ist wichtig, dass du in dieser Zeit immer wieder umrührst, bis die Flüssigkeit zäher wird und Fäden zieht. Dann ist der Löwenzahnhonig fertig und du kannst ihn in die von dir vorbereiteten Gläser füllen!

21 Kängurus im Wienerwald

Zu den „Pechbäumen“ und einem Steinbruch am Harzberg

In Bad Vöslau gehen wir am Thermalbad vorbei auf den Harzberg und besuchen dort die Kängurufarm beim Schutzhaus. Danach wandern wir über den Gipfelgrat zum aufgelassenen Vöslauer Dolomitwerk, wo wir spielen und picknicken können.

DER WANDERWEG

Vom Bahnhof des traditionsreichen Kurorts **Bad Vöslau** aus gehen wir durch die Bahnstraße auf den Ort zu (Pfeile Richtung „Zentrum“, „Thermalbad“ und „Harzberg“). Links von uns fließt der **Hansybach**, an dem wir ein Stück entlangwandern, bis wir zur Kreuzung mit der Badner Straße gelangen, wo in einem hölzernen Salettl ein paar Stufen zum Bach hinunterführen. Hier befindet sich das erste und bisher einzige **Schneckenreservat** der Welt, über das wir uns anhand einer Schautafel informieren können.

Danach wenden wir uns nach rechts und sehen auf der anderen Straßenseite das Portal des berühmten Thermalbads der Stadt; am Parkplatz gegenüber beginnt die Tour übrigens für all jene, die mit dem Auto angereist sind. Über uns am Berg erspähen wir bereits die Aussichtswarte am **Harzberg**, die wir im Zuge dieser Wanderung erreichen werden. Neben dem Eingang zum Bad finden wir eine Nische mit einem Brunnen, aus dem wir Thermalwasser entnehmen können, das es sonst nur im Supermarkt gibt.

Rechts vom Bad beginnt der Malfattiweg, den wir nun über Stufen hinaufsteigen. An der Marien-/Cholerakapelle vorbei kommen wir zum unteren Ende des Franz-von-Suppé-Wegs, auf dem wir aber nicht weitermarschieren, sondern links den Malfattiweg unterhalb einer Gruppe moderner Privathäuser weitergehen. Am Ende des gepflasterten Weges schreiten wir rechts hinauf zur Straße, wo uns mit dem **Kiosk 26** ein kleiner Imbissstand erwartet.

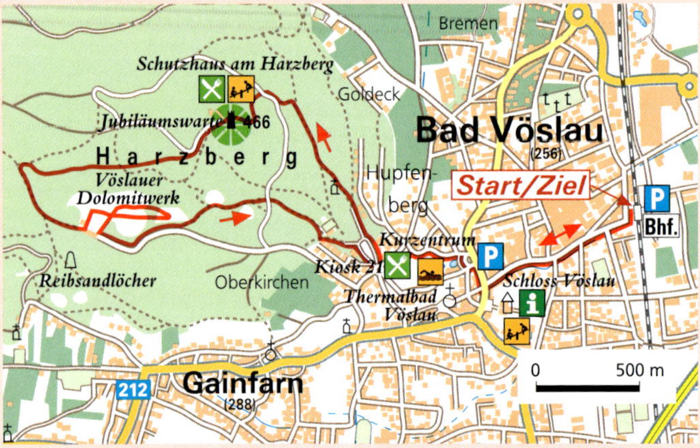

WEGVERLAUF: Rundwanderung. Bahnhof Bad Vöslau – Harzberg (1 ¾ Std.) – Vöslauer Dolomitwerk (1 Std.) – Bahnhof Bad Vöslau (1 ¾ Std.)

GEHZEIT: 4 ½ Std.

LÄNGE: 9 km

SCHWIERIGKEITSGRAD: Vorwiegend gemütliche Tour mit einer markanteren Steigung

EINKEHRMÖGLICHKEITEN: Kiosk 26 (Mo–Mi Ruhetag), Schutzhaus Am Harzberg (Mo und Di Ruhetag; Winter: Mo–Mi Ruhetag), div. Lokale und Buschenschenken in Bad Vöslau

ANFAHRT: Mit der Bahn von Wien Hauptbahnhof oder Meidling bis Bad Vöslau Bahnhof. Mit dem Auto bis zum Parkplatz Heilquellengasse gegenüber dem Vöslauer Thermalbad

TIPP: Steckt euch Münzen ein, um Erdnüsse für die Kängurus zu kaufen!

AB: 5 Jahre

SYMBOLE:
- Kinderwagen = nein
- Sonne = ganzjährig
- Wegweiser = nein

Schräg gegenüber liegt der Eingang zum Kurpark, den wir nun betreten, in ihm schräg rechts gewendet bergauf gehen und an einem Denkmal für Kaiser Franz Joseph I. vorbeikommen.

Rechts von uns sehen wir beim Aufstieg einen Spielplatz zwischen den Föhren. Wir halten auf ein großes grünes Schild mit der Aufschrift „Waldlehrpfad Bad Vöslau" zu und nehmen nun den mit einer gelben Tafel gekennzeichneten Weg „Harzberg über

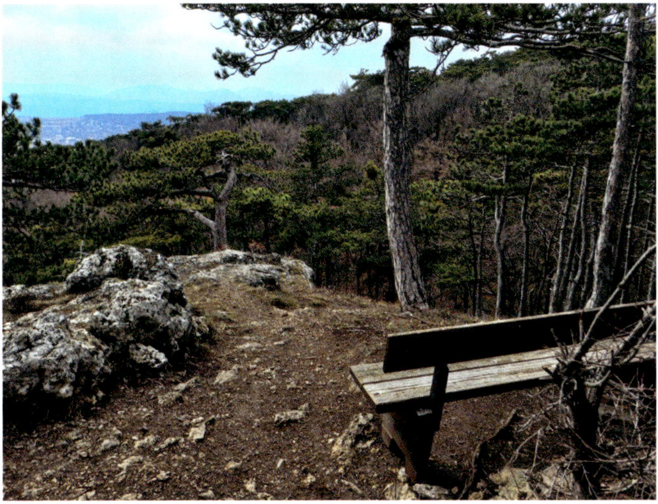

Bankerl am Aussichtspunkt über dem Klettergarten

Waldlehrpfad ca. 30 Min.", der auch gelb markiert ist und uns an der grünen Tafel vorbei leicht bergan in den Wald führt. Ein alter Holzpfeil weist auch noch auf die Dreifaltigkeitskapelle „Auge Gottes" hin. Rechts vom Waldweg nehmen wir Picknicktische und einen weiteren Spielplatz wahr. Bei der nächsten Wegteilung bleiben wir links auf Gelb und kommen nach wenigen Schritten zu besagter Auge-Gottes-Kapelle links vom Weg, die einen Blick wert ist.

Am Wegrand sehen wir immer wieder eingeschnittene Schwarzkiefern. Diese Einschnitte dienten der Gewinnung von Harz, auch „Pech" genannt. Schon die Römer zapften die Schwarzkiefer – den harzreichsten Baum Europas – an und nutzten das Pech zum Abdichten ihrer Schiffe. Im Wienerwald wurde das Harz zu Terpentinöl und Kolophonium weiterverarbeitet, die man in der Papier-, Lack-, Seifen-, Kabel- und Schuhcreme-Industrie verwendete. Pro Stamm und Jahr lassen sich ca. drei bis vier Liter Harz gewinnen. Heute werden daraus Räucherharz und „Alpengummi" (ein Kaugummi) erzeugt. Auf Pechbäume stoßen wir auch in **Mödling** und im **Naturpark Sparbach** immer wieder (siehe Wanderungen 13, S. 117, und 27, S. 216).

Bei der nächsten Abzweigung folgen wir nicht dem links bergauf führenden Pfad, sondern gehen geradeaus weiter, wo wir vor uns eine Unterstandshütte sehen. An dieser vorbei wandern wir praktisch niveaugleich weiter, um nach ca. 100 m an einem Aussichtspunkt mit einer Rastbank anzukommen, von dem aus wir Baden, Sooß, Traiskirchen und andere Ortschaften an der Thermenlinie Richtung Wien überblicken können.

Von diesem Punkt aus geht es zurück zur vorigen Abzweigung, in die wir nun rechts einbiegen. Der reizvolle Waldweg führt uns bergan zur Harzbergstraße. Wir gehen auf dieser Forststraße ein paar Meter nach rechts und biegen dann gleich wieder links ein, der bekannten gelben Markierung auf den Harzberg folgend. Auf einem immer wieder in steinernen Stufen ausgeführten Waldweg steigen wir – nun auf einem Geolehrpfad – zügig bergauf, um nach ca. 15 Min. das **Schutzhaus am Harzberg** mit seiner Kängurufarm (siehe „Wie das Känguru auf den Harzberg kam", S. 183) und die 22 m hohe **Jubiläumswarte** zu erreichen, von deren Plattform sich ein Rundblick lohnt. Ein Spielplatz sowie ein weiterer Aussichtspunkt mit Sitzgelegenheiten laden ebenfalls zum Verweilen ein (1 ¾ Std.).

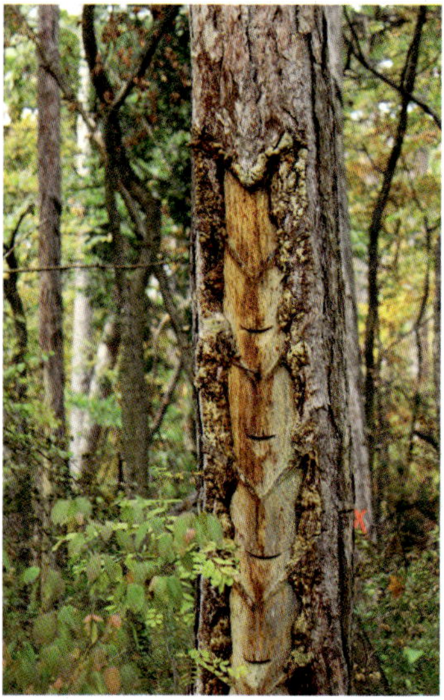

Harzgewinnung im Wienerwald

Unsere Route setzt sich über die breite Zufahrtsstraße fort. Kurz vor dem Parkplatz nehmen wir allerdings einen parallel führenden Waldweg und kehren auf diesem nach 100 m wieder zur Harzbergstraße zurück, die wir in einer Rechtskurve erreichen. Gleich in dieser Kurve biegt links ein unmarkierter, schmaler Pfad bergauf in den Wald ab. Nach wenigen Metern Steigung schlängelt sich dieser selten begangene, felsige – aber ungefährliche – Gipfelgratweg, den gelegentlich Grenzsteine säumen, auf den mit 474 m höchsten Punkt des Harzbergs zu. Danach kreuzen wir einen Wanderweg (Nr. 1), behalten aber unsere Richtung bei und steigen nun etwa 30 Höhenmeter ab, bis wir zu einer spektakulären Stelle zwischen Steinblöcken – dem höchsten Punkt des sogenannten Klettergartens – gelangen, wo wir auf einer Sitzbank den Blick ins Tal genießen können. Da der Felsabsturz hier nicht gesichert ist, unbedingt darauf achten, dass Kinder nicht unbeaufsichtigt vorauslaufen!

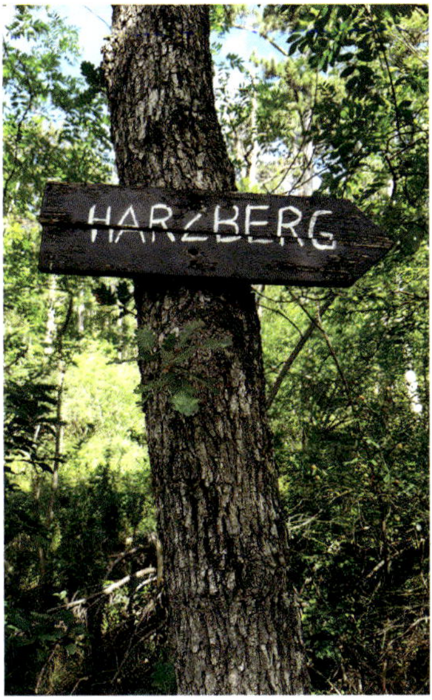

Wegweiser zum Harzberg

Wir kehren zu unserem Pfad zurück und folgen diesem bergab bis zu einer Stelle, wo er in einen breiteren Waldweg mündet. Diesen gehen wir links immer weiter, sehen nach einer Kurve den Klettergarten nun über uns und halten uns bei Abzweigungen stets links oben am Hang. Zwischen zwei niedrigen Steinpfeilern hindurch, wo einmal ein Eingangstor gewesen sein muss, kommen wir zu einem aufgegebenen Betriebsgebäude und stehen somit vor der Einfahrt des ehemaligen Vöslauer Dolomitwerks (2 ¾ Std.).

Hier können wir nun das abenteuerliche Gelände des Steinbruchs erkunden. Gleich links ist der Eingang zu einem ehemaligen Stollen, der direkt in den Berg führt. Unweit davon finden sich interessante Informationstafeln des hiesigen Geolehrpfads. Es gibt unzählige Gelegenheiten zum Klettern – und man kann auch in die „Straußsandgrube“ hinunterspazieren, die hohen Felswände betrachten, spielen oder picknicken. Danach kehren wir zu den Gebäuden und zum Hauptweg zurück.

Hier halten wir uns an den Pfeil „Steinbruchrunde 1,60 km" und biegen links in die breite Zufahrtsstraße ein, die um den Steinbruch herumführt. Die „Steinbruchrunde" biegt dann nach links ab, wir aber bleiben auf der unbefestigten Straße und gehen auf ihr abwärts. Nach ca. 200 m sehen wir rechts von uns interessante Steinformationen und Grotten in der Felswand, die wir uns genauer anschauen können, indem wir ein paar Schritte zu ihnen hinuntergehen.

Danach kehren wir zur Straße zurück und schlagen den links von ihr abzweigenden Waldweg ein (hier wieder „Steinbruchrunde", „Schlumberger Fitnessparcours" und Geolehrpfad). Wir wandern auf ihm hangschräg bergan, können kurz darauf wieder eine kleine Höhle links vom Weg besichtigen und erreichen dann wieder einen Kreuzungspunkt, wo wir uns an die angegebenen Wegbezeichnungen sowie die gelbe Markierung halten und in Gehrichtung bleiben. An den Stationen des Fitnessparcours entlang geht es nun stetig bergab. Einmal kommen wir zu einem Jausentisch, von dem aus man Vögel bei einer gut ausgestatteten Futterstelle beobachten kann; hier steht auch ein Hydrant fürs Trinkwasserauffüllen zur Verfügung.

Wo der Fitnessparcours bei einem Rastplatz mit einer Steintreppe rechts abzweigt, wandern wir auf Gelb weiter bergab. Später gehen wir an Tennisplätzen und einem Spielplatz vorbei, betreten so oberhalb des Kursalons wieder den Kurpark und marschieren in diesem bergab bis zum Denkmal für Kaiser Joseph II. und dem Parkausgang. Danach bewegen wir uns am Imbissstand Kiosk 26 vorbei über den Malfattiweg zur Badner Straße und zum Autoparkplatz bzw. durch die Bahnstraße zurück zum Bahnhof (4 ½ Std.).

Wie das Känguru auf den Harzberg kam

Ein Besuch beim Ausreißerkönig Felix

Um Kängurus hautnah erleben zu können, musst du nicht ins Flugzeug steigen und bis nach Australien fliegen – es reicht, wenn du unsere Wanderung von Bad Vöslau hinauf zum Schutzhaus Am Harzberg unternimmst. Wo du sonst eventuell einen kleinen Streichelzoo mit Ziegen und Schafen und vielleicht noch einem Esel vermuten würdest, wirst du hier von Kängurus begrüßt. Die Familie Zamazal betreibt auf dem Harzberg nämlich nicht nur das beliebte Schutzhaus, sondern auch die einzige private Känguru-Zuchtstation in Österreich.

Wie kamen die Kängurus auf den Harzberg?

Wolfgang Zamazal war nicht immer Wirt und Känguruzüchter. Früher leitete er ein Reisebüro und war dementsprechend auf der ganzen Welt unterwegs. Im Zuge seiner Arbeit verschlug es ihn auch immer wieder nach Australien, wo er sich sofort in die dort heimischen Kängurus verliebte, die so ganz anders sind als alle anderen Tiere. Als der heute 54-Jährige genug vom Reisen hatte und einen Neuanfang auf dem Harzberg wagte, nutzte er die großen Flächen rund um das Schutzhaus, um sich einen Traum zu erfüllen. Er begann sowohl die mittelgroßen Rotnackenkängurus als auch die zu den kleinsten Arten zählenden Parmakängurus (die nur 40 Zentimeter groß werden) zu züchten. Heute, sieben Jahre später, wohnen hier 22 Tiere, die sich gut auf dem 466 Meter hohen Berg im Bezirk Baden eingelebt haben. Die Gehege sind frei zugänglich und anschauliche Tafeln informieren dich über das Leben der Kängurus. Für ein paar Euro kannst du bei einem Automaten sogar Erdnüsse kaufen und sie den Kängurus anbieten!

Was machen Kängurus im Winter?

Bei Australien denken viele von uns sofort an unerträgliche Hitze. Was machen die Kängurus vom Harzberg also, wenn es in Österreich kalt wird? Das ist kein Problem, da Australien ja ein riesengroßer Kontinent ist. Die Parma- und die Rotnackenkängurus leben im Südteil von Australien – in Tasmanien, das schon ziemlich nahe an der Antarktis liegt. Im Gegensatz zu vielen anderen Känguruarten mögen sie es kalt und fühlen sich auf dem Harzberg richtig wohl.

Felix, der Ausbrecherkönig

Das Parmakänguru Felix wurde am Harzberg geboren und sorgte schon früh für Schlagzeilen. Es war noch ein Baby, als es eine große Suchaktion in der Umgebung des Schutzhauses auslöste. Felix war aus dem Beutel der Mutter geschlüpft und hatte es geschafft, drei Zäune zu überwinden und so aus dem Gehege auszubrechen. Nach vier Tagen

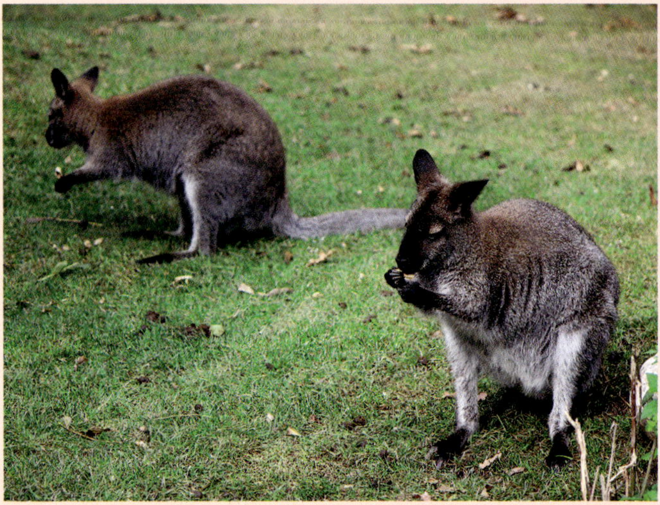

Kängurus beim Erdnussknabbern

verzweifelter Suche fand man das stark geschwächte Jungtier tatsächlich im Wald wieder und brachte es schleunigst zurück zur Farm. Man konnte das Jungtier jedoch nicht mehr in den Beutel der Mutter zurückgeben; daher zog Felix bei der Familie Zamazal ein. Die Familienmitglieder trugen ihn sechs Monate lang abwechselnd in einem Beutel mit sich herum und fütterten ihn alle drei Stunden mit einer speziellen Känguru-Milch aus Holland – auch nachts. Bald ging es ihm wieder besser; mittlerweile ist er ein Teil der Familie. Er schläft in seinem Katzenkorb, spielt mit Hund Keks und besucht tagsüber seine Artgenossen im Außengehege.

22 Höhlenforscher

Zur Allander Tropfsteinhöhle und auf den Buchberg

Bei unserem abenteuerlichen Rundgang durch die schönste Höhle des Wienerwalds klettern wir auf Leitern und staunen über das mehr als 10.000 Jahre alte Gerippe einer Bärin. Danach gibt es noch ein Gipfelkreuz zu erreichen.

DER WANDERWEG

Wir steigen am Hauptplatz der Marktgemeinde **Alland** aus dem Bus und gehen über eine geregelte Kreuzung zur Nepomuk-Kapelle, um anschließend auf dem Gehsteig der Stephaniebrücke die **Schwechat** zu überqueren. Unser Weg an der Hauptstraße führt uns gleich einmal zur **Pizzeria Alfonso**, wo Hungrige sich einen ersten Imbiss gönnen könnten. Nach 400 m, die wir weiter auf der Hauptstraße zurücklegen, biegen wir hinter einer Autowerkstatt – dem Schild „Tropfsteinhöhle" folgend – links in die Buchberggasse ein und gehen auf dieser bergan, um den Parkplatz für Besucher der **Tropfsteinhöhle Alland** zu erreichen und damit den asphaltierten Bereich zu verlassen.

Abkürzung: Wer mit dem Auto bis hierher anreist, verkürzt diese ohnehin schon sehr kurze Wanderung um 1,6 km oder ca. 45 Min.

Wir wenden uns nach links, finden eine Informationstafel über die Höhle vor und folgen dann dem mit „Tropfsteinhöhle – Allander Fensterblick" gekennzeichneten Weg, der uns zuerst zur Skulptur eines Braunbären bringt, über den wir allerlei Interessantes erfahren. Dann überwinden wir auf einem teilweise in Stufen ausgeführten, wurzelbedeckten Waldweg in zwei Serpentinenkurven die 45 m Höhenunterschied bis zum Höhleneingang (30 Min.).

Hier befinden sich in einer Holzhütte das Kartenbüro für die Tropfsteinhöhle und ein kleiner Shop. Die Höhle ist nur mit

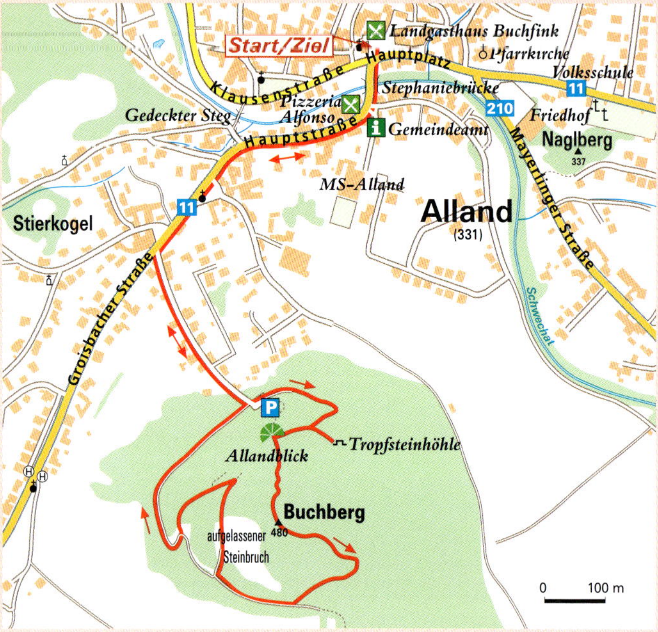

einer Führung zu besichtigen, die ab zwei Personen möglich ist – Kinder ab vier Jahren dürfen mit, wenn sie körperlich in der Lage sind (das gilt auch für Erwachsene!).

Die 70 m lange und 12 m tiefe Allander Tropfsteinhöhle ist die größte und schönste Höhle dieser Art im Wienerwald. Im Mittelalter lebten darin angeblich arme Einsiedler, doch sie soll auch Kriminellen als Unterschlupf gedient haben. 1928 wurde sie vom österreichischen Bundesheer erschlossen und kurz danach zum Naturdenkmal erklärt. Eine Führung durch die mit einer modernen Lichtanlage ausgestattete Höhle dauert ca. 25 Minuten und erfordert nicht nur festes Schuhwerk, sondern eine gewisse Wendigkeit, weil wir dabei über steile Stufen und Leitern klettern, uns in schmalen Gängen vorantasten und durch enge Schlupfe winden. Aber immerhin dürfen wir uns vor dem Verlassen der Tropfstein-

WEGVERLAUF: Rundwanderung. Alland Hauptplatz – Eingang zur Tropfsteinhöhle Alland (30 Min.) – Gipfelkreuz Buchberg (15 Min.) – Parkplatz für Höhlenbesucher (30 Min.) – Alland Hauptplatz (30 Min.)

GEHZEIT: 1 ¾ Std.

LÄNGE: 3,4 km

SCHWIERIGKEITSGRAD: Kurze Wanderung – beim Aufstieg auf den Buchberg ist allerdings Trittsicherheit erforderlich, ebenso wie in der Höhle

EINKEHRMÖGLICHKEITEN: Restaurant & Pizzeria Alfonso (kein Ruhetag), Landgasthaus Buchfink (Mo Ruhetag)

ANFAHRT: Mit der Bahn von Wien Hauptbahnhof/Meidling nach Baden b. Wien Bahnhof, dort am Vorplatz in den Bus 308 umsteigen und diesen bei der Endstelle Alland Hauptplatz (Mitte) verlassen. Mit dem Auto bis Parkplatz am Hauptplatz Alland

HINWEIS: Die Tropfsteinhöhle Alland ist von Anfang April bis Ende Okt. an Wochenenden und Feiertagen von 10 bis 17 Uhr geöffnet, im Juli und August auch an Werktagen von 13 bis 17 Uhr. Führungen außerhalb der Öffnungszeiten sind ab zwei Personen gegen Voranmeldung möglich. Informationen finden Sie unter: www.alland.at/m/tropfsteinhoehle

TIPP: Klettert in der Tropfsteinhöhle durch enge Schlupfe und bestaunt das mehr als 10.000 Jahre alte Skelett einer Braunbärin! Nehmt auf jeden Fall einen Pullover mit!

AB: 6 Jahre

SYMBOLE:

= nein

= Frühjahr bis Herbst

= ja

höhle das Skelett einer Braunbärin anschauen! In der Höhle hat es übrigens das ganze Jahr über nie mehr als acht Grad; daher sollte man auf jeden Fall Jacken und/oder Pullover mitbringen!

Nach dem Höhlenabenteuer gehen wir vom Eingang das letzte Stück des Anstiegs zurück, bis wir in der ersten Kurve oberhalb der Parkbank das Schild „Allander Fensterblick“ erspähen und ihm folgen. Auf einem mit Holzgeländer versehenen Pfad gehen wir leicht bergan und erreichen bald das angekündigte Fenster, das auf einem geschotterten Rastplatz steht und durch das man Alland oder auch die Mitwanderer fotografieren kann. Gleich hinter dem Rastplatz beginnt ein sehr steiler, wurzeldurchzogener und geschotterter Pfad, über den wir die etwa 200 m bis zum Gipfelkreuz des Buchbergs in 478 m Höhe hinaufsteigen – zuerst geradewegs und dann in schmalen Serpentinen bergauf. Auf dem kurzen Weg zum Gipfelkreuz sollte man Kinder nicht zu weit vorauslaufen lassen, weil es hier steil bergab geht (45 Min.).

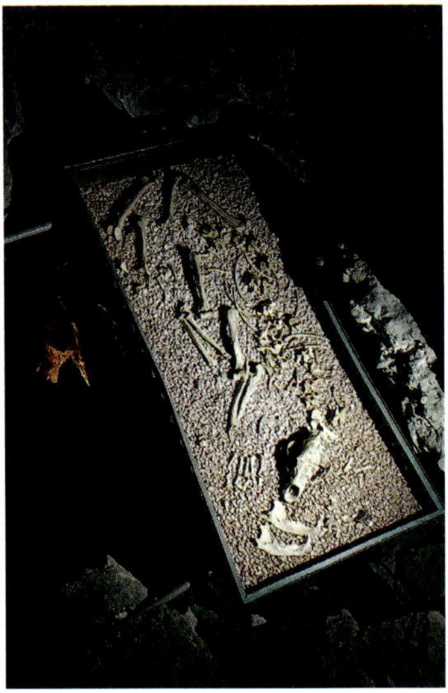
Bärenknochen in der Höhle

Danach gehen wir die paar Schritte zurück ins Laubgehölz, wo uns ein schwach erkennbarer Pfad auf der anderen Seite des Buchbergs sanft bergab führt. Er mündet in einen etwas breiteren Traktorweg, in den wir rechts einbiegen und weiter talwärts wandern. Wir kommen zu einer gelben Markierung und dem „Allander Wanderweg" mit der Nr. 8, auf dem wir aber bei einer Wegteilung nicht bleiben, sondern uns nach rechts wenden, um zu einer Lagerwiese unterhalb eines alten Steinbruchs zu gelangen. Der Weg führt uns zu einem schönen Aussichtspunkt mit einer Sitzbank, wo wir ebenfalls ein wenig verweilen.

Dann marschieren wir ein paar Meter zurück und zweigen gleich im spitzen Winkel rechts ab, um ca. 100 m bis zu einer Lichtung zu gehen, wo wir eine alte hölzerne Bergbauanlage sowie eine Infotafel zum Steinbruch Buchberg vorfinden. Von hier nehmen wir den deutlich durch einen gelben Pfeil angezeigten breiten Waldweg nach unten und erreichen nach einem rot-weiß-roten Schranken wieder den Parkplatz für Höhlenbesucher (1 ¼ Std.).

Nun wenden wir uns nach links und gehen durch Buchberggasse und Hauptstraße zurück zum Hauptplatz und damit zur Busstation. Um uns bis zur Abfahrt des Busses angenehm die Zeit zu vertreiben, können wir noch im direkt neben der Haltestelle gelegenen Landgasthaus Buchfink einkehren, bevor wir die Heimreise antreten (1 ¾ Std.).

23 Zwischen Kahlenberg und Leopoldsberg

Über den Waldbachsteig zum großen Kletterspaß

Vom Kahlenbergerdorf geht es entlang des Waldbachs bergauf, bis wir den Waldseilpark und den 3D-Bogensportpark in der Senke zwischen den Wiener Hausbergen erreichen. Danach wandern wir über die Stefaniewarte zurück zum Ausgangspunkt.

DER WANDERWEG

Wir überqueren bei der Busstation die Bundesstraße zum Kahlenbergerdorf hin, gehen die Stufen hinunter und dann nach links, um zur Bloschgasse zu gelangen. In ihr wenden wir uns nach rechts, um bei der nächsten Kreuzung links in die aufwärts führende Geigeringasse einzubiegen. Hier sehen wir blaue, grüne und gelbe Markierungen und halten auf die Pfarrkirche St. Georg zu. Wir gehen rechts am Gotteshaus vorbei und über eine gepflasterte Straße weiterhin bergan, bis wir zum Beginn der Eisernenhandgasse kommen. Ein Schild weist uns nach rechts, u. a. gelb sowie grün markiert Richtung „Waldbachsteig – Josefinenhütte". Am Waldbach entlang wandern wir nun auf Asphalt leicht bergauf; nach einer Statue des hl. Johannes Nepomuk verschärft sich die Steigung.

Links und rechts sehen wir beim steilen Aufstieg auf dem Waldbachsteig – im tief eingeschnittenen Bachgraben zwischen Leopoldsberg und Kahlenberg – immer wieder Esel, Schafe und Hühner, die ebenso wie ein am Weg liegender Weingarten von Mitarbeitern der Beschäftigungstherapie-Werkstätte ALM betreut werden. Bei Hausnummer 12 wechseln wir von Asphalt auf einen Beinahe-Waldboden. Kurz danach zweigt die grüne Markierung links ab, wir halten uns jedoch geradeaus auf Gelb. Bald gehen wir auf einem richtigen Waldweg weiter, der auf einer Rastbank auch als „Barfußweg" ausgewiesen ist.

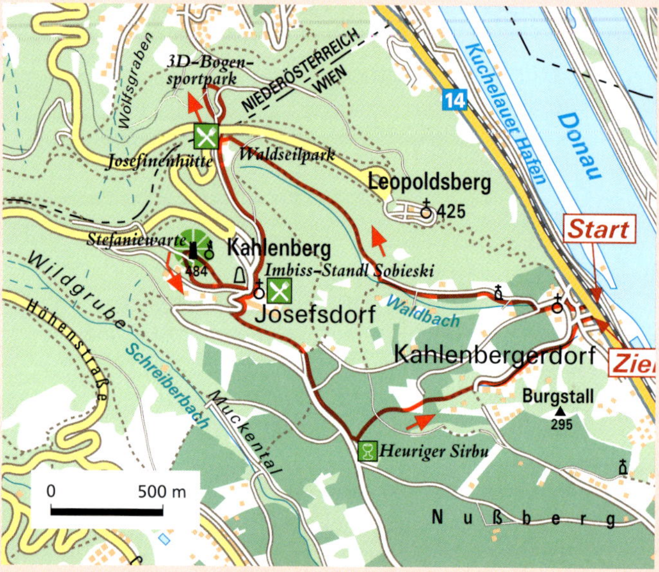

Kurz vor Ende des Anstiegs sehen wir rechter Hand in den Bäumen schon Plattformen und Stege des **Waldseilparks**, der eines der Ausflugsziele dieser Wanderung ist. Er bietet Besuchern jedes Alters 17 Parcours in bis zu 20 m Höhe mit unterschiedlichen Schwierigkeitsgraden. Vorerst aber durchqueren wir den Park, kommen so zu mehreren gelben Wanderpfeilen und folgen dem Weg mit der Aufschrift „Elisabethwiese – Zentraler Wegknotenpunkt", der uns zum Wiener Stadtwanderweg 1a leitet. In diesen biegen wir links ein und gelangen so zu einer Stelle, wo wir die Höhenstraße überqueren können (1 ¼ Std.).

Auf der anderen Seite finden wir einen geschotterten Parkplatz, an dessen hinterem Ende sich der Eingang zum **3D-Bogensportpark** befindet. Ab einem Alter von zehn Jahren können angehende Bogenschützen hier hundert realitätsnahe Ziele anvisieren;

WEGVERLAUF: Rundwanderung. Kahlenbergerdorf – Höhenstraße (1 ¼ Std.) – Stefaniewarte (45 Min.) – Abzweigung Heuriger Sirbu (45 Min.) – Kahlenbergerdorf (45 Min.)

GEHZEIT: 3 ½ Std.

LÄNGE: 6,5 km

SCHWIERIGKEITSGRAD: Beschauliche Hügelwanderung, bei der insgesamt ca. 320 m Höhenunterschied zu überwinden sind

EINKEHRMÖGLICHKEITEN: Josefinenhütte/Hütte am Weg (aktuelle Öffnungszeiten auf der Homepage), Imbiss-Standl Sobieski (in der kalten Jahreszeit nur Wochenende und Fei), Heuriger Sirbu (in den Sommermonaten und bei Schönwetter, So und Mo Ruhetag), div. Heurige in Kahlenbergerdorf

ANFAHRT: Mit dem Bus 400 alle 10 Min. von Wien Heiligenstadt bzw. von der Haltestelle Nußdorf der Linie D bis Wien Kahlenbergerdorf. Mit dem Auto bis zu einem der (sehr kleinen) Parkplätze in Kahlenbergerdorf, entweder in der Billergasse oder in der Bloschgasse, kurz vor dem Einstieg zum Nasenweg

HINWEIS: Öffnungszeiten, Eintrittspreise und weitere Informationen zu Waldseil- und Bogensportpark finden Sie auf der Website www.erlebniswelt-kahlenberg.at

TIPP: Klettert in schwindelerregende Höhen und versucht euch im Bogenschießen!

AB: 6 Jahre

SYMBOLE:

= ja

= ganzjährig

= nein

die nötige Ausrüstung ist vor Ort erhältlich. Wir folgen der grünen Markierung Richtung „Klosterneuburg – Josefsteig“, umrunden einen Wasserhochbehälter und stehen dann direkt vor einem Bogensport-Übungsplatz. Von hier aus geht es wieder ein Stück aufwärts, zurück zum Parkplatz, über die Straße und am Stadtwanderweg die paar Schritte bis zur **Josefinenhütte/Hütte am Weg**. Vor der Hütte kann man sich für das Klettern im Waldseilpark und den Bogensportparcours anmelden – oder im Ausflugsgasthaus einkehren.

Auf einem breiten Asphaltweg wandern wir dann vom Lokal aus durch ein Waldstück, bis wir auf das Plateau des riesigen Parkplatzes auf dem Kahlenberg treten. Wir befinden uns hier in **Josefsdorf**, das einst eine eigenständige Gemeinde war und heute Teil des 19. Wiener Gemeindebezirks ist. Nach einer Erfrischung im gemütlichen **Imbiss-Standl Sobieski** gehen wir an der **Josefskirche** vorbei zur Aussichtsplattform zwischen zwei weiteren Lokalen, von wo aus sich ein grandioser Blick auf Wien und die Donau bietet. Am Platz vor der Kirche ist auch der Nachbau eines Waggons der bereits vor mehr als 100 Jahren aufgelassenen Zahnradbahn auf den Kahlenberg zu bewundern.

Haben wir die Aussicht genossen, so setzt sich unsere Route bergseitig fort. Wir marschieren am Eingang der Modul University Vienna vorbei und betreten den Villenweg (Richtung „Stefaniewarte"). Nach wenigen Metern zweigen wir nach rechts zu Kaiserin-Elisabeth-Ruhe ab, von wo aus wir den Stadtwanderweg 1 zu besagter Warte nehmen. So erreichen wir nach wenigen Minuten den mit 484 m höchsten Punkt des Kahlenbergs und damit auch die 22 m hohe Stefaniewarte. In den Sommermonaten können Besucher an Wochenenden und Feiertagen im Inneren dieses rechteckigen Turms zur Aussichtsterrasse hinaufsteigen. Für den Bau des 1887 eröffneten Gebäudes wurden übrigens teilweise Ziegel von der Bergstation der Drahtseilbahn auf den Leopoldsberg (an deren kaum sichtbaren Überresten wir vorhin nahe dem Bogenparcours bereits vorbeispaziert sind) verwendet. Neben der Stefaniewarte ragt ein Rundfunk-Sendemast beeindruckende 165 m hoch auf (2 Std.).

Wir gehen den Weg nach der Warte und dem Sender geradeaus weiter, erreichen so die Zufahrtsstraße und biegen links in diese ein. Kurz vor dem Einfahrtstor zur Sendeanlage Kahlenberg zweigt ein schmaler Waldweg rechts von der Straße ab, über den wir die ca. 100 m zum Villenweg hinunterwandern. Dort halten wir uns wieder links und kehren so zur Modul University zurück. Wir schwenken hier gleich rechts in die asphaltierte Kahlenberger Straße ein und gehen diese bergab, bis wir kurz nach der zweiten Kehre dem Stadtwanderweg 1a Richtung „Nußberg – Kahlenbergerdorf" nach links folgen – zuerst über Stufen, dann auf einem noch mit Asphaltresten bedeckten Weg mit blauer Markierung deutlich bergab. Nach einer rot-weiß-roten Schranke kommen wir zum Heinz-Werner-Schimanko-Weg und auf diesem nach wenigen Metern wieder in die Kahlenberger Straße, der wir weiterhin talwärts folgen. Kurz vor dem Heurigen Sirbu verlassen wir die Straße nach links, wiederum dem Stadtwanderweg 1a folgend (2 ¾ Std.).

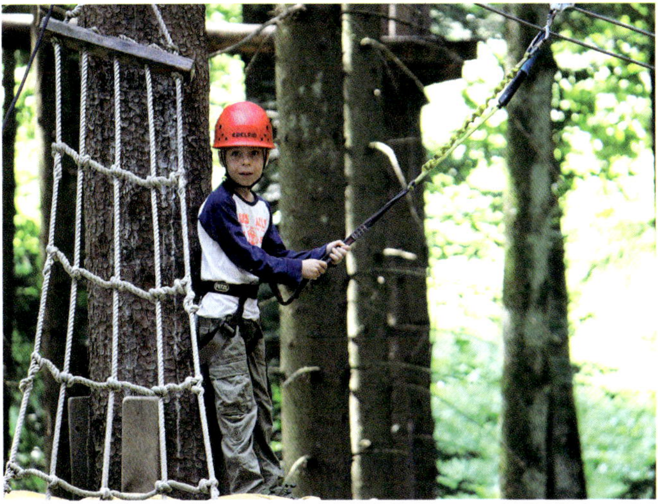

Im Kletterpark

Wir marschieren durch die Weinberge bergab, gelangen zu einer Wegteilung (wo wir an einem Hydranten unsere Trinkflaschen auffüllen können), nehmen hier den Traktorweg zwischen den beiden Wegen und biegen wenige Meter danach rechts ab, um einen Weingarten halb zu umrunden und unsere Tour dann auf einem Wiesenpfad fortzusetzen. Wenn wir unterhalb des idyllisch gelegenen Kahlenbergerdorfer Friedhofs vorbeiwandern – zu dem man auch einen kleinen Abstecher machen kann –, blicken wir beim Abwärtsgehen weit hinunter auf die Donau, die Wiener Bezirke jenseits des Flusses und links davon auch den Bisamberg.

Am schmalen Schablerbach entlang kommen wir zum Haus Jungherrnsteig 73, nach dem der Weg zum Teil stufenförmig und mit Geländer versehen weiterhin bergab führt. Der Jungherrnsteig wird bald zu einer asphaltierten Straße, in der wir zwischen Villen ins Kahlenbergerdorf hinuntersteigen, dort die Wigandstraße queren und durch die kurze Zwillinggasse zur Bundesstraße vorgehen. Gleich links befindet sich die Station, von der aus wir mit dem Autobus nach Wien zurückfahren (3 ½ Std.).

Holunderblütensirup

ZUTATEN:

ca. 40 Dolden Holunderblüten

3 Stück unbehandelte Bio-Zitronen

3 Stück unbehandelte Bio-Orangen

3 l Wasser

3 kg Zucker

40 g Zitronensäure

Das brauchst du noch:

2 große Töpfe, die mindestens 3 l fassen

1 Sieb bzw. ein Passiertuch

1 Küchenschere oder ein Messer

1 Sparschäler

1 Trichter

Sterile Glasflaschen, in die du den Sirup füllen kannst. Ideal sind Flaschen mit 250 ml Füllmenge.

ZUBEREITUNG:

1. Die Dolden nach dem Pflücken nicht abwaschen, sonst gehen die schmackhaften Aromen verloren. Am besten schüttelst du sie nur aus und befreist sie vorsichtig von verirrten Insekten. Besonders grobe Stiele kannst du mit einer Küchenschere entfernen.
2. Als Nächstes wäschst du Zitronen und Orangen heiß ab. Mit dem Sparschäler schälst du nun Zesten (= fein geschnittene Schalen) ab – aber achte darauf, dass du nicht zu viel vom weißen Teil der Schale mitnimmst, da es sonst bitter schmeckt. Anschließend halbierst du die Zitronen und Orangen und presst den Saft aus.

3. Nun gibst du die gesäuberten Dolden zusammen mit den Zitronenscheiben, den Zesten und dem ausgepressten Saft in einen großen Topf und füllst ihn mit 3 Liter kaltem Wasser auf. Gib noch die Zitronensäure dazu und such dir einen kühlen, dunklen Ort, wo der Saft für mindestens 24 Stunden – besser sind aber zwei bis drei Tage – ziehen kann. Ein idealer Ort dafür ist der Kühlschrank, wenn darin genügend Platz ist.

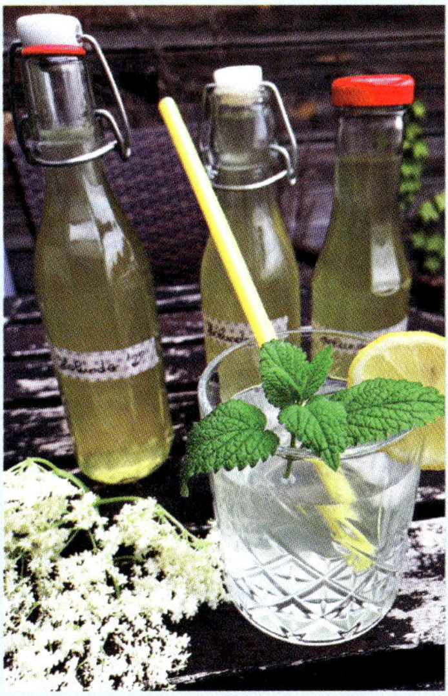

Holunderblütensirup

4. Hat der Saft lange genug gezogen, kannst du ihn durch ein feines Sieb oder noch besser durch ein Passiertuch (ich verwende dazu immer eine alte Stoffwindel) in einen anderen großen Topf abseihen und mit dem Zucker aufkochen. Frag am besten einen Erwachsenen, ob er dir dabei hilft.
5. Hat sich der Zucker nach gelegentlichem Umrühren vollständig aufgelöst, kannst du den Sirup in die dazu bereitgestellten Flaschen füllen. Achte dabei darauf, dass die Flaschen steril – also sehr sauber – sind, sonst beginnt der Saft zu schimmeln, und das wäre schade. Am besten ist, du spülst die Flaschen zuvor mit kochend heißem Wasser aus.
6. Sind alle Flaschen befüllt, kannst du noch hübsche Etiketten basteln, die Flaschen bekleben und sie anschließend an einem kühlen Ort lagern. So halten sie ein Jahr lang.

24 In der Klamm

Von Rothengrub durch die Johannesbachklamm

Wir durchwandern von der Ortschaft Würflach aus ein von Felswänden überragtes Naturdenkmal in Schneebergnähe. Der Rest unseres kurzen Ausflugs ist ein gemütlicher Spaziergang durch den Wald.

DER WANDERWEG

Nachdem wir aus dem Zug gestiegen sind, gehen wir auf dem Bahnsteig ein Stück nach hinten und biegen rechts in die Kinderheimgasse ein, wo wir nach wenigen Metern an der Ortstafel von Willendorf vorbeikommen. Die kaum befahrene Straße setzt sich zwischen Wiesen und Feldern fort. Wir betreten dann die Ortschaft **Würflach** und sehen bald die ersten gelben Wanderpfeile – für uns maßgeblich ist „Johannesbachklamm Eingang 20 Min.". Das Sträßchen mündet nach insgesamt etwa 1,2 km in eine breitere Straße mit mehr Autoverkehr, auf deren Gehsteig wir weitermarschieren. Die Wanderpfeile weisen uns schließlich nach rechts in die Klammgasse, die bald scharf nach rechts abbiegt. In ihr gehen wir weiterhin auf Asphalt ins Tal des Johannesbachs. Kurz nach einem öffentlichen WC und einem von mehreren Parkplätzen für Klammbesucher erreichen wir das Gasthaus **Klammwirtin**, das am unteren Ende der **Johannesbachklamm** zu einer ersten Einkehr einlädt (1 ¼ Std.).

Nach einer kurzen Rast queren wir auf einem schmalen Holzsteg den Bach, um dahinter auf einem Schotterweg weiterzugehen. Es bietet sich immer wieder die Gelegenheit, am Wasser zu spielen; über einen weiteren Holzsteg erreicht man zudem einen kleinen Picknickplatz auf der anderen Seite des Bachs. Schließlich kommen wir nach einer Informationstafel zum Einstieg in die Johannesbachklamm, die wir nun über gut gesicherte Holzstufen und -stege zwischen dramatisch aufragenden Felswänden ersteigen, wobei wir mehrmals den Bach überqueren.

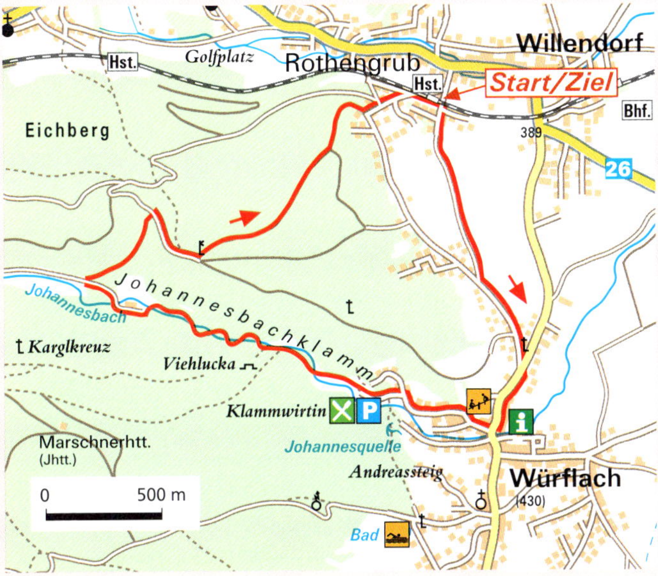

WEGVERLAUF: Rundwanderung. Rothengrub Bahnhof – Klammwirtin (1 ¼ Std.) – Schutzhaus Gerhartl (30 Min.) – Rothengrub Bahnhof (1 ¼ Std.)

GEHZEIT: 3 Std.

LÄNGE: 5,9 km

SCHWIERIGKEITSGRAD: Klamm- und Waldwanderweg mit gemächlichem Auf- und Abstieg

EINKEHRMÖGLICHKEIT: Klammwirtin (Mo–Mi Ruhetag)

ANFAHRT: Mit der Bahn von Wien Hauptbahnhof nach Wiener Neustadt, dort in den Regionalzug Richtung Puchberg am Schneeberg umsteigen und bis Rothengrub Bahnhof fahren. Mit dem Auto bis zu einem Parkplatz in der Nähe des Bahnhofs Rothengrub

HINWEIS: Etwa 45 Prozent des Wanderwegs sind auf Asphalt zurückzulegen – aber zum Großteil auf nicht stark befahrenen Straßen.

TIPP: Nehmt eure Becherlupe mit, damit ihr immer wieder am Wasser forschen könnt!

AB: 5 Jahre

SYMBOLE:
- Kinderwagen = nein
- Jahreszeit = Frühjahr bis Herbst
- Wegweiser = nein

Die Klamm ist ungefähr 1 km lang und bis 60 m tief in eine Zone aus Kalkstein eingesenkt. In ihr befinden sich auch zwei Höhlen – die Johannesbachklammhöhe und die Klammwirthöhle. Der Weg am Bach entlang wurde früher von Bergleuten auf dem Weg zu einem mittlerweile aufgelassenen Kohlenbergwerk in Grünbach am Schneeberg begangen. Erst Anfang des 20. Jh.s wurde die Klamm von den Naturfreunden für Ausflügler und Wanderer erschlossen. Mehrere Rastbänke laden während des nicht allzu fordernden Aufstiegs zu einer Pause ein. Nach dem oberen Einstieg zum Naturdenkmal Johannesbachklamm kommen wir zu einem großen Holzhaus, dem Schutzhaus Gerhartl, das leider bis auf Weiteres geschlossen ist (1 ¾ Std.).

Wir wandern am Schutzhaus vorbei und orientieren uns vorerst an den Wanderpfeilen „Willendorf Bahnhaltestelle" sowie „Bahnhaltestelle Höflein". Auf einer Steinbrücke überqueren wir ein weiteres Mal den Johannesbach und gehen dann auf dem geschotterten Kreuthweg durch hohen Wald. Nach einem kurzen Anstieg biegen wir – dem Wanderpfeil zur „Bahnhaltestelle Rothengrub" folgend – scharf rechts ab und gelangen nach ein paar Metern auf einem idyllischen Waldweg zu einer Kontrollstelle des Europawanderwegs E7. Beim nächsten Kreuzungspunkt folgen wir dem Wanderpfeil nach rechts und marschieren auf einem Wiesenweg in einer Waldschneise weiterhin leicht bergan. Wir umrunden einen grün-weiß-grünen Schranken und sehen hier einen Hinweis auf eine Mountainbike-Strecke. Kurz darauf kommen wir bei einer weiteren Wegteilung zu einem Picknickplatz mit dem „Franz-Pichler-Bankerl", wo wir wieder eine Rast einlegen können.

Hier entscheiden wir uns erneut für die mit „Bahnhaltestelle Rothengrub" bezeichnete Route, die gelb markiert ist und uns in 30 Min. an unser Ziel bringen soll. Auf einem mit Fichtennadeln bedeckten Waldweg gehen wir erst sanft, dann etwas markanter bergab, bis wir auf eine Hausauffahrt gelangen, die uns nach wenigen Metern zum Klammweg hinunterbringt. In diese schmale Asphaltstraße biegen wir links ein und gelangen so nach ca. 250 m wieder zur Bahnhaltestelle Rothengrub, wo wir den Zug zurück besteigen (3 Std.).

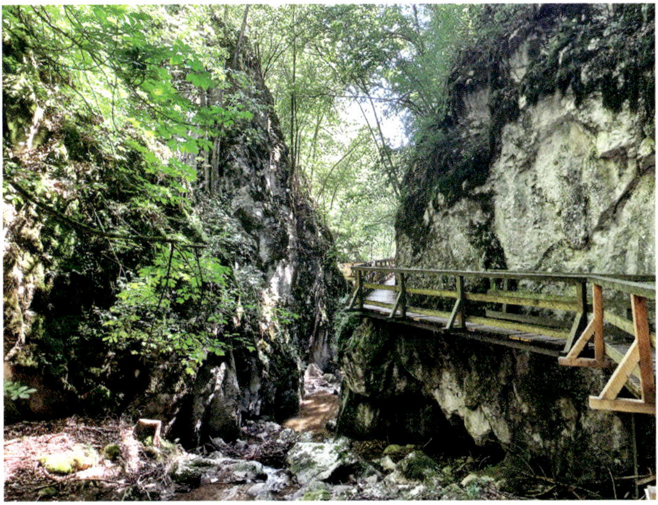

Holzsteg in der Johannesbachklamm

AM WEGE

Eine Klamm ist ein schmales Tal zwischen Felswänden, das durch hindurchfließendes Wasser gebildet wurde. Das Wasser – in vielen Fällen ein Bergbach, ursprünglich aber meist Schmelzwasser von Gletschern – hat sich im Lauf von Jahrtausenden durch hartes Gestein gearbeitet und dadurch tiefe Schluchten geschaffen. Das führte in vielen Fällen dazu, dass Klammen unten breiter sind als oben.

Viele Klammen wurden durch Stege, Brücken und Tunnels zugänglich gemacht und sind heute beliebte Ziele für Ausflügler und Wanderer. Die besondere Form einer Klamm kann dazu führen, dass der Wasserpegel in der Schlucht während der Schneeschmelze oder starker Unwetter sehr schnell ansteigt, was für die Besucher unter Umständen gefährlich werden kann. Also vor der Klamm-Wanderung unbedingt auf den Wetterbericht achten!

Viele Klammen finden sich in alpinen Gegenden und im Hochgebirge, doch auch in Niederösterreich gibt es einige dieser spektakulären Schluchten. Abgesehen von der Johannesbachklamm ist in diesem Buch eine Tour durch die Hagenbachklamm unweit von Wien zu finden (siehe Tour 15, S. 133).

25 Fledermaus-Exkursion

Von Baden über den Pfaffstättner Kogel nach Gumpoldskirchen

Nach einer Fahrt mit der Badner Bahn wandern wir zur Einödhöhle, um dort nach Fledermäusen Ausschau zu halten. Später genießen wir die Aussicht von der Klesheimwarte und gehen zwischen Waldrand und Weinbergen dahin.

DER WANDERWEG

Wir steigen bei der Endstation der Wiener Lokalbahn (Badner Bahn) in der berühmten Thermalkurstadt **Baden** aus und gehen rechts am Arnulf-Rainer-Museum vorbei in die Frauengasse. An der Frauenkirche entlang gelangen wir in der Fußgängerzone zum Hauptplatz, in dessen Mitte die Dreifaltigkeitssäule – eine Pestsäule aus dem Jahr 1718 – steht. Von hier aus folgen wir der Theresiengasse, die direkt auf den Kurpark zuläuft. Wir überqueren den Kaiser-Franz-Ring und betreten die Parkanlage mit ihren vielen verschlungenen Wegen und Denkmälern.

Hier halten wir uns geradeaus, bewegen uns am Musikpavillon für das Kurorchester vorbei und steigen eine breite Freitreppe hinauf. Danach spazieren wir rechts vom Lanner-Strauß-Denkmal auf dem gekiesten Beethovenweg zum 1927 errichteten Beethoventempel, den wir bald oberhalb aufragen sehen. Über die Stufen hinter dem Tempel erreichen wir das Bellevue, einen blumengeschmückten Aussichtspunkt, von dem aus wir einen schönen Blick über die Dächer Badens haben.

Unsere Wanderung setzt sich auf dem bergseitigen Kiesweg hinter der Tafel „Bellevue" fort. Bald taucht auch die rot-weiß-rote Markierung des Beethoven-Wanderwegs RWW 40 auf, der wir in den Wald folgen. An der gleich danach folgenden Weggabelung halten wir uns rechts Richtung „Rudolfshof". Knapp 100 m danach kommen wir zu Tiergehegen, in denen Ziegen, Damhirsche und Mufflons zu sehen

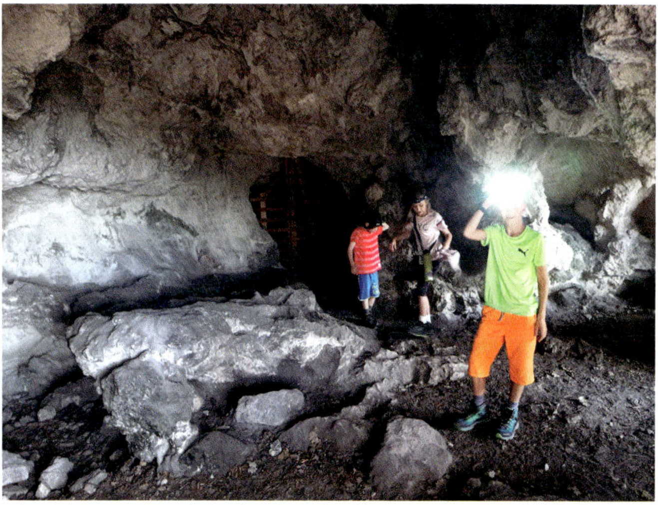

Mit Stirnlampe in der Einödhöhle

sind. Auf dem Josefiweg Richtung „Rudolf-Proksch-Hütte" gehen wir an zwei Rastplätzen vorbei und queren anschließend eine asphaltierte Zufahrtsstraße. Nach einer Orientierungstafel treffen wir auf den Mautner-Markhof-Pavillon, in dem wir kurz eine Pause machen und jausnen oder einfach die Aussicht genießen können.

Nach einer Wiese kreuzen wir die Anton-Schiestl-Straße sowie die Trasse einer Rodelbahn und marschieren auf nadelbedecktem Waldboden fast niveaugleich dahin. Wir bleiben auf dem RWW 40 und treten kurz vor dem Ortsendeschild von Einöde-Pfaffstätten aus dem Wald. Gleich gegenüber befindet sich mit der Buschenschank **Schalko Einöde** eine Einkehrmöglichkeit – allerdings nur an den Aussteckterminen. An der Straßenkreuzung finden wir zudem einige Informationstafeln, die uns im „Fledermaus-Paradies" willkommen heißen. Ein Hydrant lädt zum Auffüllen der Wasserflaschen ein (1 ¼ Std.).

Von hier aus gehen wir auf einer unbefestigten Straße (gelber Pfeil „Proksch-Hütte über Großes Kiental") an einem Bauernhof vorbei und sehen gleich rechts hinter einer Pferdekoppel eine rot-weiß-rote Markierung, die uns am Zaun entlang in den Wald

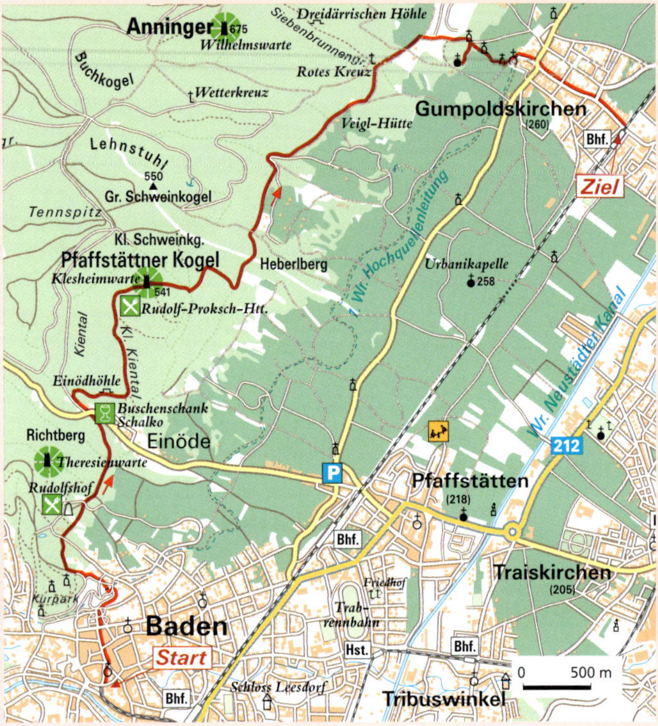

weist. Auf einem schmalen Pfad, der zum Teil in Steinstufen ausgeführt ist, erreichen wir – über einen kurzen Aufstieg nach links – die Elfenhöhle, die nach einem Felssturz leider für Besucher gesperrt ist. Etwa 80 m weiter kommen wir zur Einödhöhle, vor der sich einige Informationstafeln und eine hölzerne Aussichtsplattform mit Picknicktischen befinden.

Diese Karsthöhle ist vor ca. 20 Millionen Jahren entstanden und wurde 1925 als Schauhöhle eröffnet. Damals kamen bis zu 30.000 Besucher im Jahr hierher und ließen sich durch das Innere der Höhle führen. 1949 wurden Elfen- und Einödhöhle zum Naturdenkmal erklärt. In ihnen leben heute noch drei Fledermausarten: die Mopsfledermaus, die Kleine Hufeisennase und das Große Mausohr (siehe „Ultraschallflieger“, S. 206). Zum Schutz der Tiere

WEGVERLAUF: Baden/Josefsplatz – Buschenschank Schalko Einöde (1 ¼ Std.) – Rudolf-Proksch-Hütte (1 ¼ Std.) – Rastplatz „Waldandacht" (45 Min.) – Kirchenplatz Gumpoldskirchen (1 ¼ Std.) – Bahnhof Gumpoldskirchen (30 Min.)

GEHZEIT: 5 Std.

LÄNGE: 10 km

SCHWIERIGKEITSGRAD: Waldwanderung mit einem anspruchsvolleren Anstieg auf den Pfaffstättner Kogel

EINKEHRMÖGLICHKEITEN: Buschenschank Schalko Einöde (zu den Aussteckterminen Fr–So geöffnet), Rudolf-Proksch-Hütte (Mo und Di Ruhetag), div. Lokale und Buschenschenken in Gumpoldskirchen

ANFAHRT: Mit der Wiener Lokalbahn von der Wiener Staatsoper bis zur Endstelle am Josefsplatz in Baden. Untertags verkehren die Garnituren im Viertelstundentakt. Zusteigemöglichkeit besteht u. a. in Meidling/Eichenstraße (erreichbar mit S-Bahn und U6).

RÜCKFAHRT: Vom Bahnhof Gumpoldskirchen mit der Bahn nach Wien Meidling oder Hauptbahnhof

HINWEIS: In der Ortschaft Einöde bietet die Firma Lamasté für Familien Lama-Trekking-Touren an, bei denen man in Begleitung von Lamas u. a. auf dem Fledermaus-Erlebnisweg zu den Einödhöhlen wandern kann – mit einer Höhlenführung durch die ansonsten versperrten Abschnitte. Web-Adresse: www.lamaste.at

TIPP: Nehmt eine Stirnlampe mit, damit ihr euch die tolle Höhle und die Fledermäuse anschauen könnt!

AB: 6 Jahre

SYMBOLE:
Kinderwagen = nein
Sonne = ganzjährig
Rad = nein

können Ausflügler allerdings nur ein paar Meter in die Einödhöhle vordringen und stehen dann vor – außer bei Führungen (Info bei Gemeindeamt Pfaffstätten: 02252 889 85) – versperrten Zugängen ins Innere, das 87 m tief in den Berg reicht. Trotzdem lohnt es sich für Kinder, im Eingangsbereich herumzuklettern, mit Stirnlampen die Höhlendecke zu erforschen und in den Sommermonaten auch hier ein paar Fledermäuse zu erspähen. Dabei sollte man sich möglichst leise verhalten, um die nachtaktiven Tiere nicht zu stören.

Beim Abstieg von der Höhle kommen wir zu einem weiteren Rastplatz und einer Futterstelle für Fledermäuse, bevor wir im Kleinen Kiental landen und hier der roten Markierung nach links folgen. Nun gilt es einen steilen Aufstieg über ca. 200 Höhenmeter zu absolvieren, bevor wir zum Gipfel des Pfaffstättner Kogels und damit zur Rudolf-Proksch-Hütte des Österreichischen Alpenvereins gelangen, wo wir uns eine ausgedehnte Pause bei Speis und Trank verdient haben (2 ½ Std.).

Gleich neben der Lokaltür beginnt übrigens der Stufenaufgang zur 1941 errichteten Klesheimwarte, von deren Plattform man einen großartigen Blick auf das Wiener Becken und den Anninger hat. Wir wenden uns nun aber dem – leider recht ungepflegten und verwilderten – Spielplatz unterhalb der Hütte zu und wandern an dessen linkem Rand bergab. Der schmale Steig ist zu Beginn auf einem Zettel blau und grün sowie mit „Pfaffstätten – Irblinggraben" markiert und führt bald im Wald auf steinigem und wurzeligem Boden weiter hinunter. Auch hier sehen wir wieder eine rot-weiß-rote Markierung. Wir kommen zu einem Querweg („Föhrenweg"), in den wir links einbiegen. Nach einer Rechtskurve geht es in einer V-förmigen Schneise deutlich bergab.

Auf einem recht steilen Stück dieses Hohlwegs weist uns dann der grüne Pfeil auf dem Föhrenweg nach links, wo es wieder eine Weile aufwärts geht. Auch eine gelbe Tafel mit „Route 2 Tut-Gut-Wanderwege" ist hier zu sehen. Wir gehen durch ein lichtes Mischwaldstück weiter, folgen einer roten Markierung (Wanderwege 404 und 40), auch wenn der Föhrenweg rechts abbiegt, und sehen folierte Schilder mit der Aufschrift „Gumpoldskirchen über Veiglhütte". Unsere Route führt am Waldrand, neben Wiesen und Weinbergen, fast niveaugleich dahin, bevor sie nach einem kurzen, etwas steileren Abstieg eine asphaltierte Waldstraße erreicht. Wir biegen links in diese Straße ein und sehen am linken Straßenrand eine Felswand aus Muschelkalk; auch am Boden liegende Steine weisen Abdrücke uralter Muscheln auf. Auf diesem Abschnitt können wir auch immer wieder Eidechsen beobachten. Etwa 100 m nach einer Kurve kommen wir zum Rastplatz „Waldandacht", wo uns ein Jesuskreuz und ein Picknicktisch erwarten (3 ¼ Std.).

Hier verlassen wir die Asphaltstraße nach links, um auf einem Waldweg leicht bergauf weiterzugehen. Nach etwa 400 m kommen wir an der Veigl-Hütte vorbei, die nur mehr für geschlossene Veranstaltungen zur Verfügung steht, und halten uns bei der nächsten Abzweigung an den Wegweiser „Hubertushütte – Gumpoldskirchen – Richardhof – Mödling". Später verlassen wir den Wald, gehen ein Stück auf einem Traktorweg zwischen Weinbergen dahin und erreichen eine Abzweigung mit einem Picknicktisch, wo wir dem grün markierten Weg nach rechts bergab folgen. Der Wanderweg wandelt sich zu einer schmalen Asphaltstraße, die wir jedoch in einer Linkskurve verlassen und auf Waldboden in Gehrichtung bleiben. Bei zwei Kreuzwegstationen wenden wir uns nach rechts und machen einen Abstecher zur Kreuzwegkapelle und einem schönen Aussichtspunkt auf dem 357 m hohen Kalvarienberg, wo einige Jausenbänke stehen und es wieder Eidechsen zu beobachten gibt.

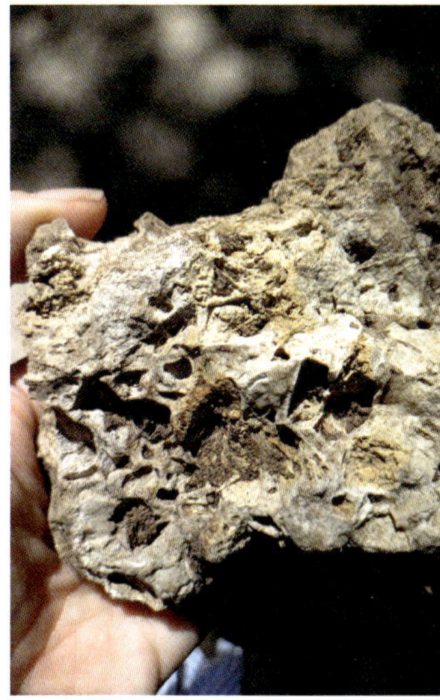
Muschelkalk

Von hier aus gehen wir zum Hauptweg zurück, nehmen rechts ein paar Stufen zur Straße hinunter, biegen aber vor dieser gleich wieder rechts ein und steigen an den unteren Kreuzwegstationen vorbei teilweise über Stufen nach **Gumpoldskirchen** ab. Wir erreichen den berühmten Weinort, in dem wir bei der ersten Kreuzwegstation links in den Weinwanderweg einbiegen und direkt hinter dem Deutschordensschloss Gumpoldskirchen zum Kirchenplatz gehen. Hier sehen wir eine Steinbrücke, auf der eine Statue des hl. Nepomuk über einen Ententeich wacht, und einen Hans-Moser-Gedenkstein mit einer aus Metall gefertigten Reblaus (4 ½ Std.).

Das letzte Stück unserer Wanderung führt uns durch das Ortsgebiet von Gumpoldskirchen, wo viele Gaststätten zu einer abschließenden Einkehr einladen. Über die Kirchengasse gelangen wir zur Wiener Straße, die uns zum Bahnhof Gumpoldskirchen bringt, von dem aus wir die Heimreise nach Wien antreten (5 Std.).

Ultraschallflieger

Fledermäuse rund um Wien

Du kommst bei unseren Wanderungen immer wieder an Höhlen vorbei, die du zum Teil auch besichtigen kannst. Dabei kann es passieren, dass du auf Fledermäuse triffst, die hier Unterschlupf suchen. Manchmal flattern sie dir aufgeschreckt entgegen, oder du findest sie – wenn du genau schaust – an Höhlendecken, etwa in der Einödhöhle. Aber keine Angst, die Tiere tun dir nichts, sondern wollen nur ihre Ruhe. Verhalte dich daher so leise wie möglich, um die Fledermäuse nicht zu stören, und nutze die seltene Gelegenheit, sie dir genau anzuschauen.

Mäuse mit Flügeln?

Fledermäuse können zwar fliegen, sind aber keine Vögel, sondern Säugetiere. Das kann man an ihren Flügeln erkennen, die aus einer dünnen Haut bestehen. Wenn man diese genau betrachtet, erkennt man sehr gut den Oberarm, den stark verlängerten Unterarm und die fünf Finger, von denen nur der Daumen seine ursprüngliche Form bewahrt hat und eine Kralle besitzt. Die übrigen Finger sind stark verlängert und haben keine Krallen. Es kommt jeweils ein Jungtier zur Welt, das die Mutter auch im Flug mit sich herumtragen kann. Weltweit gibt es mehr als 1400 Fledermausarten. Die größte Kolonie befindet sich in einer Höhle in Texas (USA), wo 20 Millionen mexikanische Bulldoggfledermäuse wohnen.

Nicht nur lustige Namen …

Fledermäuse haben nicht nur oft lustige Namen wie Mopsfledermaus oder Hufeisennase, sondern stellen auch außergewöhnliche Rekorde auf. So ist etwa die kleinste Fledermausart, die Schweinsnasenfledermaus, nur 29 Millimeter groß, also etwas größer als eine 50-Cent-Münze. Die größte Flügelspannweite – also die Länge von einer ausgebreiteten Flügelspitze bis zur anderen – hat hingegen die Große Spießblattnase mit 102 Zentimetern.

Was fressen Fledermäuse?

Unsere heimischen Fledermäuse ernähren sich in erster Linie von Insekten. Sie haben aber einen so großen Appetit, dass sie jede Nacht ein Viertel bis ein Drittel ihres Körpergewichts fressen. Wenn du etwa 30 Kilo wiegen würdest, müsstest du jeden Tag 10 Kilo Spaghetti, Knödel und Kuchen essen, um so viel zu verzehren wie eine Fledermaus.

Wie orientieren sich Fledermäuse im Dunkeln?

So unterschiedlich die verschiedenen Arten sein mögen, eines haben sie gemeinsam: Im Gegensatz zu vielen anderen nachtaktiven Tieren sehen Fledermäuse im Dunkeln nicht besonders gut. Da die meisten aber nachts auf Nahrungssuche gehen, haben sie eine Methode entwickelt, die ihnen in der Finsternis hilft, sich zu orientieren und ihre

Beute zu orten. Sie geben bis zu 200 Mal in der Sekunde Ultraschalllaute von sich. Die dadurch entstehenden Schallwellen werden von Objekten wie Höhlenwänden, Bäumen, aber auch Insekten als Echo zurückgeworfen, so dass die Fledermaus genau weiß, wo sich etwas befindet. Die Tiere können so sogar einen Faden in absoluter Dunkelheit orten!

Kann eine Fledermaus vom Boden starten?

Fledermäuse halten sich selten am Boden auf – manche Arten mehr, manche weniger. Aber starten können sie alle. Dazu breiten sie einfach die Flügel aus, stoßen sich mit den Hinterbeinen ab und flattern davon.

Was macht die Fledermaus im Winter?

Da es in der kalten Jahreszeit kaum Insekten gibt, hält die Fledermaus einen Winterschlaf. Dazu zieht sie sich in Höhlen, auf Dachböden oder auch in Felsspalten zurück. Manche Arten kuscheln sich dabei eng an andere Artgenossen, damit ihnen nicht kalt wird. Sie reduzieren ihren Stoffwechsel, den Herzschlag und die Atmung, um Energie zu sparen. Achtung! Solltest du ein Winterquartier finden, störe die Fledermäuse bitte nicht. Sie sind absolut hilflos und können in dieser Zeit nicht gleich flüchten, sondern sich nur in Zeitlupe bewegen und empört fiepsen. Leider gibt es immer weniger leerstehende Häuser und unbenutzte Dachböden, wodurch Fledermäuse nur noch selten Rückzugsgebiete finden.

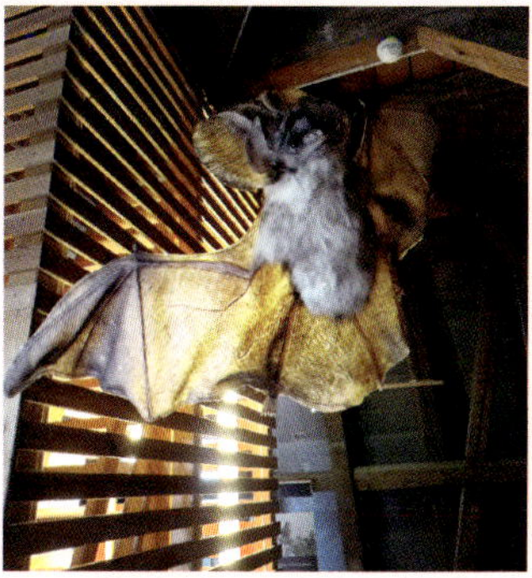

Ausgestopfte Fledermaus

Wie kann man Fledermäuse schützen?

Die größten Gefahren für Fledermäuse stellen der Verlust ihrer Sommer- und Winterquartiere dar. Aber auch Gifte, sowohl im Jagdgebiet (Insektizide, Herbizide) als auch in den Behausungen (Holzschutzmittel), sowie Störungen durch Menschen und die steigende Zahl an Windrädern setzen ihnen hart zu.

Um dem entgegenzuwirken, werden vermehrt Nistkästen aufgestellt, die den Fledermäusen Schutz bieten sollen. Vielleicht entdeckst du einen im Wald, wenn du genau schaust! Man sperrt aber auch gelegentlich Höhlen – wenigstens zum Teil – für Menschen, damit die Fledermäuse ihre Ruhe genießen können.

Heimische Fledermäuse

In Österreich gibt es ca. 28 Fledermausarten, die du teilweise sogar in der Stadt beobachten kannst. Auch bei uns leben sie in Kolonien, allerdings in viel kleineren als in Texas. Wir stellen dir fünf Arten vor.

Kleine Hufeisennase: Mit nur vier Gramm Gewicht zählt die Kleine Hufeisennase zu den kleinsten heimischen Fledermäusen. Da die Tiere ihre Jungen im Sommer auf Dachböden aufziehen, sind sie stark vom Menschen abhängig. Von November bis März ziehen sie sich in Stollen, Keller und Höhlen zurück, um Winterschlaf zu halten. Die Kleine Hufeisennase wurde 2018 zur Fledermaus des Jahres gekürt.

Abendsegler: Er ist die größte mitteleuropäische Fledermaus mit einer Flügelspannweite von 36 cm. Den Abendsegler kannst du auch schon am frühen Abend, gleich nach Sonnenuntergang, bei der Jagd beobachten; er ist ein geschickter Flieger, der eine Geschwindigkeit von 50 km/h erreichen kann.

Braunes Langohr: Das Braune Langohr ist eine typische Waldfledermaus und wiegt nur acht Gramm. Seinen Namen verdankt es den Ohren, die dreimal so lang sind wie sein Kopf. Sein Sommerquartier hat das Braune Langohr in Baumhöhlen, aber auch auf Dachböden. Es jagt im langsamen Zickzackflug knapp über dem Boden, und du kannst es mit ein wenig Glück auf unserer Wanderung 22 (siehe S. 185) in der Tropfsteinhöhle bei Alland beobachten.

Mopsfledermaus: Ihren Namen verdankt diese Fledermaus der kurzen, gedrungenen Nase. Sie ist kälteunempfindlich und bevorzugt insektenreiche Wälder als Lebensraum. Als Quartier dienen der Mopsfledermaus Baumspalten und die Rinde abgestorbener Bäume. Die Beseitigung von Totholz und die intensive forstwirtschaftliche Nutzung der Wälder trägt massiv zum Rückgang dieser Art bei. Um auf dieses Problem aufmerksam zu machen, wurde sie 2020/21 zur Fledermausart des Jahres ernannt.

Wasserfledermaus: Die Wasserfledermaus zählt ebenfalls zu den mittelgroßen Fledermäusen und hat eine Flügelspannweite von ca. 27 Zentimetern. Auffällig sind ihre großen Füße mit langen Borsten. Dafür sind ihre Ohren kurz. Sie erbeutet Insekten, aber auch kleine Fische, indem sie knapp über der Wasseroberfläche ruhiger Fließgewässer fliegt. Um an ins Wasser gefallene Insekten zu kommen, hat sie sich einen besonderen Trick einfallen lassen: Sie holt diese mit ihrer Schwanzflughaut einfach im Flug aus dem Wasser. Die Wasserfledermaus fühlt sich in den Donauauen zu Hause, ist aber auch im Lainzer Tiergarten anzutreffen. Vielleicht kannst du eine auf unseren Wanderungen entdecken?

Die Touren in diesem Buch, bei denen du Fledermäuse sehen kannst: Tropfsteinhöhle Alland (S. 185), Einödhöhle (S. 200), Lainzer Tiergarten (S. 160), Donauauen (S. 48). Manchmal sieht man Fledermäuse aber auch abends in Parks oder zwischen den Häusern herumfliegen.

26 Wir kommen alle in den Himmel

Vom Cobenzl über den Hermannskogel nach Sievering

Gleich am Beginn der Wanderung besuchen wir einen Kinderbauernhof. Dann geht's über den Lebensbaumkreis am Himmel zum Agnesbrünnl und schließlich auf den höchsten Punkt Wiens am Hermannskogel.

DER WANDERWEG

Wir steigen am Cobenzl-Parkplatz aus dem Bus und sehen gleich das „Rondell am Cobenzl", von dessen Dachterrasse man einen wunderschönen Ausblick über Wien genießen kann, auch wenn man kein Gast ist. Unser Weg führt allerdings von der Busstation die Straße Am Cobenzl hinein und nach dem Restaurant ein paar Schritte rechts hinunter zum **Kinderbauernhof Landgut Cobenzl.** Gegen Eintritt kann man hier Schafe, Schweine, Kaninchen, Gänse und andere Tiere betrachten, sich über Flora und Fauna informieren sowie einen Spaziergang durch das vier Hektar große Gelände machen.

Danach kehren wir zum Gasthaus „Waldgrill" zurück, wo unsere eigentliche Route beginnt. Wir biegen rechts – einer blauen Markierung folgend – ein, gehen durch die Himmelstraße am Gebäudekomplex des Lokals vorbei und sehen rechts dahinter eine ausgedehnte Wiese mit einem Picknickplatz und einem Marterl. Wir überqueren die Höhenstraße auf einem Zebrastreifen und gehen gleich danach von der asphaltierten Straße weg, um am oberen Rand einer Wiese entlangzumarschieren. So erreichen wir die Himmelstraße an der Stelle wieder, wo der Paula-Wessely-Weg einmündet, und kommen zum **Häuserl am Himmel**, in dessen Gastgarten eine gemütliche Einkehr fernab der Touristen möglich ist. Schräg gegenüber mündet der Gspöttgraben ein, in dem wir ein paar Schritte nach vorn spazieren wollen, um zum Caritas-Kinderheim und Tageszentrum am Himmel zu gelangen. Gegenüber dem

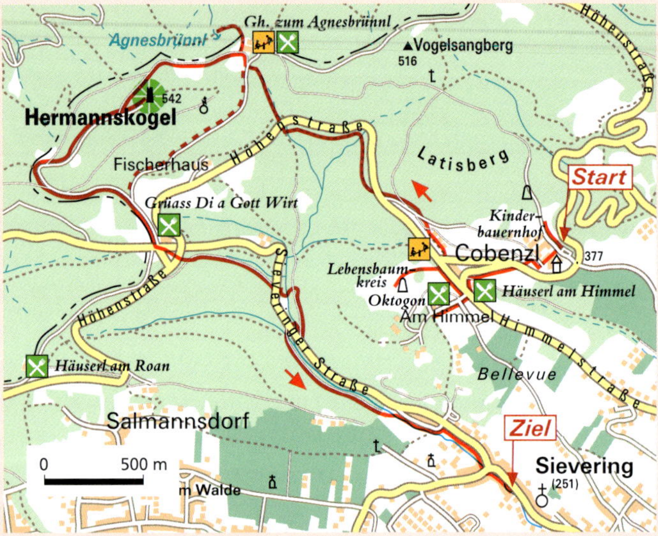

modernisierten Gebäude steht ein Verkaufsstand, in dem man auf Vertrauensbasis Sirupe, Salz etc. erwerben kann – der Erlös kommt wohltätigen Zwecken zugute.

Wir wenden uns dann zur Himmelstraße zurück und gehen auf dem Gehsteig am Ortsende-Schild von Wien vorbei bergauf, bis uns ein Pfeil nach links zum **Lebensbaumkreis Am Himmel** und dem **Café-Restaurant Oktogon am Himmel** – das in seiner Bauweise einen Baum symbolisieren soll – weist. Nach rechts gelangen wir auf einem Kiesweg zu der Lebensbaum-Anlage, die den Verlauf eines Jahres darstellt. Vor jedem der hier gepflanzten Bäume klärt eine Tonsäule Interessierte über seine Eigenschaften auf. Auf der Wiese vor dem Restaurant lädt ein großer Spielplatz zu einem entspannten Aufenthalt ein (45 Min).

Danach geht's zurück zur Himmelstraße, in der wir uns nach links wenden und nach ein paar Metern Wandertafeln erblicken, die uns den Weg zu „Kreuzeiche – Agneswiese – Jägerwiese" weisen. Wir überqueren hier die **Höhenstraße** und folgen einer pa-

WEGVERLAUF: Streckenwanderung. Cobenzl – Spielplatz Am Himmel (45 Min.) – Jägerwiese (1 Std.) – Habsburgwarte (45 Min.) – Grüass Di a Gott Wirt (45 Min.) – Sievering (1 ¼ Std.)

GEHZEIT: 4 ½ Std.

LÄNGE: 9 km

SCHWIERIGKEITSGRAD: Waldwanderung mit zwei kurzen, anspruchsvolleren Aufstiegen, insgesamt sind aber nur 160 Höhenmeter bergauf zurückzulegen

EINKEHRMÖGLICHKEITEN: Häuserl am Himmel (Mo–Mi Ruhetag), Café-Restaurant Oktogon Am Himmel (Sommer: Mo und Di Ruhetag, Nov. bis März: Mo–Do Ruhetag), Gasthaus zum Agnesbrünnl (Mo und Di Ruhetag), Grüass Di a Gott Wirt (Mo und Do Ruhetag)

ANFAHRT: Mit dem Bus (38A) vom Bahnhof Wien Heiligenstadt zur Station Wien Cobenzl

RÜCKFAHRT: Mit dem Bus (39A) von Sievering zum Bahnhof Heiligenstadt

TIPP: Nehmt ein Stoffsackerl mit und sammelt im Frühjahr Bärlauch, aus dem ihr schmackhaftes Bärlauch-Pesto zubereiten könnt!

AB: 6 Jahre

SYMBOLE:
= nein
= ganzjährig
= ja

rallel laufenden geschotterten Forststraße mit gelber Markierung. Bei der nächsten Abzweigung halten wir uns links, auf Blau und Richtung „Fischerhaus – Grüass Di a Gott Wirt", gehen ein Stück hinunter und ein weiteres Mal über die Höhenstraße; dann marschieren wir auf einem Waldweg unterhalb der Straße ziemlich eben dahin. Der blau markierte Weg führt uns unter der Kohlenbrennerbrücke durch und über einen Steg. Wir sehen nun eine Tafel „Jägerwiese 10 Min." und folgen ihr über den Holzknechtweg ein Stück recht steil bergauf. Nach dieser Strapaze stehen wir praktisch direkt vor dem **Gasthaus zum Agnesbrünnl** auf der Jägerwiese, wo wir uns eine Erfrischung verdient haben (1 ¾ Std.).

Abkürzung: Wer die Wanderung erheblich verkürzen will, folgt von hier aus dem asphaltierten Weg „Rohrerwiese – Grüass Di a Gott Wirt 20 Min." und erspart sich so ca. 1 ¼ Std. Gehzeit sowie einen etwas steileren Auf- und Abstieg.

Nun unternehmen wir einen kurzen Spaziergang zum **Agnesbrünnl**. Dazu folgen wir einer blauen Markierung hinter dem Gasthaus, die uns an Tiergehegen vorbei in den Wald führt und uns in ca. 5 Min. zur genannten Quelle bringt, die dem Hang des Hermannskogels entspringt. Hier können wir kurz an einem Picknicktisch Platz nehmen und über die Geschichte des Agnesbrünnls meditieren (siehe „Am Wege", S. 214).

Wir gehen zurück zur Jägerwiese und haben dort noch die Möglichkeit, die Tiere im beliebten Kinderzoo – Pferde, Esel, Schweine, Vögel, Meerschweinchen, Enten und Hühner – des Gasthauses zu betrachten, den großen Spielplatz zu benützen oder einfach auf der Wiese zu liegen (und eventuell zu picknicken).

Von der Gaststätte aus nehmen wir dann den Weg am Eselgehege entlang und schreiten auf ihm bergauf, wobei wir u. a. dem Holzpfeil „Stadtwanderweg 2" folgen, um den höchsten Punkt Wiens – den **Hermannskogel** (542 m) – zu ersteigen. Am Wegesrand laden im Frühjahr große Bärlauchbestände (siehe Rezept, S. 215) zum Sammeln der köstlichen Blätter ein. Nach ca. 800 m erreichen wir die langgestreckte Goldwiese. Von hier bringt uns ein steiniger Aufstieg mit gelber Markierung die letzten etwa 100 m auf den Gipfel und zur 1888 vom Österreichischen Touristenklub erbauten **Habsburgwarte** (2 ½ Std.).

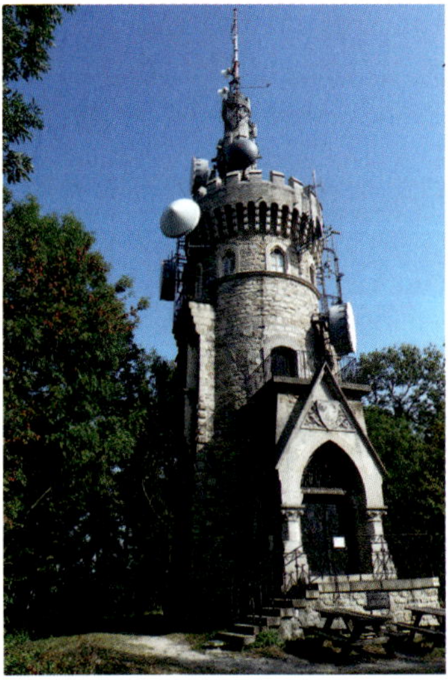

Habsburgwarte

Die 27 m hohe Warte (geöffnet bei Schönwetter von 21. Mai bis Ende Oktober Sa 13–18 Uhr, So und Fei 10–17 Uhr) ist einem mittelalterlichen Wehrturm nachempfunden, auf dem noch ein Zinnentürmchen steht. Ihre Aussichtsplattform ist mit

558,7 m nicht nur der höchste öffentlich zugängliche Punkt der österreichischen Hauptstadt, sondern eröffnet Besuchern einen grandiosen Fernblick bis zu den Kleinen Karpaten.

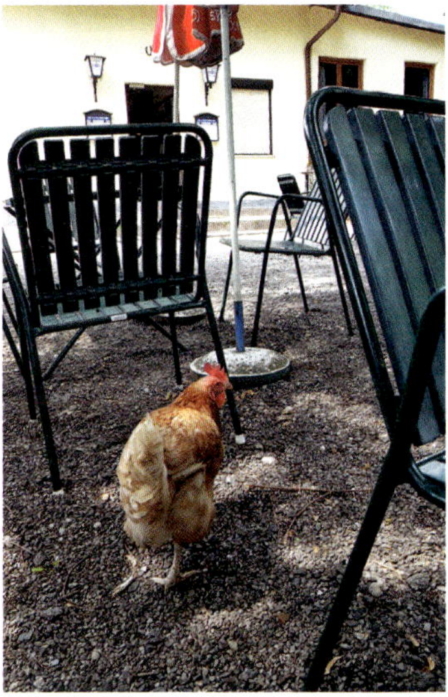

Jausnen mit Hühnern

Wir verlassen den Hermannskogel auf dem Weg, den wir gekommen sind, gehen aber dann die Goldwiese entlang und steigen über die breite, rot und grün markierte Gipfelzufahrt ab. Auf ihr gelangen wir zur Rohrerwiese, an deren Rand wir auf die Gaststätte Grüass Di a Gott Wirt zuhalten, in deren Gastgarten es sich in Gegenwart frei herumlaufender Hühner bestens jausnen lässt (3 ¼ Std.).

Seitlich vom Gasthaus befindet sich ein Wiesengrundstück mit Picknickbänken, Schaukeln und diversen Spielgeräten, auf dem sich Kinder vor der letzten Etappe noch austoben können. Auf dem Lokalparkplatz sehen wir sodann eine Wandertafel, die uns auf Gelb und Grün nach Sievering weist. Über einen breiten Waldweg wandern wir talwärts, bis wir nach einer rot-weiß-roten Schranke auf die Sieveringer Straße treten, diese queren und auf einem mit Steinplatten belegten Pfad zum Staubecken des Erbsenbachs weitergehen. Hier kann man einen Froschteich besichtigen; außerdem gibt es die Gelegenheit, am Wasser zu spielen.

Wir steigen dann – der gelb-grünen Markierung folgend – über den Bach, wenden uns nach rechts und ein Stück bergauf, wo wir auf einen breiteren Weg treffen und auf Grün Richtung Sievering weitergehen. Dann überqueren wir die Straße noch einmal, biegen links ein und gehen am Erbsenbach entlang bis zur Stadtgrenze und zum alten Zollhaus. Auf dem asphaltierten Uferweg marschieren wir weiter neben dem Bach, bis wir gegenüber dem Gspöttgraben (den wir heute schon einmal gesehen haben) wieder zur Sieveringer Straße kommen. Hier wenden wir uns nach rechts, wo wir kurz nach der Agnesgasse die Endstelle des Busses 39A erreichen, an der diese Wanderung zu Ende ist (4 ½ Std.).

AM WEGE

Das **Agnesbrünnl**, das heute recht versteckt im Wald unterhalb der Jägerwiese liegt, hatte jahrhundertelang den Ruf, ein ganz besonderer Ort zu sein. Man glaubte, dass das Wasser der Quelle Wunder wirken könne, indem es Krankheiten heilte, verjüngend wirkte und den Menschen, die davon tranken, Glück brachte. Ursprung des Aberglaubens war eine Buche, in deren Rinde man das Gesicht der Muttergottes zu erkennen glaubte. Als jemand 1805 dann noch ein Marienbild am Baum anbrachte, wurde das Agnesbrünnl beim Volk immer beliebter. In der Biedermeierzeit pilgerten unzählige Menschen an den Wochenenden sowie an kirchlichen Feiertagen von Neustift und Sievering zur Quelle, um dort auf eine Leiter zu steigen und das Bild zu küssen. Auf den Wegen wurden an Verkaufsbuden Imbisse und Getränke angeboten. Bettler baten die Wallfahrer um milde Gaben. Und um die Quelle scharten sich Wahrsagerinnen, die den Besuchern versprachen, ihnen die Zukunft vorherzusagen oder die Glückszahlen für die nächste Lottoziehung zu verraten. Die „Brünnlnarren", wie man die Pilger spöttisch nannte, kauften sogar angebliche Splitter von der Rinde des Wunderbaums und füllten sich Wasser aus der Quelle ab, um auch zu Hause in seinen heilsamen Genuss zu kommen.

Erst in den 40er-Jahren des vergangenen Jahrhunderts hörte der Spuk auf. Die Quelle wurde in ein Quellenhäuschen gefasst, die Gläubigen blieben aus. Heute ist das Agnesbrünnl zwar offiziell ein „Naturdenkmal", sieht aber leider trotzdem ziemlich trostlos aus.

Bärlauchpesto

Achtung bei der Bärlauchernte: Bärlauch kann man besonders im April leicht mit Maiglöckchen oder Herbstzeitlosen verwechseln, die beide giftig sind! Um Bärlauch zu erkennen, merke dir darum folgende Faustregel: lieber früh ernten. Im März ist die Verwechslungsgefahr noch geringer, und junger Bärlauch schmeckt sowieso am besten. Außerdem riechen die Blätter des Bärlauchs beim Zerreiben nach Knoblauch, die der anderen Pflanzen nicht.

ZUTATEN:

200 g frisch gesammelten Bärlauch

30 g Nüsse (Pinienkerne, Sonnenblumenkerne, Walnüsse etc.)

30 g Parmesan, 1 TL Salz

150 bis 250 ml Olivenöl (am besten kaltgepresstes in Bio-Qualität)

1. Zuerst musst du den Bärlauch gründlich waschen. Anschließend tupfst du ihn vorsichtig trocken und schneidest ihn in Streifen.
2. Die Nüsse oder Kerne röstest du leicht in einer heißen, beschichteten Pfanne ohne Fett an. Dadurch können sich die Aromen besonders gut entfalten.
3. Als Nächstes reibst du den Parmesan in ein hohes Gefäß, gibst die gerösteten Kerne/Nüsse und all die übrigen Zutaten dazu und pürierst sie mit einem Pürierstab, bis sie zu einer Art Paste werden. Wenn das Pesto zu dickflüssig ist, gib einfach mehr Öl dazu, bis es die ideale Konsistenz hat.
4. Jetzt kannst du kosten und entscheiden, ob noch etwas fehlt. Mehr Salz oder ein wenig Pfeffer vielleicht?

Wenn du das Pesto nicht gleich essen magst oder verschenken willst, fülle es in sterile (saubere) Gläser und verschließe diese mit einem Deckel. Achte dabei darauf, dass die Oberfläche des Pestos gut mit Olivenöl bedeckt ist. Dann hält es im Kühlschrank mindestens zwei Wochen.

27 Kein Selfie mit dem Wildschwein!

Expedition im Naturpark Sparbach

Bei unserem Ausflug in den ältesten österreichischen Naturpark beobachten wir Tiere ganz aus der Nähe, erkunden künstliche Ruinen aus der Zeit der Romantik und wandern auf ruhigen Waldwegen durch die Landschaft des Wienerwalds.

DER WANDERWEG

Wir steigen aus dem Bus, gehen ein paar Schritte die Straße zurück und nehmen die erste, schräg links wegführende Gasse, um dann am Rand der großen Parkplätze auf das Besucherzentrum zuzuhalten – vor dem sich auch ein Spielplatz befindet. Der Naturpark Sparbach wurde 1962 eröffnet und ist somit der älteste ganz Österreichs (siehe „Nationalpark und Naturpark“, S. 222). Er befindet sich im Besitz der Stiftung Fürst Liechtenstein, ebenso wie das Schloss Sparbach neben dem Eingang zum Parkgelände.

Wir betreten den Naturpark durch den einzigen Eingang. Allerorten treffen wir auf Informationstafeln, von denen wir viel über die hier beheimateten Tiere und Pflanzen erfahren; man kann sich aber auch einen Audioguide herunterladen und die Informationen anhören (siehe „Wienerwald-Safari“, S. 165). Wenn wir uns nach links wenden, kommen wir direkt zum Streichelzoo, wo uns Ziegen, Esel und Schafe erwarten. Ein Stück weiter vorn befindet sich die Wildschwein-Futterstelle, wo wir die Tiere aus nächster Nähe beobachten können. Die Wildschweine in Sparbach dürfen frei herumlaufen und sind nicht menschenscheu. Trotzdem sollte man ihnen mit dem nötigen Respekt begegnen und nicht zu nahekommen – auch nicht für ein Selfie.

Wir wandern dann den leicht ansteigenden Hauptweg ein Stück weiter und kommen so zum Lenauteich, benannt nach dem

Biedermeier-Dichter Nikolaus Lenau. Im Teich tummeln sich u. a. Rotfedern und Karpfen. Über eine hölzerne Brücke gehen wir zur eindrucksvollen Leopoldmühle hinüber, die eigentlich aus der Buckligen Welt stammt, aber nach einem Hochwasser im Jahr 1965 hier originalgetreu wieder aufgebaut wurde. In den warmen Monaten können Kinder wunderbar unten am Wasser spielen.

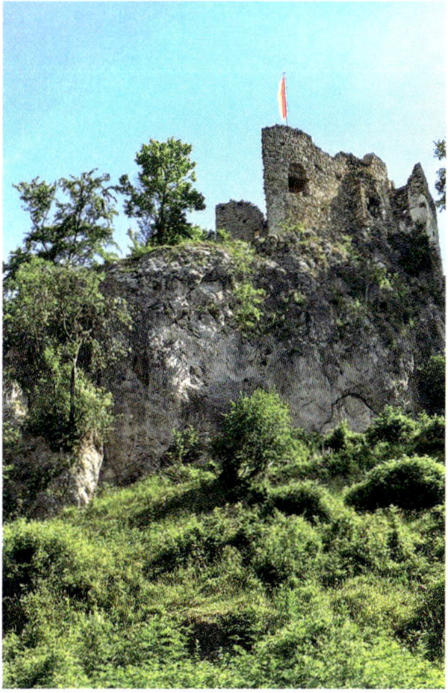

Ruine Johannstein

Nun biegen wir links ab und gehen am Teich entlang. Dabei kommen wir an einer Schwarzföhre vorbei, wo man sieht (und auch erklärt bekommt), wie die Pechgewinnung aus dem Harz dieses Baums funktioniert (siehe Wanderung 21, S. 177). Wanderschilder weisen uns Richtung „Hubertuskapelle" und „Wildwuchsgalerie"; an beiden kommen wir bald vorbei. Links von uns finden wir den großen Abenteuerspielplatz und anschließend den Grillplatz, der gegen Voranmeldung benützbar ist und wo wir auch Produkte vom Naturpark grillen können.

Kurz danach sehen wir rechts über uns die Ruine Johannstein aufragen, zu der wir nach einer Kreuzung über einen Waldweg hinaufsteigen. Im Gegensatz zu den Ruinenbauten aus der Romantik, die wir ebenfalls in Sparbach finden, ist dies die Ruine einer echten mittelalterlichen Höhenburg aus dem 12. Jh., die bereits im 16. Jh. im Zuge der Türkenkriege zerstört wurde (1 Std.).

Variante: Wer sich für die kürzere Variante dieser Wanderung entschieden hat, geht von der Ruine wieder bergab zu dem Platz beim Kreuzungspunkt und folgt bei der „Ruheinsel Johannstein" dem Wegweiser „Galerie der Wildtiere über Waldweg". Hier geht

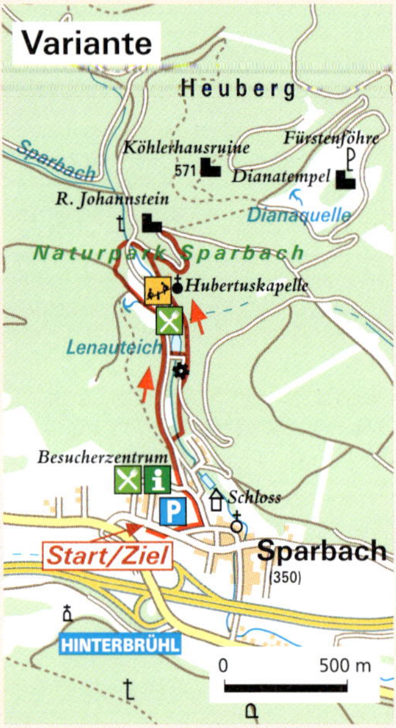

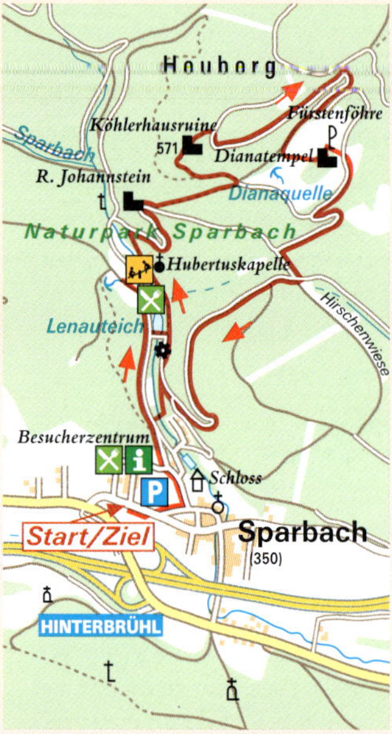

es auf einem schönen, schattigen Waldweg zuerst ein Stück aufwärts. Bei einer Kreuzung halten wir uns dann an den Wegweiser „Abenteuerspielplatz/Lenauteich“ und gelangen so zur Hubertuswiese. Auf einem Holzsteg können wir über das eingezäunte Gelände hinausspazieren, um Muffelwild – also Widder und Wildschafe – sowie Damhirsche genauer zu betrachten. Von hier aus nehmen wir dann den Weg zum Abenteuerspielplatz hinunter, wo die kürzere und die längere Route wieder zusammentreffen.

Nach Besichtigung der Ruine, in der man auch das Innenleben eines bewohnten Bienenstocks betrachten kann, halten wir uns an den Wegweiser „Dianawiese über Wandersteig 20 Min.“ und gehen den bergseitigen Weg hinauf. Bei der nächsten Kreuzung biegen wir links ab, Richtung „Dianaquelle“, und dann gleich wieder links, wo wir eine Tafel über die Wanderrouten im Naturpark Sparbach sehen, und folgen dem Pfeil „Köhlerhaus 20 Min.“. Am Wegesrand

WEGVERLAUF: Rundwanderung. Busstation Sparbach im Wienerwald Tiergartensiedlung – Ruine Johannstein (1 Std.) – Köhlerhausruine (30 Min.) – Fürstenföhre (45 Min.) – Abenteuerspielplatz (1 ½ Std.) – Busstation Sparbach im Wienerwald Tiergartensiedlung (30 Min.)

GEHZEIT: 4 ¼ Std., Variante 2 ¼ Std.

LÄNGE: 8,6 km, Variante 4,5 km

SCHWIERIGKEITSGRAD: Wanderung auf gepflegten Waldwegen und Forststraßen, mit einem gemächlichen Aufstieg in der kürzeren und einem etwas anstrengenderen in der längeren Variante

EINKEHRMÖGLICHKEITEN : Imbissstand am Abenteuerspielplatz (geöffnet an Wochenenden und Feiertagen), Imbiss im Besucherzentrum (Öffnungszeiten wie Naturpark)

ANFAHRT: Mit der Bahn von Wien Hauptbahnhof nach Mödling Bahnhof, dort am Bahnhofplatz den Bus 264 nehmen und bis zur Station Sparbach im Wienerwald Tiergartensiedlung fahren. Mit dem Auto zum Naturpark Sparbach/Parkplatz

HINWEIS: Der Naturpark Sparbach hat von Anfang April bis Anfang Nov. täglich von 9 bis 18 Uhr geöffnet. Auf der Website www.naturpark-sparbach.at sind alle notwendigen Informationen zu finden.

TIPP: Meldet euch vorher an und nützt den Ausflug zum Grillen!

AB: 6 Jahre (Variante: 4 Jahre)

SYMBOLE:
(Kinderwagen) = ja
(Sonne) = Frühjahr bis Herbst
(Wegweiser) = ja

sonnen sich hier gern Eidechsen – also Augen auf! Ein letzter steiler Aufstieg bringt uns zur Köhlerhausruine in 571 m Höhe. Sie ist keine echte Ruine, sondern ein Bauwerk aus der Zeit der Romantik, die ein Teil der englischen Landschaftsgartenarchitektur zu Anfang des 19. Jh.s war (siehe „Am Wege“, S. 221). Wir steigen die durch Geländer gesicherten Stufen zur Aussichtswarte hinauf, werfen durch ein Fernrohr einen ausgiebigen Blick auf die bewaldete Umgebung und sehen uns noch ein wenig im Gebäude um, wo weitere Informationstafeln angebracht sind (1 ½ Std.).

Vor der Köhlerhausruine befindet sich ein Picknicktisch, an dem wir rasten können. Danach halten wir uns an den gelben Pfeil Richtung „Dianawiese über Forststraße“. Nach ein paar Metern auf einem idyllischen Waldweg erreichen wir besagte Forststraße, wo uns der Pfeil rechts hinunter weist. Nun geht es längere Zeit sanft bergab; nach einer Serpentinenkurve informiert uns ein weiterer Wegweiser darüber, dass wir die Dianaquelle in fünf Minuten erreichen. Etwa

200 m weiter sehen wir auch schon den links abzweigenden Abstieg durch den Wald, über den wir nach wenigen Schritten neben einer Rastbank schon zu der mit einem Steinfries versehenen Quelle kommen, aus der nur wenig Wasser tröpfelt. Von hier aus gehen wir schräg über die Dianawiese auf eine weithin sichtbare Informationstafel und eine Flagge zu. So gelangen wir zum Triumphbogen, auch Dianatempel genannt, der ein schönes Fotomotiv bietet. Unweit davon befindet sich die Fürstenföhre, die älteste Schwarzkiefer des Naturparks, unter der Holzliegen zu einer Ruhepause einladen (2 ¼ Std.).

An diesem bemerkenswerten Baum vorbei gehen wir wieder auf die Wiese hinaus, biegen rechts ab und wandern am Wäldchen auf einem Feldweg zum nächsten Waldstück hinunter, wo unser Weg auf einer Forststraße weiter stetig bergab führt. An einer Kreuzung halten wir uns Richtung „Schacherplatz – Besucherzentrum“; bei kleinen Holzplateaus im Wald kann man immer wieder innehalten und aus erhöhter Position Wildschweine und andere Tiere beobachten. Am Schacherplatz gibt es zahlreiche Sitzgelegenheiten in zwei geräumigen Unterstandshütten und sogar eine einfache Toilette ein paar Schritte neben dem Weg. Von hier aus marschieren wir weiter auf der Waldstraße, bis wir nach einigen Kurven wieder die Leopoldmühle erreichen. An dieser Stelle überschreiten wir die Holzbrücke und gehen am Lenauteich vorbei zum Abenteuerspielplatz, der zum fantasievollen Spielen, einem längeren Aufenthalt und einer Jause beim Imbissstand einlädt. Wir machen noch ein paar Schritte bergauf zur Galerie der Wildtiere, um dort Damhirsche und Muffelwild zu beobachten, und gehen dann wieder zum Weg vor dem Spielplatz zurück (3 ¾ Std.).

Hier stoßen auch jene Wanderer wieder zu uns, die zuvor die *Variante* gewählt haben. Unser Weg führt nun zurück zur Leopoldmühle, von der aus wir hinter dem Sparbach zurück zu den Streichelzoogehegen und danach zum Besucherzentrum und somit zum Ausgang des Naturparks marschieren. Hier können wir im Buffet noch einen Imbiss zu uns nehmen und im Shop Souvenirs erwerben, bevor wir auf dem bekannten Weg zur Busstation (auf der anderen Straßenseite) zurückgehen und von dort aus den Rückweg antreten (4 ¼ Std.).

AM WEGE

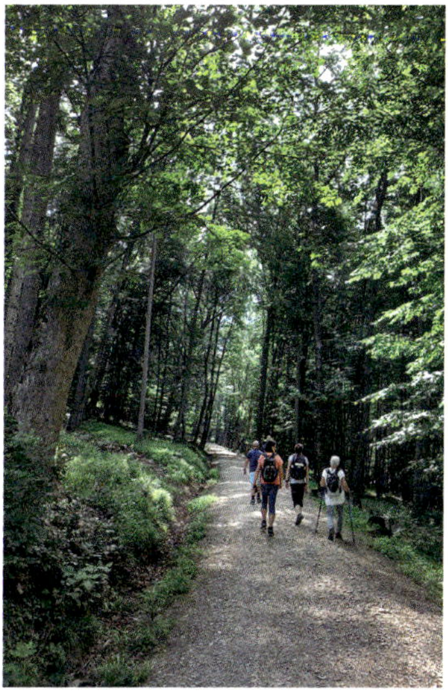

Waldweg zur Ruine Johannstein

Nicht alle Ruinen, die man bei Ausflügen in der Wienerwaldgegend zu sehen bekommt, sind Überreste mittelalterlicher oder noch älterer Bauwerke. Manche entstanden auch während der Romantik – einer kulturgeschichtlichen Epoche, die von Anfang des 18. bis ins 19. Jh. andauerte. Man orientierte sich damals an der Sagen- und Mythenwelt des europäischen Mittelalters, am Rittertum sowie an romantisch-schaurigen Motiven. Dazu zählten natürlich auch verfallene Burgen, die eine Vergangenheit heraufbeschwören sollten, die so wahrscheinlich nie existiert hat.

Der österreichische Feldmarschall Fürst Johann Josef von Liechtenstein (1760–1836) war nicht nur eine Zeitlang Oberbefehlshaber der österreichischen Armee, sondern machte sich auch als Landschaftsgestalter einen Namen. Er erwarb im Jahr 1808 das Gut Johannstein-Sparbach und richtete hier ab 1812 einen Tiergarten ein, der von Mauern und Zäunen umgeben war. Das Areal diente in erster Linie der Jagd, war aber auch Teil des Vorhabens, die Gegend rund um **Mödling** neu zu gestalten. Dazu gehörte auch die Errichtung romantischer Bauten im Tierpark Sparbach, etwa der Köhlerhausruine und des Dianatempels, in einer „inszenierten Landschaft" mit extra gepflanzten Wäldern, verschlungenen Felspfaden und gepflegten Promenadenwegen.

Nationalpark und Naturpark

Worin besteht der Unterschied?

Einige der Touren in diesem Buch führen dich sowohl in Naturparks als auch durch einen Nationalpark. Vielleicht hast du dich schon gefragt, was der Unterschied ist. In beiden Parks versucht man, die Natur zu schützen – allerdings mit verschiedenen Richtlinien und Schwerpunkten.

Nationalpark: strenge Regeln

Nationalparks haben sich die Aufgabe gestellt, großflächige noch erhaltene Naturlandschaften und unberührte Areale zu schützen und für nachfolgende Generationen zu erhalten. Dabei müssen sie international anerkannte Vorschriften erfüllen. Die Idee dazu entstand bereits im 19. Jahrhundert. 1872 wurde dann in Nordamerika der erste Nationalpark gegründet (Yellowstone-Nationalpark).

In Österreich gibt es heute sechs Nationalparks. Diese erstrecken sich über eine Fläche von 2391 Quadratkilometern (km²), das entspricht etwa drei Prozent der Fläche des österreichischen Staats. Die Parks bewahren beeindruckende Landschaften und bieten unzähligen Tieren sowie Pflanzen einen sicheren Lebensraum. Um diese Gebiete zu schützen, dürfen sie in Österreich weder land- noch forstwirtschaftlich genutzt werden, sondern sollen die Gelegenheit haben, sich wieder in Wildnis zu verwandeln. Nationalparks verfolgen aber auch einen Forschungs- und Bildungsauftrag und sollen ihren Besuchern die unberührte Natur und deren Bewohner näherbringen. Man kann sich im jeweiligen Nationalparkhaus über diese Themen informieren oder mit sogenannten Rangern spannende Touren unternehmen. Auch als Erholungsgebiete und für sanften Tourismus werden Nationalparks genutzt, allerdings unter strengeren Auflagen und speziell getroffenen Maßnahmen, die an die jeweiligen Standorte angepasst werden.

Auf unseren Wanderungen durchstreifen wir immer wieder den Nationalpark Donau-Auen. Es gibt aber noch zwei weitere in der näheren Umgebung.

1. Nationalpark Donau-Auen: Die letzte große Auenlandschaft Mitteleuropas

Im Nationalpark Donau-Auen sind wir bei den Wanderungen in diesem Buch immer wieder unterwegs. Er erstreckt sich zwischen Wien und Bratislava und hat eine Fläche von 9615 Hektar (ha). Der 1996 gegründete Park umfasst das – abgesehen von der Wachau – letzte Stückchen frei fließender Donau und ist mit seinen 65 Prozent Auenwald ein wichtiger Lebensraum für viele bedrohte Arten.

TIPP: Informiere dich in den Nationalparkhäusern Lobau bzw. Orth an der Donau. Hier kannst du auch spannende Kanu-Touren buchen.

2. Nationalpark Neusiedler See – Seewinkel: Paradies für Vogelbeobachter

Dieser burgenländische Park existiert seit 1993 und ist der einzige Steppen-Nationalpark Österreichs. Er erstreckt sich auf der österreichischen Seite über eine Fläche von 9673 ha. Hier wird ein Gebiet mit unglaublicher Artenvielfalt geschützt. Vor allem Vögel schätzen die großen Schilfflächen und Lacken als Rastplatz auf ihren langen Reisen oder als wertvolle Brutplätze. Aussichtstürme und Stege durch die Schilfgürtel ermöglichen das Beobachten der Vögel, ohne diese in ihrem Lebensraum zu stören.

TIPP: Informiere dich im Nationalparkhaus Illmitz und bring deinen Feldstecher mit!

3. Nationalpark Thayatal: Wo die wilden Katzen wohnen

Gleich an der Grenze zu Tschechien, etwa zwei Autostunden von Wien entfernt, liegt der Nationalpark Thayatal, der mit 1360 ha der kleinste Österreichs ist. Gemeinsam mit dem Národní park Podyjí (ca. 7700 ha) schützt er eine der schönsten und artenreichsten Tal- und Flusslandschaften Europas. Hier kannst du dich auf die Suche nach Flusskrebsen, Smaragdeidechsen und der für lange Zeit in Österreich ausgestorben geglaubten Wildkatze machen.

TIPP: Informiere dich im Nationalparkhaus Thayatal und seinem großartigen Außengelände und nimm deine Becherlupe mit! Im Flussbett gibt es viel zu entdecken.

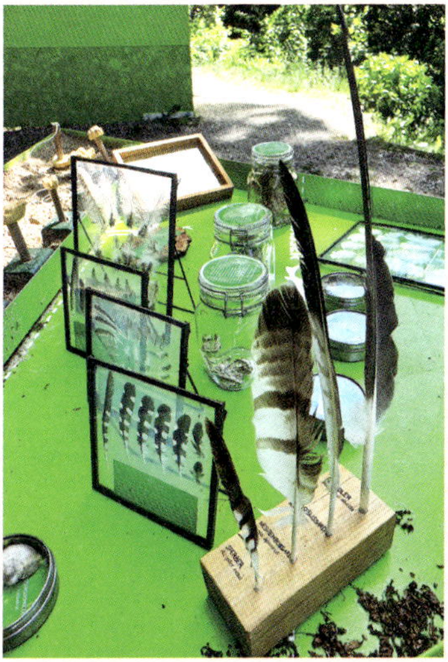

Experimentiertisch Tierspuren und Vogelfedern

Naturpark: Schutz durch Nutzung

Während in Nationalparks versucht wird, die Natur unberührt zu lassen und sie vor Umwelteinflüssen und ungewollten menschlichen Eingriffen zu bewahren, steht beim Naturpark die Nutzung im Vordergrund. Zwar spielt auch hier der Naturschutz eine Rolle – es gibt zu diesem Thema interessante Führungen, Infotafeln zu Fauna und Flora in der Region und oft kleine Zoos mit heimischen Tieren. Das Gebiet eines Naturparks darf jedoch umweltverträglich bewirtschaftet und mit weniger Einschränkungen als Erholungsgebiet genutzt werden. Leider setzen sich hier aber doch immer wieder die wirtschaftlichen Interessen durch.

In Österreich gibt es 48 Naturparks mit mehr als 6000 km² Gesamtfläche. Auf unseren Wanderungen stellen wir dir sechs in der Nähe von Wien vor:

Naturpark Sparbach: Der älteste Naturpark Österreichs befindet sich im südlichen Teil des Wienerwaldes in der Nähe von Mödling. Wir besuchen ihn bei der Wanderung 27 (siehe S. 216).

Sehenswert: Abenteuerspielplatz, Tiergehege, interaktives Naturparkhaus, Ruinen, Führungen und Grillmöglichkeit

Naturpark Purkersdorf (Sandstein-Wienerwald): Er ist ein 77 ha großes Waldgebiet am westlichen Stadtrand von Wien mit der Rudolfshöhe als höchster Erhebung (475 m), das wir bei der Wanderung 20 (siehe S. 170) erkunden.

Sehenswert: Rudolfswarte, Naturparkzentrum Wienerwaldhaus, Reh, Rotwild- und Wildschweingehege sowie Tiergatter mit Eseln, Ziegen und Schafen, Naturspielplätze, Beobachtungsplattform bei den Naturparkbienen, Naturlehrpfad mit Kinder- und Wasserstationen und verschiedene Themenwege

Naturpark Föhrenberge: Dieser Park befindet sich im Kalkstein-Wienerwald und erstreckt sich auf einer Fläche von 6516 ha von Mödling bis zum Südrand von Wien.

Sehenswert: Burg Liechtenstein, an der du bei unserer Wanderung 13 (siehe S. 117) vorbeikommst; die Ziesel auf der Perchtoldsdorfer Heide, die wir auf der Wanderung 28 (siehe S. 225) besuchen, und der Husarentempel

Naturpark Leiser Berge: Er liegt im Weinviertel und umfasst auf einer Fläche von 4040 ha Äcker, Wälder und Trockenwiesen, die seit der Jungsteinzeit bewirtschaftet werden.

Sehenswert: Aussichtswarte Oberleis, Wildpark Ernstbrunn mit Wolf Science Center (Wanderung 17, S. 147), MAMUZ Schloss Asparn/Zaya (Wanderung 6, S. 61), Michelstettner Schule, Bienenlehrpfad Oberleiserberg

TIPP: Unternimm eine Fahrt mit der Weinvierteldraisine, dem Nostalgieexpress Leiser Berge und/oder dem Zayataler Schienentaxi.

Naturpark Eichenhain: Dieser idyllische Park umfasst auf einer Fläche von 3847 ha den Wienerwald zwischen Klosterneuburg und St. Andrä-Wördern.

Sehenswert: Hagenbachklamm mit der Greifvogelzuchtstation (Wanderung 15, S. 133), Obstlehrpfad, Museum Gugging

Naturpark Jauerling-Wachau: Der Jauerling ist mit seinen 960 m der höchste Berg an der Donau und trennt die Wachau vom Waldviertel. Der Naturpark erstreckt sich über ein Gebiet von 11.558 ha; wir besuchen ihn auf Wanderung 10 (siehe S. 91).

Sehenswert: Aussichtswarte am Jauerling, Welterbesteig Wachau, Burgruine Hinterhaus

28 Drei-Hütten-Wanderung

Von Rodaun auf die Liechtenstein-Höhenstraße

Am Stadtrand von Wien durchwandern wir eine Steppenlandschaft, in der wir Ziesel sehen können. Danach geht's auf den Parapluiberg, der seinen Namen den schirmförmigen Schwarzföhren im umliegenden Naturpark Föhrenberge verdankt.

DER WANDERWEG

Wir steigen an der Endstelle der Straßenbahnlinie 60 in **Rodaun** aus und folgen dem gelben Wanderpfeil mit der Aufschrift „Wiener Wallfahrerweg/Heiligenkreuz", um auf der Schillerpromenade an der hier bachbreiten Dürren Liesing entlangzugehen. Die Promenade wird bald zu einer Fahrstraße; auf ihr gelangen wir zu einer breiteren Straße, überqueren diese auf einem Zebrastreifen und gehen rechts weiter. An der wenige Schritte entfernten Kreuzung sehen wir auf einer grünen Tafel schon die Aufschrift „Heide" und biegen links in die Hochstraße ein.

Wir queren Bahngleise und befinden uns nun in der Gemeinde **Perchtoldsdorf**. Rechts führt uns der gelbe Pfeil in die Scholaugasse. Wir überqueren die Sonnbergstraße und gehen die schmale Dr.-Gorlitzer-Gasse weiterhin bergauf in Richtung Perchtoldsdorfer Heide. Unser Weg mündet in die Lohnsteinstraße, wo uns rechts Stufen bergan führen; der Wanderpfeil und ein erster Hinweis auf die Kammersteinerhütte weisen uns auch hier den Weg. Nach den Stufen schreiten wir auf einem asphaltierten schmalen Weg neben einem Bachbett weiterhin bergan und betreten so die **Perchtoldsdorfer Heide**. Damit befinden wir uns im **Naturpark Föhrenberge** (siehe „Nationalpark und Naturpark", S. 222).

Nun wandern wir über den Hauptweg, die **Liechtenstein-Höhenstraße**, oder auch querfeldein den Hang hinauf. Die Heide eignet sich gut zum Drachensteigen und im Winter für unterschiedlich anspruchsvolle Rodelpartien. Beim Aufstieg über die

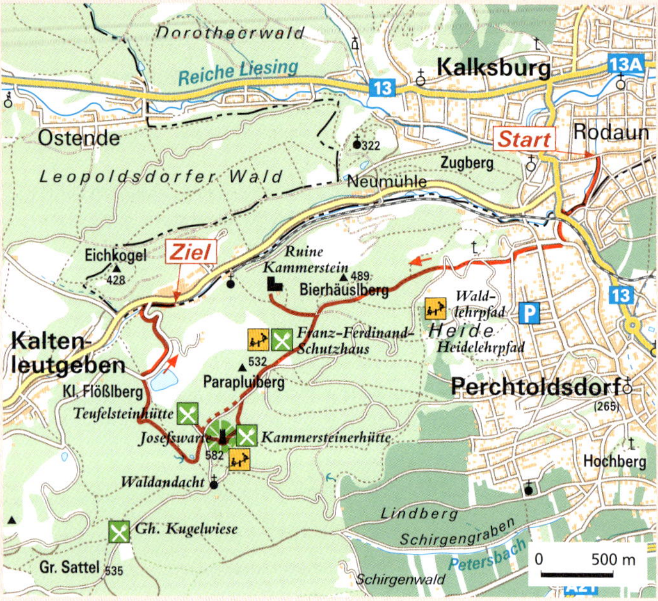

Höhenstraße oder die Abkürzungen dazwischen haben wir vielleicht Gelegenheit, ein paar possierliche Ziesel zu beobachten. Die kleinen Nagetiere gehören zur Gattung der Bodenhörnchen und sind in Österreich nur mehr selten zu finden. Sie graben sich in Gegenden mit niedriger Vegetation – wie zum Beispiel auf Wiesen – große unterirdische Höhlensysteme, in denen sie bis zu sechs Monate im Jahr Winterschlaf halten. In den letzten paar Jahren sieht man sie jedoch, vielleicht wegen der vielen Spaziergänger, auch hier auf der Perchtoldsdorfer Heide kaum noch. Auf der Schlossinsel in Orth an der Donau (siehe Wanderung 5, S. 48) können wir jedoch einen genaueren Blick auf die dort lebenden Ziesel werfen.

Wir halten auf den nächstgelegenen Rastplatz am oberen Rand der Wiese zu, von wo aus sich ein herrlicher Blick auf Perchtoldsdorf und über Wien, bis hin zu Kahlenberg und Leopoldsberg, bietet. Von hier aus steigen wir in den Wald hinauf und

WEGVERLAUF: Streckenwanderung. Rodaun – Franz-Ferdinand-Schutzhütte (1 ¾ Std.) – Kammersteinerhütte (30 Min.) – Busstation Rodaun Waldmühle (1 ¼ Min.)

GEHZEIT: 3 ½ Std.

LÄNGE: 6,8 km

SCHWIERIGKEITSGRAD: Wanderung auf großteils breiten Waldwegen mit einigen Aufstiegen und einem kurzen, etwas steileren Abstieg

EINKEHRMÖGLICHKEITEN: Franz-Ferdinand-Schutzhütte (Do und Fr Ruhetag), Kammersteinerhütte (Mo und Di Ruhetag), Teufelsteinhütte (Mitte März bis Ende Juni und Ende Aug. bis Anfang Dez. an Sa, So und Fei geöffnet)

ANFAHRT: Mit der Straßenbahn (Linie 60) vom Westbahnhof (U3 und U6) oder von Hietzing (U4) bis Rodaun (Endstation); mit dem Auto bis Kindermanngasse (Perchtoldsdorf)

RÜCKFAHRT: Mit dem Bus 255 nach Rodaun (Ketzergasse) zur Endstelle der Linie 60 oder unserem geparkten Auto

HINWEIS: Der Abstieg von der Kammersteinerhütte zur Liechtenstein-Höhenstraße ist bei nassem oder rutschigem Boden nicht zu empfehlen; wir raten in diesem Fall zur im Text beschriebenen Abkürzung.

TIPP: Nehmt einen Feldstecher mit und schaut, ob ihr auf der Perchtoldsdorfer Heide Ziesel erspäht!

AB: 8 Jahre

SYMBOLE:
Kinderwagen = nein
Sonne = ganzjährig
Wegweiser = ja

folgen dabei dem Holzpfeil „Sommerbauer Wiese/Parapluiberg/Kammersteiner Hütte/Teufelstein". Auf einem der zwei parallel führenden steinigen und wurzeldurchzogenen Pfade geht es stetig bergauf. Nach etwa 20 Min. kommen wir auf die Sommerbauerwiese, um an einem Picknicktisch eine Rast einzulegen.

Danach behalten wir die Gehrichtung bei und marschieren auf einem Waldweg annähernd niveaugleich weiter, erreichen so den Rastplatz Bierhäuslberg mit einem weiteren Picknicktisch und sehen kurz danach Wandertafeln. Nach rechts weisen diese zur **Ruine Kammerstein**, zu der wir einen kurzen Abstecher machen. Wir erreichen die spärlichen Überreste der einstigen Festung, die bereits 1290 zerstört wurde, nach ca. 300 m. Zwischen den verbliebenen zwei Mauern auf einem Bergspitz können wir uns ein wenig umsehen; da das Gelände hier ein wenig abschüssig ist, sollte man kleinere Kinder jedoch nicht aus den Augen lassen. Nach dem

Ruinenausflug geht es zum Hauptweg zurück und auf diesem ein kurzes Stück recht anspruchsvoll bergauf, bis wir vor der **Franz-Ferdinand-Schutzhütte** in 561 m Höhe auf dem **Parapluiberg** stehen, um eine erste Einkehr zu halten und vom Garten des Lokals aus noch einmal die Aussicht zu genießen (1 ¾ Std.).

Unsere Route setzt sich über die Zufahrt zur Schutzhütte – oder auf dem unteren Weg (die beiden treffen wieder zusammen) – fort, wo wir auch bald an einem kleinen Spielplatz vorbeikommen. Wir biegen wieder in die Höhenstraße ein, die ziemlich eben zum Rastplatz Zaintal weiterführt, und stoßen kurz danach auf die Abzweigung zur Kammersteinerhütte.

Abkürzung: Wer sich den Aufstieg zu dieser Hütte und den folgenden steilen Abstieg lieber ersparen will, geht an dieser Stelle einfach die Liechtenstein-Höhenstraße bis zum Kreuzungspunkt weiter, wo rechts der kurze Weg zur Teufelsteinhütte hinaufführt.

Wir biegen nach links auf einen grün markierten Weg ein, der uns in den Wald und nach einem etwa viertelstündigen Aufstieg zur **Kammersteinerhütte** führt, wo wir ebenfalls einkehren oder an Tischen vor der Schutzhütte jausnen können. Die 11 m hohe **Josefswarte** neben dem Lokal ermöglicht einen weiten Rundumblick (2 ¼ Std.).

Hinter der Warte entdecken wir dann einen schmalen, bergab führenden Pfad, der uns laut Markierung auf dem „Wienerwald-Verbindungsweg 444" nach Kaltenleutgeben bringen soll. Wir steigen vorsichtig auf diesem recht steilen Waldweg hinunter und erreichen nach ca. 200 m eine Dreieckskreuzung, auf der von rechts die Liechtenstein-Höhenstraße zuführt. Hier stößt auch die *Abkürzung* wieder auf den Hauptweg.

Wir gehen den kurzen Aufgang zur **Teufelsteinhütte** hinauf, erfreuen uns an der Aussicht, die sich hinter der Alpenvereins-Schutzhütte bietet, und können – auch wenn das Lokal geschlossen hat – ein Plumpsklo benützen. Unser Weg setzt sich aber von der unteren Kreuzung aus fort und führt, der Wandertafel „Buchbründl – Kaltenleutgeben – Wiener Hütte – Breitenfurt" folgend, weiter bergab, wenn auch weniger anspruchsvoll als zuvor.

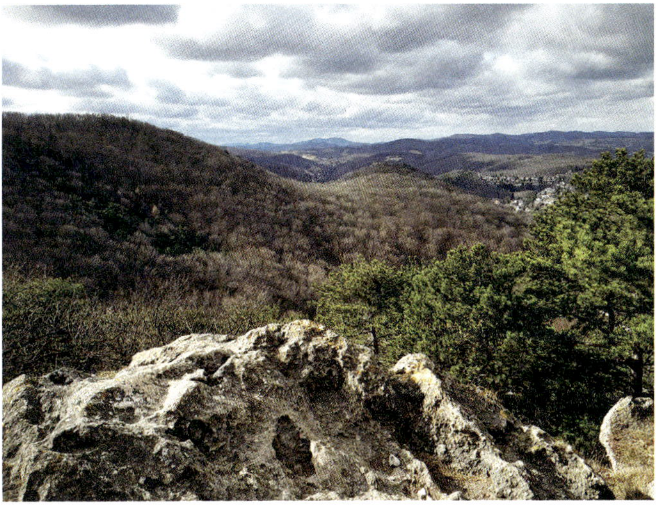

Ausblick von der Teufelsteinhütte

Wir kommen an einem kleinen Teich vorbei und dann zum Buch-Bründl. Im Folgenden halten wir uns bei einer Wegteilung an die markierte Route, die dann nach einer Kurve etwas markanter bergab führt. Rechts von uns erblicken wir bald einen ehemaligen Steinbruch und einen darunter gelegenen See, der Teil des **Naturschutzgebiets Teufelstein-Fischerwiesen** ist. Wir gelangen schließlich zu einer Wegkreuzung und einem rot-weiß-roten Schranken. Wenn wir uns hier nach rechts wenden und den asphaltierten Bereich verlassen, haben wir nach ein paar Metern vom Ufer aus einen guten Blick auf den Steinbruch-See.

Anschließend gehen wir auf der ehemaligen Zufahrtsstraße nach rechts weiter und durchqueren das Steinbruchgelände. Das letzte Stück des Weges führt uns weiterhin die Straße entlang; nach einem zweiten rot-weiß-roten Schranken, den wir links umgehen, kommen wir zur breiten Kaltenleutgebner Straße hinunter. Wir biegen rechts in sie ein und erreichen auf dem Gehsteig nach ca. 200 m die Station Rodaun Waldmühle des Busses 255, der uns zurück zum Ausgangspunkt bringt (3 ½ Std.).

Gebirgs-Safari

Wenn du im Gebirge unterwegs bist, fällt dir bestimmt sofort auf, dass es hier oben keine oder nur sehr niedrige Bäume, sogenannte Latschen, gibt. Das liegt daran, dass du dich oberhalb der Baumgrenze befindest – also auf ca. 2000 Meter Seehöhe. Hier oben ist es wesentlich kälter als im Tal. Der Schnee bleibt länger liegen und die Pflanzen haben weniger Zeit zu wachsen. Außerdem bläst auf den baumlosen Ebenen oft ein starker Wind. Da überlebt nur, wer sich den widrigen Umständen am besten anpasst.

Wir stellen dir ein paar dieser Überlebenskünstler vor. Vielleicht kannst du den einen oder anderen auf deinen Wanderungen im Gebirge entdecken! Die Sternchen verraten dir, ob er leicht (ein Stern) oder schwer (vier Sterne) zu finden ist. Wenn du einen gesehen hast, kannst du den Kreis neben seinem Namen ankreuzen.

Alpendohle – der Flugprofi ** O

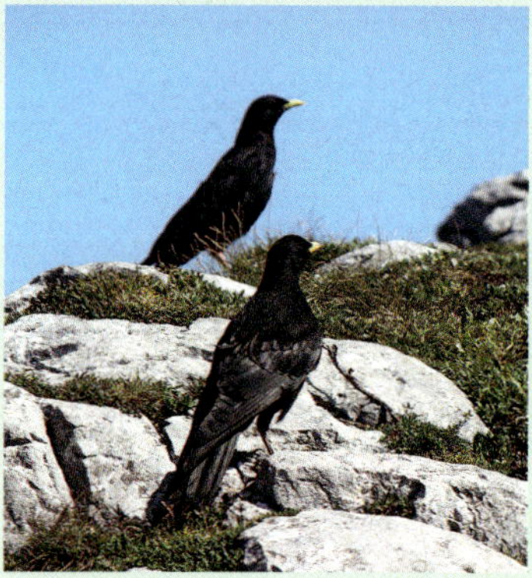

Alpendohle

Dohlen kannst du oberhalb der Baumgrenze bis in 3000 Meter Höhe beobachten. Mit ihrem schwarzen Gefieder, den roten Beinen und dem gelben Schnabel sind sie kaum von Krähen zu unterscheiden. Also schau genau – Krähen haben nämlich einen schwarzen Schnabel! Die Dohle ist ein wahrer Flugkünstler, und es macht Spaß, ihr bei ihren waghalsigen Manövern zuzusehen. Die neugierigen Vögel suchen die Nähe zu Menschen, da sie hoffen, etwas Essbares zu ergattern.

TIPP: Wenn du wissen willst, ob es bald schneit, dann achte in den Bergen auf die Dohlen. Fliegen sie in großen Scharen ins Tal, so ist das ein ziemlich sicheres Zeichen, dass der Winter kommt!

Alpensalamander – der gut Versteckte**** ○

Der ca. 15 Zentimeter lange Alpensalamander ist pechschwarz und hat einen orangefarbenen Bauch. Er liebt feuchte Bergwälder, wo er sich gern unter Wurzeln und Felsspalten versteckt. Bei Gefahr biegt er seinen Kopf weit nach hinten, um größer zu wirken. Vorsicht: Genauso wie sein Verwandter, der Feuersalamander, sondert er ein giftiges Sekret ab, also solltest du ihn lieber nicht angreifen.

TIPP: Am ehesten ist er an Regentagen zwischen Mai und September zu entdecken.

Gämse – die Rodlerin** ○

Gämsen findest du oberhalb der Baumgrenze und im oberen Bergwald, aber du musst schon sehr genau schauen, wenn du sie in der Felswand entdecken willst. Sie sind gute Kletterer und mit ihrem graubraunen Fell, dem dunklen Streifen auf dem Rücken und zwei Streifen im Gesicht hervorragend getarnt. Gämsen, die ein bisschen wie Ziegen aussehen, sind Paarhufer, mit zwei Zehen, die lang und spreizbar sind, sowie elastischen Sohlen. Dadurch finden sie beinahe auf jedem Untergrund Halt. Sowohl Männchen als auch

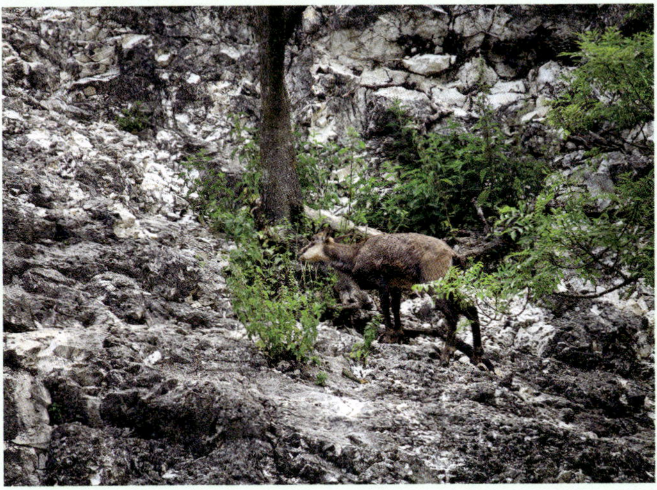

Gämse

Weibchen tragen kurze gebogene Hörner. Schon die Jungtiere sind unmittelbar nach der Geburt wahre Kletterprofis und können ihren Eltern und Geschwistern mühelos folgen.

TIPP: Gämsen sind auch im Winter aktiv. Da kannst du sie sogar beim Rodeln beobachten: Gämsen sind sehr verspielt – und wenn Schnee liegt, setzen sie sich auf die Hinterbeine und rutschen am Popo den Hang hinunter.

Murmeltier – der Dauerschläfer**** ○

Meist verrät sie ihr lautes Pfeifen, wenn sie Artgenossen vor Eindringlingen warnen, die dann blitzschnell in ihren Höhlen mit ausgeklügelten Tunnelsystemen in bis zu drei Meter Tiefe verschwinden. Murmeltiere leben in Familienverbänden bis zu zwanzig Tieren und verschlafen den Großteil ihres Lebens. Sieben Monate halten sie Winterschlaf; daher hast du zwischen Mai und September die besten Chancen, diese possierlichen Tiere in freier Wildbahn zu beobachten. Zu finden sind sie auf sonnigen Bergwiesen in Höhen von bis zu 3000 Metern. Murmeltiere sind Nager und ernähren sich von Blumen, Kräutern, Samen und Gräsern.

Kreuzotter bzw. Höllenotter – die Giftige**** ○

Die Kreuzotter gehört zu den Vipern und bevorzugt warme sowie trockene Stellen auf Almwiesen und Geröllfeldern. Ihren Namen verdankt sie dem markanten Kreuzmuster auf ihrem Rücken. In gebirgigen Regionen sind Kreuzottern beinahe ganz schwarz und tragen dort den Namen Höllenotter. Tagsüber nehmen sie gern ausgedehnte Sonnenbäder, da sie als Kaltblüter keine Körperwärme erzeugen können. Hat sich die Otter aufgewärmt, geht sie auf Jagd nach kleinen Säugetieren und Eidechsen.

Vorsicht: Wie bei allen Vipern ist auch der Biss der Kreuzotter giftig. Aber keine Angst – ihr flach am Boden liegender Körper und besonders ihr Unterkiefer nimmt die leichtesten Vibrationen wahr, und so zieht sie sich meist rechtzeitig zurück, bevor Wanderschuhe ihr gefährlich werden können.

TIPP: Auch wenn man die unter Naturschutz stehenden Kreuzottern in letzter Zeit wieder häufiger sieht, sind es doch sehr

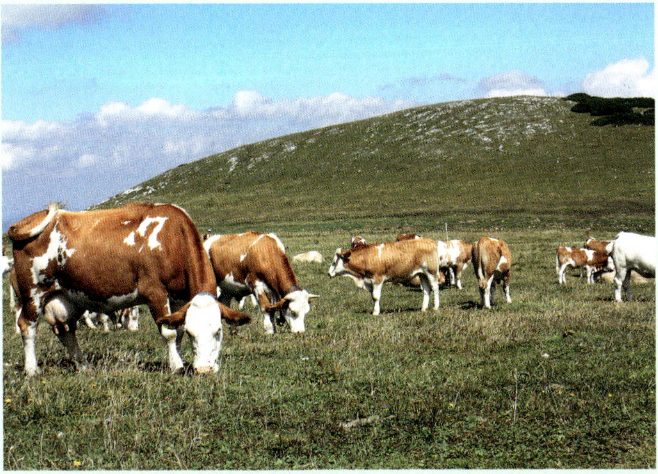

Weidende Kühe

scheue Tiere. Aber vielleicht findest du auf deiner Wanderung die Schlangenhaut einer Kreuzotter.

Kuh – die Sommerfrischlerin** ○

Kühe werden oft im Frühjahr auf die Almen getrieben, wo sie dann den Sommer verbringen. Indem sie das Gras abweiden, schonen sie die Wiesen im Tal und verhindern, dass sich der Bergwald – ein Mischwald aus Laub- und Nadelbäumen – über die Almwiesen ausbreitet. Die Kühe bewegen sich dabei sehr frei am Berg. Es kann also sein, dass du im Zuge deiner Wanderungen plötzlich einer Kuh begegnest. Verhalte dich ruhig und weiche ihr aus, so gut es geht. Die Leitkuh trägt eine große Glocke. So kannst du hören, ob Kühe in der Nähe sind, und auch der Bauer findet sein Vieh leichter im Gebirge. Zum Almauf- und -abtrieb tragen die Kühe einen schönen Kopfschmuck.

TIPP: Almen mit Milchkühen verarbeiten die Milch oft vor Ort. Vielleicht kannst du ein Glas frische Milch direkt bei der Almhütte kaufen.

29 Trainspotting

Auf dem Semmering-Bahnwanderweg

Vom Kurort Semmering aus nehmen wir den berühmten Weg an der Semmeringbahn Richtung Gloggnitz und Payerbach-Reichenau. Unsere Route endet jedoch nach zahlreichen Aussichtspunkten und Sehenswürdigkeiten bereits in Breitenstein.

DER WANDERWEG

Nach nur 1 ¼ Std. Fahrzeit vom Hauptbahnhof treffen wir am Bahnhof des berühmten Kurorts **Semmering** auf dem gleichnamigen Berg ein. Neben den Gleisen sehen wir gleich ein Denkmal für Carl Ritter von Ghega, den Erbauer der **Semmeringbahn** (siehe „Über den Semmering“, S. 240), sowie einen alten Eisenbahntriebwagen, der einst auf dieser Strecke verkehrte und heute hier ausgestellt ist. Im Bahnhofsgebäude können wir uns in einem Informationszentrum mit angeschlossenem Souvenirshop (geöffnet Anfang Mai bis Ende Oktober, Do–So sowie Fei von 9–15.30 Uhr) über diese Bahnstrecke, die 1998 zum UNESCO-Weltkulturerbe ernannt wurde, kundig machen.

Danach verlassen wir den Bahnhof auf der anderen Seite und sehen auch schon die ersten Wandertafeln, die uns auf unsere Route verweisen. Eigentlich würde als Routenbeschreibung schon dieser Satz genügen: Halten Sie sich immer an Logo und Symbol des **Semmering-Bahnwanderwegs** sowie an die gelben Pfeile mit der Aufschrift „Bahnhof Breitenstein“ (und natürlich an die Gleise). Aber dann wäre dieser Wandertext recht kurz, also wollen wir etwas stärker ins Detail gehen.

Ein schmaler asphaltierter Weg führt uns ein Stück oberhalb des Bahnhofs bergauf; mehrere Tafeln weisen dann zu den nächsten Zielen: Kinderbahnhof und Doppelreiter-Aussichtswarte. Ersteren – eine hölzerne Zugnachbildung und eine Rutsche auf einem nostalgischen Spielplatz mit Sitzbänken – erreichen wir ca. 800 m nach dem

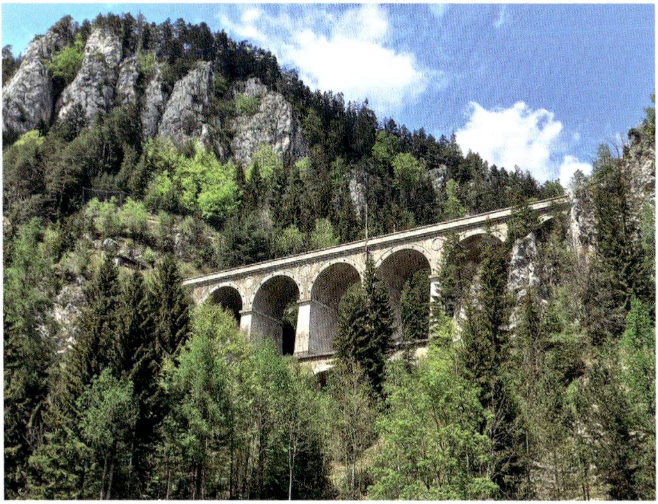

Das Viadukt vor der Spießwand

echten Bahnhof über einen geschotterten Weg mit Holzgeländer. Der sogenannte Schulweg führt uns danach unter den Bahngleisen durch, ein Stück aufwärts und nach zwei Privathäusern durch ein Waldstück. Hier sehen wir links von uns bereits die erste Eisenbahnbrücke – das Kartnerkogel-Viadukt (siehe „Am Wege", S. 239) – über uns aufragen. Immer wieder erwarten den Wanderer Informationstafeln (inkl. QR-Code) und Mitmachstationen zum Thema Semmeringbahn sowie gemütliche Rastbänke am Wegesrand.

Wenige Meter vor der Haltestelle Wolfsbergkogel treten wir aus dem Wald und schreiten die Straße ein paar Meter hinauf, bis uns die Pfeile nach rechts in den Wald weisen. Hier kommen wir am prächtigen „Kurhaus Semmering" – einem 1909 errichteten Sanatorium – vorbei, das leider seit Jahrzehnten leer steht und weiterhin der Revitalisierung harrt. Wir überqueren einen großen Parkplatz, nach dem der Weg etwas bergan zur Doppelreiterwarte führt. Von der überdachten Plattform der Warte aus können wir einen herrlichen Rundblick auf den Kurort Semmering mit seinen vielen Nobelvillen und alten Luxushotels, aber auch auf die Bahnstrecke mit ihren spektakulären Viadukten genießen.

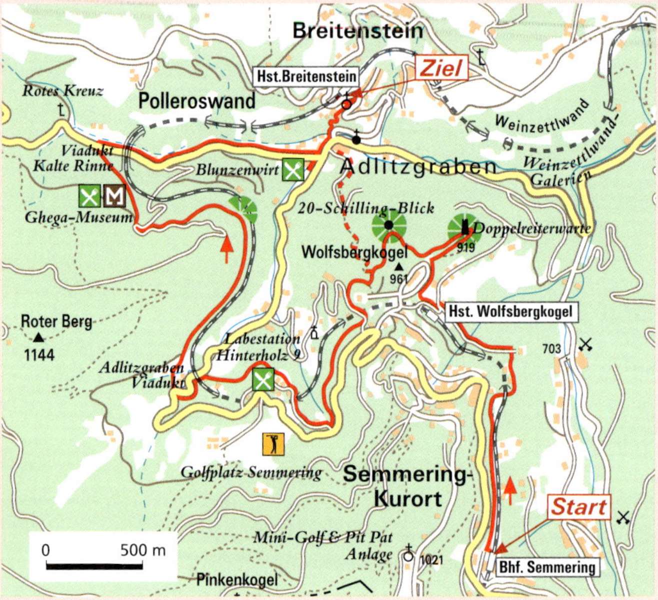

Von hier aus wandern wir ein kurzes Stück bergab, um uns dann auf einem Waldweg einem weiteren beliebten Aussichtspunkt zu nähern: dem 20-Schilling-Blick. Als Österreich noch eine eigene Währung hatte, war auf der Rückseite des 20-Schilling-Scheins ein Stück der Semmeringbahn abgebildet – das Motiv wurde an dieser Stelle aufgenommen, wie man bei einem Blick durch eine spezielle Aussichtsluke deutlich erkennen kann. Auf der Vorderseite der Banknote war Carl Ritter von Ghega zu sehen. Unterhalb der Kanzel erwarten uns einige Picknickbänke, wo wir jausnen können (1 ½ Std.).

Von hier aus marschieren wir am Hang des Wolfsbergkogels durch den Wald und an einem weiteren attraktiven Fotopunkt vorbei. Bei einer Zufahrtsstraße erreichen wir den nächsten Kreuzungspunkt, schwenken rechts ein und sehen wenige Meter danach einen grün markierten Weg rechts abzweigen.

WEGVERLAUF: Streckenwanderung. Bahnhof Semmering – 20-Schilling-Blick (1 ½ Std.) – Rastplatz am Roten Berg (1 ½ Std.) – Ghega-Museum (45 Min.) – Blunzenwirt (1 Std.) – Bahnhof Breitenstein (15 Min.)

GEHZEIT: 5 Std.

LÄNGE: 9,8 km

SCHWIERIGKEITSGRAD: Großteils bergab führende Höhenwanderung mit nur kurzen Aufstiegspassagen

EINKEHRMÖGLICHKEITEN: Labestation Hinterholz 9 (bei Schönwetter), Ghega-Museum (geöffnet von Mai bis Okt., jeweils am ersten und letzten Wochenende des Monats und an Fei v. 10–16 Uhr), Gasthof zum Blunzenwirt (Mo bis Mi Ruhetag)

ANFAHRT: Mit der Bahn von Wien Hauptbahnhof oder Meidling bis Semmering

RÜCKFAHRT: Mit der Bahn von Breitenstein Richtung Semmering (und von dort mit dem Schnellzug zurück nach Wien) oder Richtung Payerbach-Reichenau (und von dort mit dem Regionalzug nach Wien). Die angegebenen Züge verkehren alternierend jede Stunde.

TIPP: Macht nach der Wanderung noch einen Ausflug ins Südbahnmuseum, wo es viel Wissenswertes über die Semmeringbahn und eine Menge alter Draisinen zu bestaunen gibt!

AB: 7 Jahre

SYMBOLE:
- = nein
- = Frühjahr bis Herbst
- = ja

Abkürzung: Wer die Wanderung radikal (also etwa um die Hälfte) verkürzen möchte, kann über diesen grün markierten Weg („Spießtal – Breitenstein") steil ins Tal absteigen, versäumt aber dabei die wichtigsten Attraktionen und Ausblicke, die diese Route zu bieten hat.

Wir bleiben auf dem Hauptweg, der uns bald danach an einer Villa mit Ferienwohnungen vorbeiführt. Nach ca. 200 m auf einer schmalen Asphaltstraße verlassen wir diese in einer Rechtskurve wieder, um parallel dazu im Schatten durch den Wald zu wandern. Wir betreten die Straße dann wieder, biegen aber sogleich rechts in die Weberkogelstraße ein. Dort bringt uns eine Zufahrt zur ehemaligen Wäscherei des mondänen Südbahnhotels, deren letztes erhaltenes Gebäude mittlerweile als Wohnhaus dient – der hohe Ziegelschlot der Wäscherei steht jedoch bis heute. Kurz danach kommen wir zur Labestation Hinterholz 9, einer offenbar hobbymäßig betriebenen Einkehrmöglichkeit in einem ehemaligen Bahnwächterhaus, von deren Schanigarten aus man bei einem Imbiss einen hervorragenden Bahnblick hat.

Nun gehen wir auf der geschotterten Weberkogelstraße wieder im Wald weiter, nehmen bei einer Abzweigung die untere Variante und gelangen so – nach einem weiteren Fotopunkt – in den Unteren Adlitzgraben, wo wir unter dem imposanten Fleischmann-Viadukt durchgehen. Gleich dahinter sehen wir den Nachbau eines Arbeiterlagers und können uns hier über die Lebensumstände der Bahnarbeiter während des Streckenbaus informieren. Wir marschieren ein Stück die Straße hinauf und verlassen sie in der zweiten Kurve nach rechts, um ca. 200 m später auf einen Rastplatz oberhalb des Viadukts zu stoßen, wo wir eine kurze Pause vor dem folgenden Aufstieg einlegen sollten (3 Std.).

Von hier an geht es ein kurzes Stück steil bergauf. Wir überwinden bei diesem wurzelübersäten Aufstieg, der anfangs durch zwei Serpentinen entschärft werden kann, etwa 30 Höhenmeter, bis wir zu einer Rastbank kommen. Von dort aus führt ein schmaler Höhenweg mit grandioser Aussicht am Hang des **Roten Bergs** und direkt oberhalb der Bahnstrecke entlang. Der Weg ist allerdings nur auf den letzten Metern durch ein Geländer gesichert – Kinder also keinesfalls allein vorauslaufen lassen! Nach gut 20 Gehminuten erwartet uns wieder eine Bank, hinter der unsere Route dann ein paar Schritte zu einem Forstweg hinaufführt. Bald biegen wir in eine geschotterte Forststraße ein, marschieren bergab und erreichen nach einem Fotopunkt das 2012 eröffnete **Ghega-Museum.** Auf der bei Trainspottern beliebten Terrasse dieses ehemaligen Wächterhauses können wir uns mit Speisen und Getränken erfrischen – und dabei das berühmte Viadukt Kalte Rinne sowie die gegenüberliegende Polleroswand betrachten. Ein Besuch des Museums und des Souvenirshops lohnt sich natürlich ebenfalls (3 ¾ Std.).

Wir verlassen das Museum über die stark abschüssige Zufahrtsstraße, biegen rechts in die Kalte-Rinne-Straße ein und gehen unter dem Viadukt durch. Danach marschieren wir ca. 1 km am Straßenrand weiter, bis wir zur Kreuzung mit der Semmeringstraße im Ortsgebiet von **Breitenstein** kommen. Wenige Meter rechts davon befindet sich der Gasthof zum Blunzenwirt, wo wir bei Speis und Trank eine letzte Rast bis zur Abfahrt unseres Zuges einlegen können (4 ¾ Std.).

Der letzte Abschnitt der Tour führt uns zurück zur Kreuzung und dann auf der Straße weiter. Von rechts stößt hier der Weg dazu, der zuvor als *Abkürzung* angegeben wurde. In einer Kurve zweigen wir links ab und steigen den Serpentinenweg zum Bahnhof Breitenstein hinauf. Beim Feuerwehrhaus erreichen wir wieder die Straße und folgen ihr weiter Richtung Bahnhof (5 Std.).

Von hier aus haben wir die Möglichkeit, nach Payerbach oder zurück zur Bahnstation Semmering zu fahren. Besonders Wissensdurstige können auch den Zug nach Mürzzuschlag nehmen, um dort das höchst sehenswerte **Südbahnmuseum** zu besichtigen – und anschließend nach Wien zurückfahren.

AM WEGE

Wir sehen sie immer wieder auf unseren Wanderungen – hohe Brücken mit mehreren Bögen auf Pfeilern, die oft aus Ziegeln oder Steinen bestehen und über Täler und Senken hinwegführen. Warum aber nennt man manche dieser faszinierenden Bauwerke Aquädukte und andere wiederum Viadukte?

Ganz einfach: Der Begriff „Aquädukt" kommt aus dem Lateinischen und bedeutet wörtlich „führt Wasser" (weil „aqua" auf deutsch „Wasser" heißt und „ducere" die Bedeutung „leiten" oder „führen" hat). Aquädukte sind also Wasserleitungen, durch die das kostbare Nass von einem Ort zum anderen fließt – zum Beispiel von der **Rax** und dem **Schneeberg** oder auch vom **Hochschwab** nach Wien, wie in der **I. und II. Wiener Hochquellenwasserleitung** (siehe „Am Wege", S. 247).

Das lateinische Wort „via" heißt hingegen „Straße", bezeichnet also einen Verkehrsweg. Ein „Viadukt" ist demnach ein Brückenbauwerk, das dem Verkehr dient und über das entweder wirklich eine Straße oder – wie im Fall der Semmeringbahn – eine Eisenbahnlinie führt.

Über den Semmering

Der Eisenbahnpionier Carl Ritter von Ghega

Wenn wir auf dem Bahnhof der Gemeinde Semmering den Zug verlassen, stehen wir gleich vor einem Denkmal für den Mann, der die Zugstrecke über den Semmering erst möglich gemacht und damit eine wichtige Verbindung von Wien in den Süden Österreichs geschaffen hat: Carl Ritter von Ghega (1802–1860).

Carlo Ghegas – wie er eigentlich hieß – Begabung für die Mathematik zeigte sich bereits in jungen Jahren. Deshalb studierte der in Venedig geborene Sohn albanischer Eltern bereits mit 15 Jahren an der Universität Padua und machte ein Jahr später seinen Abschluss als Ingenieur und Architekt; mit 17 Jahren hatte er dann auch den Doktortitel für Mathematik in der Tasche. Seine Berufslaufbahn begann er mit der Planung von Straßen- und Wasserbauten; bald danach befasste er sich aber mit dem Bau von Eisenbahnstrecken und unternahm eine Studienreise in die USA, um sich dort die Konstruktion von Gebirgsbahnen näher anzusehen. Nach seiner Rückkehr in die Donaumonarchie Österreich-Ungarn erhielt er den Auftrag, die Bahnlinie Richtung Süden von Gloggnitz über den Semmering nach Mürzzuschlag, von dort weiter nach Graz und schließlich nach Triest zu planen.

Der Semmering – ein Gebirgspass von 984 Metern Höhe, über den bis in Ghegas Zeiten nur eine steile Straße führte und der die Grenze zwischen Niederösterreich und der Steiermark bildet – stellte ihn vor eine besondere Aufgabe. Die Bahnüberquerung dieses Berges galt vielen Experten als unmöglich und bestenfalls mit Zahnradbahnen oder Schienenseilbahnen machbar. Doch schon im Jahr 1844 legte Ghega seinen Plan für die Semmeringbahn vor, die mit normalen Dampflokomotiven unterwegs sein sollte.

Zum Erstaunen aller Konkurrenten dauerte der Bau der 42 Kilometer langen Bahnstrecke nur sechs Jahre – von 1848 bis 1854. Um diese technische und organisatorische Meisterleistung in so kurzer Zeit vollbringen zu können, begann man an beiden Streckenenden – in Gloggnitz und Mürzzuschlag – gleichzeitig zu bauen. Fast 20.000 Arbeiter aus allen Teilen der Monarchie, darunter ein Drittel Frauen, gruben Tunnel (damals gab es noch keine dafür geeigneten Sprengstoffe wie Dynamit), bauten Viadukte (siehe „Am Wege", S. 239) und errichteten für die Bahngleise Trassen mit Steigungen von bis zu 28 Promille (das sind mehr als ein Meter Höhenunterschied auf 40 Meter Streckenlänge).

Die Arbeiter wohnten in einfachsten Unterkünften und mussten ihre Tätigkeit bei jedem Wetter verrichten. 89 Menschen starben bei Arbeitsunfällen – und mehrere hundert an den in ihren Siedlungen grassierenden Krankheiten wie Cholera und Typhus. Trotzdem konnte die Bahnstrecke rechtzeitig fertiggestellt werden. Seit damals erfreuen sich sowohl Reisende als auch Wanderer an den imposanten Brücken- und Viaduktbauten des Carl Ritter von Ghega, der diese erste normalspurige Gebirgsbahn Europas nicht nur konzipiert, sondern auch überaus harmonisch in die Landschaft „hineinkomponiert" hat. Damit schuf er außerdem die Grundlagen dafür, dass die Ortschaft Semmering zum beliebten Luftkurort und das ehemalige Bauerndorf Payerbach zur Sommerfrische für Prominente ebenso wie für einfache Leute werden konnte. Völlig zu Recht ernannte man die Semmeringbahn im Jahr 1998 als erste Eisenbahn der Welt zum UNESCO-Weltkulturerbe.

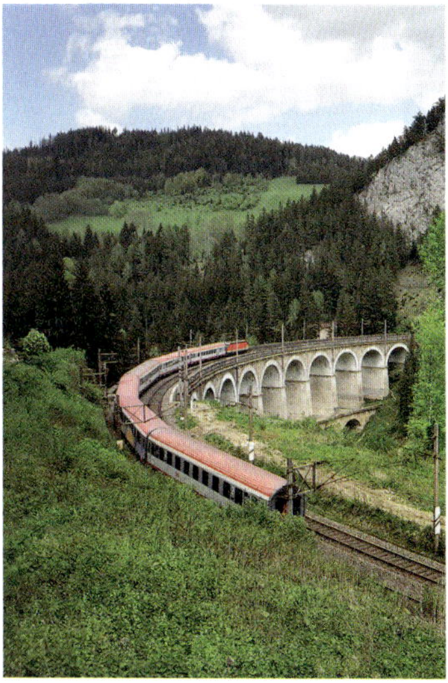

Viadukt der Semmeringbahn

Ach ja, die Lokomotiven: Schon drei Jahre nach Baubeginn der Semmeringbahn-Strecke – im März 1851 – veranstaltete Ghega einen Wettbewerb. Vier neue Modelle traten zur „Wettfahrt der Lokomotiven" an: die „Bavaria" der Firma Maffei aus München, die „Seraing" von Cockerell aus Belgien, die „Vindobona" von der Wien-Gloggnitzer Eisenbahn und die „Wiener Neustadt" von der Lokomotivfabrik Günther aus der gleichnamigen Stadt. Sieger war die Bavaria, deren Konstrukteure einen Preis von 20.000 Gulden erhielten.

Später stellte man jedoch fest, dass ein Dauerbetrieb auf der Semmeringbahn mit keiner dieser Lokomotiven möglich war. Also beauftragte man den Wiener Maschinenbauer Wilhelm Engerth damit, die weltweit erste Gebirgslokomotive zu bauen. Die berühmte „Engerth-Lok" bewältigte nicht nur die schwierige Strecke über den Semmering, sondern wurde jahrzehntelang auf europäischen Gebirgsstrecken eingesetzt. Heute kann man sie als Modell im Technischen Museum in Wien bestaunen.

Carl Ritter von Ghega entwarf nach seinem großen Erfolg noch ein Eisenbahnnetz für die ganze Habsburgermonarchie starb jedoch bereits 1860 an Tuberkulose.

30 Ein Spielplatz ganz weit oben

Hoch hinaus auf dem Schneeberg

Wir steigen von der Bergstation des Salamander-Zugs auf den höchsten Gipfel Niederösterreichs. Wer dabei Gämsen und Alpendohlen beobachten will, sollte einen Feldstecher mitnehmen. Und sich auf die Buchteln beim Baumgartner freuen ...

DER WANDERWEG

Am Bahnhof von **Puchberg am Schneeberg** steigen wir in den Salamander-Zug (wer ihn sieht, wird gleich begreifen, warum man ihn so genannt hat) der Schneebergbahn um. Die Bahn verkehrt seit 1897 von Puchberg auf den Schneeberg; anfangs war sie rein dampfgetrieben; seit 1999 sind auf der Strecke auch die Züge im beliebten „Salamander"-Design unterwegs.

Nach einer Fahrt von 40 Min. kommen wir am Bergbahnhof Hochschneeberg in 1800 m Seehöhe an; von der Terrasse davor bietet sich ein wunderschöner Ausblick ins Tal. Hier beginnen wir unsere eigentliche Wanderung – wenn wir nicht vorher noch im 1898 erbauten **Berghaus Hochschneeberg** (wo auch Übernachtungen möglich sind) einkehren wollen.

Wir lenken unsere Schritte zuerst ein Stück an der Bahnstrecke zurück, überqueren das Gleis und kommen so zum höchstgelegenen Spielplatz Niederösterreichs, dem Salamander-Spielplatz. Er dürfte nicht nur wegen seiner Spielgeräte, sondern auch wegen der Aussicht für Kinder einladend sein. (Wir werden später noch einmal hier vorbeikommen.)

Vor dem Ende dieses Spielplatzes folgen wir einem unmarkierten Schotterweg markant bergauf. Wenn wir zu einer Wegkreuzung mit mehreren Wandertafeln gelangen, gehen wir den Weg ohne Tafel links hinauf zum Gipfelkreuz des **Waxriegels** in 1888 m Höhe und haben damit den ersten Aufstieg hinter uns gebracht.

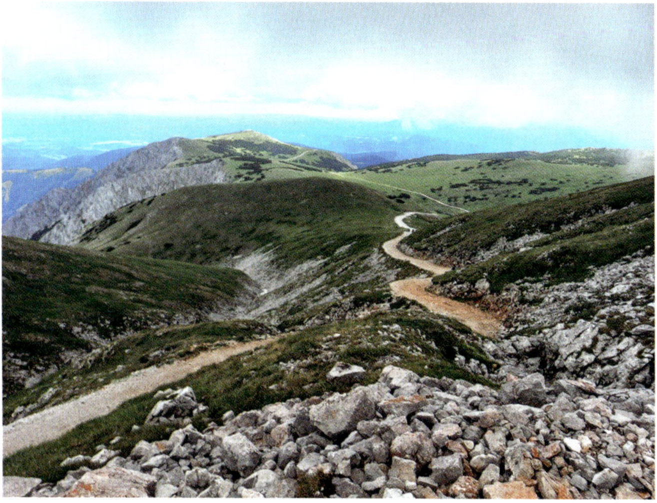

Aufstieg zur Fischerhütte

Abkürzung 1: Wer die Wanderung hier abkürzen will, geht vom Waxriegel wieder zum Bergbahnhof zurück; von dort aus kann man entweder mit dem Salamander hinunterfahren oder sich zu Fuß an den Abstieg zur „Station Baumgartner" machen – siehe „Abstieg nach Abkürzung 1".

Wir gehen dann auf dem Pfad, über den wir heraufgestiegen sind, wieder ein Stück bergab und wenden uns bei der Kreuzung mit den Wandertafeln links, u. a. Richtung „Damböckhaus". Über einen steinigen Wiesenpfad halten wir auf die breite Schotterstraße zu, die sich vor uns den Berg hinaufschlängelt, und erreichen diese kurz nach dem Damböckhaus, an dem wir oberhalb vorbeigehen. Auf dem breiten Weg wandern wir rechts bergan. Nicht selten finden sich hier oben auch im Sommer Schneefelder (siehe „Am Wege", S. 247) und laden zu einer Schneeballschlacht ein. Nach etwa einem halben Kilometer kommen wir zu einer Abzweigung, an der wir uns schräg nach links wenden (1 Std.).

Wir marschieren der gelben Markierung folgend über das Hochplateau des Ochsenbodens stetig bergauf. Mit etwas Glück

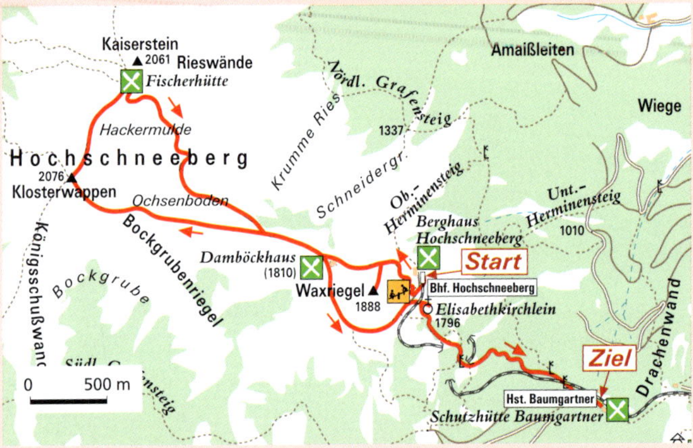

WEGVERLAUF: Streckenwanderung. Bergbahnhof Hochschneeberg – Abzweigung zum Klosterwappen (1 Std.) – Fischerhütte (1 Std.) – Damböckhaus (1 Std.) – Elisabethkircherl (30 Min.) – Schutzhütte Baumgartner (1 Std.)

GEHZEIT: 4 ½ Std.

LÄNGE: 8,9 km

SCHWIERIGKEITSGRAD: Bergwanderung mit größeren Höhenunterschieden; vor allem beim Abstieg ist Trittsicherheit erforderlich

EINKEHRMÖGLICHKEITEN: Berghaus Hochschneeberg, Fischerhütte, Damböckhaus, Schutzhütte Baumgartner (die genauen Öffnungszeiten, die sich im Wesentlichen an die Betriebszeiten der Schneeberg-

können wir hier auch Gämsen beobachten, die auf den Almwiesen weiden (siehe Kasten „Gebirgs-Safari", S. 230). Über einen deutlich steileren Anstieg durch Geröll erreichen wir dann den eigentlichen Gipfel des Schneebergs – das Klosterwappen in 2076 m Höhe. Dort befinden sich eine Funkanlage des österreichischen Bundesheers und ein beeindruckendes Gipfelkreuz. Nachdem wir hier – zumindest an wolkenlosen und nebelfreien Tagen – die Aussicht genossen haben, orientieren wir uns an der Wandertafel Richtung „Fischerhütte" und gehen über den ziemlich breiten Grat des Schneebergs leicht bergab auf dieses Schutzhaus des Österreichischen Touristenklubs zu. In der Fischerhütte können wir eine Jause oder eine bahn halten, entnehmen Sie bitte den jeweiligen Websites der Lokale)

ANFAHRT: Mit der Bahn von Wien Hauptbahnhof bis Wr. Neustadt Hbf., in den Regionalzug Richtung Station Puchberg am Schneeberg Bahnhof um- und dort aussteigen. Am Wochenende verkehrt ein Direktzug von Wien Hauptbahnhof nach Puchberg. Mit dem Auto zu einem der Parkplätze beim Bahnhof Puchberg am Schneeberg

HINWEIS: Das Wetter auf dem Schneeberg kann sich auch im Sommer sehr schnell ändern. Es empfiehlt sich daher, den aktuellen Wetterbericht zu konsultieren und auch kleidungsmäßig auf alles vorbereitet zu sein.
Informationen zur Schneebergbahn: www.schneebergbahn.at

TIPP: Spielt am höchstgelegenen Spielplatz Niederösterreichs, zwischen hohen Gipfeln und Kuhweiden!

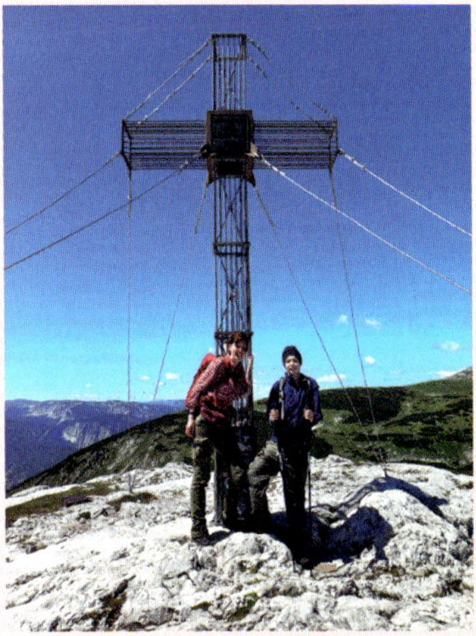

Waxriegel Gipfelkreuz

AB: 10 Jahre (Abkürzungen: 6/8 Jahre)

SYMBOLE:
Kinderwagen = nein
Sonne = Frühjahr bis Herbst
Spielplatz = ja

deftigere Mahlzeit zu uns nehmen und uns bis zum Abstieg eine Zeitlang ausruhen (2 Std.).

Unsere weitere Route führt uns zurück Richtung „Schneebergbahn-Bergstation". Wir wandern einen breiten Schotterweg in etlichen Windungen bergab, kommen an der Abzweigung vorbei, wo wir vorher zum Gipfelkreuz abgebogen sind, und treffen schließlich beim Damböckhaus links vom Weg ein, wo wir ebenfalls einkehren und uns bei schönem Wetter auf die Terrasse setzen können (3 Std.).

Danach geht es zurück zum Salamander-Spielplatz, wo die Kinder sich noch einmal an den Spielgeräten versuchen dürfen.

Abkürzung 2: Wer die Wanderung hier abbrechen will, spaziert weiter zur Bergstation und nimmt den nächsten Salamander bergab Richtung Puchberg.

Die Route hat jedoch noch einen schönen Weg ins Tal über den Damböcksteig zu bieten – auch als *Abstieg nach Abkürzung 1*. Bevor wir diesen antreten, gehen wir noch die paar Schritte zur **Kaiserin-Elisabeth-Gedächtniskirche** (auch Elisabethkircherl genannt) hinauf und besichtigen diese höchstgelegene Kirche der Erzdiözese Wien, die 1901 im Andenken an Kaiserin Elisabeth von Österreich (die berühmte „Sisi") im Jugendstil erbaut wurde (3 ½ Std.).

Nach dem Verlassen der Kirche wenden wir uns nach links, folgen der gelben Beschilderung und betreten den grün und gelb markierten Steig Richtung „Station Baumgartner". Gleich zu Beginn queren wir eine Weide, auf der gelegentlich Kühe grasen. Man sollte die Tiere allerdings nur aus der Ferne betrachten und fotografieren. Kühe sind zwar nicht gefährlich, man darf sie aber nicht mit den süßen Tieren aus dem Streichelzoo verwechseln. Mutterkühe schützen ihre Kälber, und junge Tiere neigen zum Übermut – daher immer lieber Abstand halten!

Nach der Weide wird der Wanderweg steinig, bleibt aber gut begehbar. Wir überqueren den letzten Tunnel der Schneebergbahn und marschieren weiter ins Tal. Für Trittunsichere gibt es neben dem geschotterten Weg auch eine Alternative auf Erdboden. An einer Weggabelung folgen wir den Tafeln zur Haltestelle Baumgartner geradeaus weiter. Nach einer kleinen Hütte und einem weiteren Tunnel wird der Abstieg schmal und idyllisch. Wir bewegen uns nun zwischen Latschen und Almwiesen auf Gelb und Blau. Bei einer Gabelung geht es links zu einem Aussichtspunkt; wir marschieren jedoch weiter nach rechts durch einen mittlerweile mannshohen Latschenwald und können zwischen den Bäumen immer wieder einen Blick auf die Haltestelle Baumgartner unter uns erhaschen.

Nach ein paar Serpentinen lassen wir die Baumgrenze hinter uns und kommen in einen schattenspendenden Wald. Bei einigen Wandertafeln halten wir uns weiter geradeaus. Kurz vor der Überquerung des Bahngleises müssen wir an einer etwas schwieri-

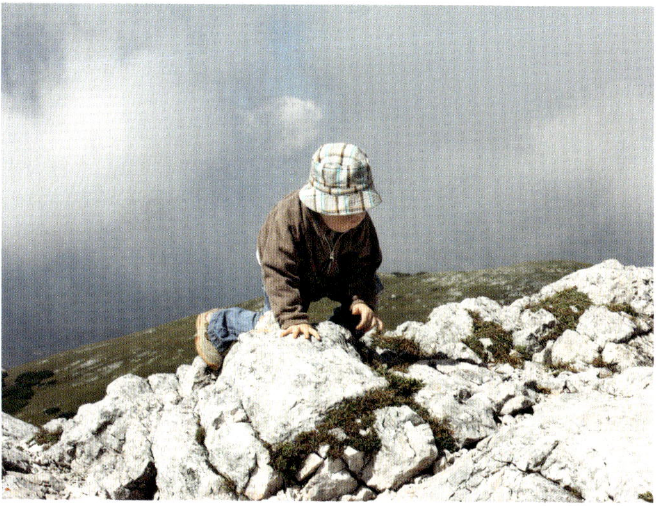

Klettern im Gebirge

geren Stelle einen Felsen hinabsteigen – hier kleine Kinder keinesfalls zu weit vorauslaufen lassen! Jenseits der Bahnstrecke gehen wir auf einem breiten, geschotterten Weg bis zur Haltestelle Baumgartner und zur Schutzhütte Baumgartner, wo uns die köstlichen Schneeberg-Buchteln erwarten (4 ½ Std.).

Von hier aus fahren wir mit dem nächsten Salamander-Zug ins Tal. Besonders Wanderfreudige können aber auch noch weitergehen, bei den nächsten Hütten einkehren und an einer der kommenden Stationen einsteigen – oder sogar bis zum Bahnhof von Puchberg marschieren.

AM WEGE

Die Metropole Wien ist weltweit für ihr erstklassiges und sauberes Leitungswasser bekannt – im Gegensatz zu anderen Städten, wo man Trinkwasser in Flaschen kaufen muss. Das war nicht immer so: Bis Mitte des 19. Jh.s mussten sich die damals etwa 320.000 Wiener mit Wasser aus Hausbrunnen und ein paar öffentlichen Bezirkswasserleitungen versorgen. Pro Tag standen jedem der Bürger nur etwa vier bis fünf Liter zur Verfügung.

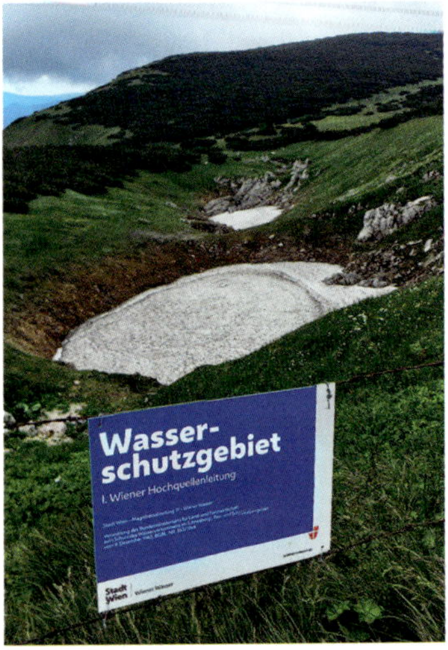

Schmelzwasser vom Schneeberg

Im Jahr 1861 schrieb das Stadtbauamt einen Wettbewerb für die Errichtung einer Wasserleitung aus. Der Geologe Eduard Suess (1831–1914) schlug vor, Quellwasser aus den mehr als 100 km entfernten Karstgebieten der **Rax** und des **Schneebergs** nach Wien zu leiten. Seine Idee setzte sich durch – und nach nur dreijähriger Bauzeit wurde die **I. Wiener Hochquellenwasserleitung** am 24. Oktober 1873 eröffnet. Sie war 95 km lang; erst 1988 wurde sie durch weitere Erschließungen und Wassereinspeisungen auf 150 km verlängert. Das Wasser gelangt innerhalb von 24 Stunden durch einen gemauerten Kanal und über 30 Aquädukte nach Wien. Weil der Höhenunterschied 280 Meter beträgt, sind dazu auch keine Pumpen nötig, sondern das frische Quellwasser (ca. 220.000 Kubikmeter täglich) fließt einfach bergab in die Großstadt.

Da die Einwohnerzahl Wiens stark anstieg und 1910 bereits die Zwei-Millionen-Grenze überschritten hatte, ließ Bürgermeister Dr. Karl Lueger im Jahr 1910 den Grundstein für die **II. Wiener Hochquellenwasserleitung** legen, die Gebirgswasser aus dem steirischen **Hochschwab**-Gebiet nach Wien bringen sollte. Die 183 km lange Leitung, die in 36 Stunden einen Höhenunterschied von 360 Meter überwindet, wurde im Dezember 1910 eröffnet. Die beiden Leitungen zusammen versorgen Wien ausreichend mit Trinkwasser.

Wer mehr über die Geschichte der Wiener Wasserversorgung wissen will, besucht das 1973 eröffnete Wasserleitungsmuseum im Höllental am Fuß der Raxalpe. Info unter: *www.wien.gv.at/wienwasser/bildung/wasserleitungsmuseum.*

Lokale auf den Touren

Tour 1

Restaurant Roter Hiasl, www.roterhiasl.at

Tour 2

Gasthaus Konrad, www.gasthaus-konrad.com
Friedel Gastro, friedelgastro.at
Alte Hafenschenke, Tel. 02242 338 37

Tour 3

Café Meierei, www.lax1.at/cafe-meierei-laxenburg
Teichbuffet, www.lax1.at/teichbuffet-laxenburg

Tour 4

Legionskneipe Carnuntum, Tel. 0664 367 90 29
Forum Culinarium, forum-culinarium.com

Tour 5

Gasthaus Binder, gasthaus-binder.at
Humers Uferhaus, www.uferhaus.at
Schiffscafé „Struden“, www.faehre-orth.at
Landgasthof Haslauerhof, www.haslauerhof.at

Tour 6

Gasthaus Schulz, www.asparn.at/Gasthaus_Schulz_Daniela
Restaurant & Hotel zur Linde, www.zur-linde.at

Tour 7

Dorfwirtshaus, www.museumsdorf.at/de/ihr-besuch/gastronomie
Oase am Teich, www.fischertraum.at/kulinarisches/index.html

Tour 8

Zum Werkelmann, www.werkelmann.at
Bier-Stadl, www.bier-stadl.at, Tel. 01 689 23 00

Tour 9

Imbissstand Jauserl, Tel. 02262 669 12
Heuriger Paul, www.heurigerpaul.at

Tour 10

Gruber's Heuriger zum Ruinenblick, www.heurigenwirt.com

Tour 12

Karnunt, www.karnunt.at
Donau Cafe, www.donaucafe.at

Tour 13

Waldmeierei, www.waldmeierei.at
Mödlinger Kobenzl, www.moedlingerkobenzl.at

Tour 14

Woody's Waldheuriger, woodys-waldheuriger.at
Buschenschank Fischer, buschenschank-fischer.at

Tour 15

Gasthof Hauser, Tel. 02242 62 80

Tour 16

Gasthaus Hauswiese, gasthaus-hauswiese.at
Landgasthof zur Cholerakapelle, satran.at/cholerakapelle

Tour 17

Imbissstand Hexenküche & Café im Besucherzentrum Ernstbrunn, www.wildpark-ernstbrunn.at/de/besuchen/gastronomie

Tour 18

Redlingerhütte, www.redlingerhuette.at

Tour 19

Rohrhaus, www.rohrhaus.com
Hermes, www.hermes-villa.at

Tour 20

Wienerwaldgasthaus Klugmayer, Tel. 02231 634 98

Tour 21

Kiosk 26, www.kiosk26.at
Schutzhaus am Harzberg, www.harzberg.at

Tour 22

Restaurant & Pizzeria Alfonso, pizzeria-alfonso.at
Landgasthaus Buchfink, landgasthaus-buchfink.eatbu.com

Tour 23

Josefinenhütte/Hütte am Weg, josefinenhuette.erlebniswelt-kahlenberg.at
Imbiss-Standl Sobieski, imbiss-sobieski.eatbu.com
Heuriger Sirbu, sirbu.at

Tour 24

Klammwirtin, www.klammwirtin.com

Tour 25

Buschenschank Schalko Einöde, www.schalkoeinoede.at
Rudolf-Proksch-Hütte, www.prokschhuette.com

Tour 26

Häuserl am Himmel, Tel. 01 320 66 61
Café-Restaurant Oktogon am Himmel, www.himmel.at/restaurant-oktogon
Gasthaus zum Agnesbrünnl, www.jaegerwiese.at
Grüass Di a Gott Wirt, www.gdagwirt.at

Tour 27

Imbissstand am Abenteuerspielplatz & Imbiss im Besucherzentrum Sparbach, www.naturpark-sparbach.at

Tour 28

Franz-Ferdinand-Schutzhütte, Tel. 01 889 85 88
Kammersteinerhütte, www.kammersteinerhuette.at
Teufelsteinhütte, www.alpenverein.at/teufelsteinhuette

Tour 29

Labestation Hinterholz 9, Tel. 0664 105 72 29
Ghega-Museum, www.ghega-museum.at
Gasthof zum Blunzenwirt, blunzenwirt.at

Tour 30

Berghaus Hochschneeberg, berghaushochschneeberg.at
Fischerhütte, fischerhuette2049.weebly.com
Damböckhaus, damboeckhaus.at
Schutzhütte Baumgartner, schutzhuette-baumgartner.jimdosite.com

Übersicht Touren

TOUREN NACH STRECKENLÄNGE (ohne Varianten)

3,4 km	Tour 22
5,0 km	Tour 8
5,9 km	Tour 24
5,8 km	Tour 10
6,1 km	Tour 20
6,5 km	Touren 17, 23
6,7 km	Tour 5
6,8 km	Tour 28
7,6 km	Tour 9
8,0 km	Touren 13, 19
8,2 km	Tour 1, 4
8,4 km	Tour 14
8,6 km	Tour 27
8,7 km	Touren 2, 3
8,8 km	Tour 7
8,9 km	Tour 30
9,0 km	Touren 16, 21, 26
9,1 km	Tour 15
9,3 km	Tour 11
9,5 km	Tour 12
9,8 km	Tour 29
10,0 km	Tour 25
10,6 km	Touren 6, 18

TOUREN NACH WEGZEIT (ohne Varianten)

1 bis 2 Stunden:
Tour 22

2 bis 3 Stunden:
Tour 8

3 Stunden:
Touren 10, 24

3 bis 4 Stunden:
Touren 5, 9, 17, 20, 23, 28

4 Stunden:
Touren 1, 13, 19

4 bis 5 Stunden:
Touren 2, 3, 4, 7, 11, 12, 14, 15, 16, 21, 26, 27, 30

5 Stunden:
Touren 25, 29

5 bis 6 Stunden:
Touren 6, 18

Register

H

I

J

K

S

T

U

V

W

Z